家族の起源 増補版

エンゲルス『家族，私有財産および国家の起源』と
現代民族学

江守五夫 著

九州大学出版会

エンゲルス『家族、私有財産および国家の起源』の刊行百年を記念して

——序文にかえて——

一

今をさる百年前の一八八四年、『家族、私有財産および国家の起源』(以下、『家族起源論』と略称する)がエンゲルスによって著わされた。本書は、「ルイス・H・モルガンの研究と関連して」という副題が付せられているように、モルガンの『古代社会』に示された理論を史的唯物論によって再構成しようと試みたものであったが、実は、この仕事は、元来、マルクスが企てていたものであった。一八八〇年十一月から翌八一年三月にかけてモルガンのこの著作を読んだマルクスは、いちはやくその科学的重要性に気づき、詳細な覚書——それは布村一夫教授によって『古代社会ノート』(未来社)として翻訳されたが——をしたためたのであり、後にエンゲルスがカウツキーへの書簡で述懐しているように「彼はこの本をドイツ人に紹介しようと思っていた」のである(マルクス＝エンゲルス全集、三六巻一一〇頁)。しかし、一八八三年三月のマルクスの死は、彼から、この仕事をなす機会を永久に奪いさったのであり、かくしてエンゲルスが、亡き同志マルクスに代わって、いわば「遺言の執行」として、翌八四年にこの

『家族起源論』を著わしたのである。

さて、家族の歴史的研究は、『家族起源論』第四版序文でも述べられているように、バッハオーフェンの『母権論』(一八六一年)をもって嚆矢とする。ただ、同書では、原始時代に、文明社会の父権制とまったく対蹠的な母権制が支配していたというきわめて衝撃的な理論が展開されたにもかかわらず、その母権制の存在はあくまで古文献に基づく理論的推定によっていた。これに対して一八七七年のモルガンの著作はその存在をアメリカ・インディアンにおいて実証し、しかもその母系制がヨーロッパ古代の父系制と同様に血縁的な団体(氏族)の構成原理をなすものであることを究明することによって、インディアンの母系氏族とヨーロッパ古代の父系氏族との間の歴史的先後関係を明らかにしたのであり、この点で画期的意義をもっていた。エンゲルスはカウツキーへの書簡で、「ローマやギリシャの氏族が野蛮人のそれ、とりわけアメリカ・インディアンのそれから、初めて完全に解明され、そしてそのことによって原始史にとっての確固たる基礎が見出された」(全集三六巻一一〇頁)と述べるとともに、『家族起源論』においても「モルガンの偉大な功績はわれわれの書かれた歴史のこのような先史的基礎を大綱において発見し復原し、ギリシャ、ローマおよびドイツの最古の歴史の、最も重要ではあるが従来解きえなかった謎をわれわれに解きあかしてくれる鍵を北米インディアンの血縁団体のうちに見出したことである」(全集二一巻二八頁)と書き、さらにまた「文化諸民族の父権制氏族の前段階をなすものとしての原初的な母権制氏族のこの再発見は、原始史にとって、ちょうど生物学にとってのダーヴィンの進化論の、また経済学にとってのマルクスの剰余価値学説の意義と、同じ意義を有している」(同四八一頁)と、論じている。

右に指摘された点では、たしかにモルガン学説の意義は高く評価されよう。しかし、彼が同書において同時に提示した家族の発展図式は、その後の民族学の発展によって根本的に批判されることとなる。「乱交制」に始まり、

「血縁家族」と「プナルア家族」のもとでの集団婚段階から「対偶婚家族」や「家父長制家族」を経て「一夫一婦制家族」に至るというモルガンの婚姻＝家族発展図式は、一九世紀中、多くの支持者を得、いわゆる進化主義学派が形づくられたのであるが、一九世紀末以来、この原始乱交＝集団婚説に疑問がいだかれ、もっとも原始的な段階から一夫一婦制が形成されていたとする原始単婚制説が提唱され、進化主義学派と反進化主義諸学派の間でいわゆる原始集団婚論争が起こり、そして後者の圧倒的な優勢のもとに本論争は幕を閉じたのである。それ故、このような新しい民族学界の動向からすれば、モルガンの家族発展図式をほとんどそのまま『家族起源論』の中に採り入れたエンゲルスの理論が今日到底容認され得なくなっていることは、当然のことと言われねばならない。

しかし、だからといって、エンゲルスの『家族起源論』で提示された家族史学上の諸主張がすべて無意味なものとなったわけではない。いな、この著作には、家族史学上、不滅の価値を有する理論が含まれていることも、認められねばならない。女性の人格的隷従をもたらした父権制的な一夫一婦制家族が私有財産制と軌を一にして形成されたという事実を明らかにした点がしかりである。なるほど、この事実はモルガンの『古代社会』をはじめとして進化主義民族学の諸著述においてすでに明らかとされてはいたが、父権制的な家族の起源を私有財産および国家の起源との対応のもとに明確に考察したのは、やはりエンゲルスの『家族起源論』の功績と言えよう。しかも、このことによって単に父権的な一夫一婦制の社会的本質の解明が果たされたばかりでなく、《個人的性愛》に基づく真の一夫一婦制の樹立や女性の解放のための社会的条件も明白にされたのである。婦人解放のバイブルともいうべきベーベルの『婦人と社会主義』においてモルガンの民族学説が全面的に参照されたのも、このような実践的な意義を慮ったからにほかならないと言えよう。

かくして私たちが今日なすべき課題は、『家族起源論』が刊行されてから一世紀を経た今日、この古典的著述から私たちがなお学ぶべきものは何か、またそこに提示された理論のうち、現今の学問的水準から修正を要すべき点は何か、ということを明確にすることであろう。以下では、この指標から『家族起源論』の重要な問題点を整理してみたい。

二

〔一〕《種の繁殖》の命題

『家族起源論』第一版序文において、エンゲルスは物質的生産のほかに《種の繁殖》という独自の要因を歴史の究極的な契機と認めたが、この認識方法が史的唯物論の一元性を損なうものではあるまいか、という疑問が古くから問題とされてきた。私自身もこの問題でエンゲルスを批判し、エンゲルスを擁護される玉城肇教授と永年の間論争を試みたところである。ところで、エンゲルスがこの命題を序文に掲げた所以は、私がこの論争でも述べたことだが、彼が対偶婚家族の形成に至る全原始史を《自然淘汰》という生物学的合法則性であとづけようとしたためであった。だが、この対偶婚家族形成までの段階は、彼が踏襲したモルガンの段階区分たる「野蛮」・「未開」・「文明」の三発展区分のうちのもっとも原初的な段階たる野蛮段階に当たるとしても、彼自身認めたように、オーストラリア原住民や多くのポリネシア人がこの野蛮段階に位置するとみなされている（全集二一巻三一頁）以上、そして彼らも、たとえ原始的ではあれ、生産活動に従事している以上、この「人間社会」の歴史的発展が生物学的合法則性によって最終的に規定されているとみることは、史的唯物論からは到底認められ得ぬことであろう。そもそもエンゲルスが対偶婚家族形成までの原始史を《自然淘汰》の法則であとづけようとしたのは、彼の発展図式において集団婚から対偶婚への発展の過程――母系氏族制度もこの過程において形成されたとみられたが――を、彼が経済的要因で説明することができなかったからだと思われるのである。したがって母系的な氏族共同体の物質的基礎を究明する作業は、マルクス主義民族学の最大の学問的課題をなすのである。

〔二〕 原始乱交＝集団婚説

エンゲルスは前掲のモルガンの家族発展図式を受けいれ、原始乱交＝集団婚説をとりいれたが、この学説が今日支持され得なくなっていることは前述したとおりである。いかに原始的な未開民族からも、モルガンが想定したような乱交や集団婚の実例は何一つ発見されなかったばかりか、この学説の根拠とされた類別的親族名称はモルガンが考えたような生殖的関係をそのまま表示するものではないことが明らかにされたからである。

ただ、エンゲルスが乱交――彼はそれを《無規律性交》という術語で言い換えたが――と次の段階たる集団婚において、すでに《暫時的な個別的配偶》の関係が形成されていたと考えたことは、右の理論的難点を克服するよりどころとなるであろう。集団的な性関係が展開するなかで《主たる夫》と《主たる妻》との暫時的な個別的配偶関係が成立していたとみることは、モルガンとは異なった立場から提唱したブリフォールトの集団婚説とも相通じ、今日の民族学においても承認されねばならないことであろう。

私は、原始社会の婚姻形態が、一人の男性と一人の女性との婚姻であって、その紐帯は弛緩していて、容易に解消され得るという点では、モルガンやエンゲルスの対偶婚に当たるものだと考えているが、同時にまた、性はこのような婚姻に排他的なものではなく、集団的な性の原理がこの婚姻結合に内包されており、折にふれて性が夫婦以外に開放されるのであり、しかも、諸種の複婚の形態がこの一男一女の夫婦――「主たる夫」と「主たる妻」

――を中核としつつ形成されていたとみるものである。この見地からすれば、集団婚内部に《暫時的な個別的な配偶》の関係が成立していたとみるエンゲルスの考え方は、たしかに注目に価するのである。もっとも、この《個別的配偶》説のみによってエンゲルスの原始婚姻論全体を理解するのは、エンゲルス解釈としては公平さを欠くことになる。彼がモルガンの原始乱交=集団婚説を受け入れたことは前述したところであり、それはこの《個別的配偶》説と決して完全に整合し得るものではないからである。エンゲルスの原始婚姻論には、モルガンから受けつごうとした部分と、彼自身が独自の立場でそれを補正しようとした部分が、共に含まれていると考えることが必要であろう。

〔三〕 母系制の形成要因

さて、右にみた原始期の婚姻形態の問題は、母系制の形成についての理論ともかかわっている。というのは、エンゲルスはモルガンと同様に、母系制を集団婚の必然的帰結とみなしたからである。彼は言う、「集団婚が存在するかぎり、出自がただ母方でのみ確認され、それ故女系のみが承認されることは明白である」(全集二一巻四七頁)。だが、モルガンが考えた形の集団婚の存在が否認された以上、母系制の形成要因は他に求められねばならなくなる。この問題について初めて科学的説明を試みたのはクノーであり、彼は母系制を形成させた要因を妻方居住婚ないし妻訪婚に求め、そしてこの婚姻居住方式の採用を促した要因を女性労働に求めたのである。原始的な性的分業の体系にあっては、女性は植物性食糧の調達――植物採集ないし植物栽培――に当たったのであるが、とりわけ植物栽培は恒常的に一定の食糧を供給したため、それに従事する女性の労働は氏族共同体にとりきわめて高い意義をもつに至った。これが女性を他の氏族へ婚嫁させない右のような婚姻居住方式を採用した理由だというのである。

このクノーの学説は、方法論的にはまったく対蹠的なシュミットによって継承されたが、エンゲルスが直接取扱わなかった理論的空隙を満たすものとして傾聴に価しよう。

なお、経済生活で占める農耕の意義の向上は、従来狩猟を営んでいた男性をも農耕に従事せしめるに至り、性的分業の体系はその根幹の部分で崩壊をとげるが、これとともに肉体的に女性にまさる男性が生産活動の主要な担い手となり、とりわけ役獣をつかう「犂耕」の段階では役獣のつかい手たる男性が農耕の中心的役割を演ずることとなる。ここに、妻方居住婚に代わって夫方居住婚が現われ、父系氏族が登場することになる――とみなされたのである。

なるほど母系制の形成と崩壊をこのように原始的な性的分業体系との関連で考察しようとするクノー＝シュミット理論が、完全に正当性を要求し得るものとはいえないかもしれない。というのは、農耕民族のすべてにおいて母系制の形成がみられたわけではなく、ある種のエコロジカルな状況がその形成に（副次的ではあれ）作用したと考えられるからである。しかし、母系制が成立をみた諸民族において、その形成を促した一つの重要な要因がこの性的分業下の女性労働の意義であることは、やはり認められてしかるべきであろう。

〔四〕　家父長制家族と一夫多妻制

エンゲルスの家族発展図式に関するもう一つの問題点は、対偶婚家族から一夫一婦制家族への移行段階に位置づけられた「家父長制家族」の本質的特性に関してである。エンゲルスがこの家族の本質とみなしたものは、モルガンと同様に、「非自由民の吸収と家父の権力」（全集二一巻六一頁）であった。家父長制の成立は、母系氏族制度下の対偶婚家族から父権制的な一夫一婦制家族への発展をたどる上で不可避的な一過程であった。ただ、問題なのは、「家父長制家族」と称しながらも、その家父長権力が必ずしも強大なものとしてみられていないこと、そしてそのことと関連するが、一夫多妻制が必ずしもこの家父長制家族にとって本質的なものではないとみなされたことである。

エンゲルスは、コヴァレフスキーが明らかにした南スラヴのザードルガを家父長制家族の典型的形態とみなしたが、それは次のようなものであった。すなわち父系的に連なる数世代の子孫とその妻たちからなる大家族であり、共同の土地所有と共同の耕作に基づいて家計は共同であり、家長が共同体の最高管理権をもち外部に対して共同体を代表するが、その地位には選挙によって就任し、必ずしも最年長者が自動的に就任するとはかぎらないのであり、またその妻が主婦《ハウスフラウ》として女性労働を統括するのであり、しかも最高の権力が家族会議におかれるという――家共同体である（全集二一巻六四頁）。エンゲルスがこのような家父長制家族に関してとくに注目した点は、多くの夫婦が共同居住する大家族という点と、とりわけ土地の「共同所有」(Gemeineigentum）と「共同耕作」（gemeinsame Bebauung）なのであり、しかも、この点において彼は母系的氏族のもとでの《共産主義的合同世帯》（kommunistische Gesamthaushaltung）との共通性を見出したのであり、実際、家父長制的家共同体をば、「母権制的な共産主義的家族と近代的《モデルン》な孤立せる家族との中間段階」として歴史的に規定したのである（同一三六頁）。したがってまた彼は、「男性の専制の最初の成果」と表現したにもかかわらず、この家父長制家族のもとでの家長の地位を（右にみたように）きわめて制限されたものとして捉えたのである。

実は、この点では、マルクスの考え方も同様だったようであり、このことは肥前栄一教授がマルクスの『古代社会ノート』について夙《つと》に指摘されたところである。「モルガン↓マルクスの見解によれば、ロシアの古風な農民大家族における家父長権の弱さは、その『対偶婚』的伝統に由来するものとされるのである」（『農奴解放前ロシアの農村社会と農民経済」（『経済学論集』四四巻三号）三九頁）。まさしく慧眼というべきである。私は、ザードルガ大家族に関するコヴァレフスキーやマルクスやエンゲルスの分析の当不当を論ずるものではないが、古代の家父長制家族一般をこのようにみることには疑問をいだかざるを得ないのである。例えば土地の共同所有や共同耕作が大家族のもとにみうけられたにしても、それが家父長権力を制約するものとみなされ得るとは思えないのである。仁井田陞教授は、『中国の農村家族』（東大出版会、二一九頁以下）で、家父長制と家族共産制との競合関係を論ぜられたことは、周知の事実である。

ところで、モルガンは家父長制家族が「一人の男性と数人の妻たちとの婚姻」に基礎をおいていると記述しながら（Ancient Society, New York 1877, p. 384）、他方において、「一夫多妻制がこの家族〔家父長制家族〕の本質的特徴ではなかった」と論じたのであり（ibid., p. 504）、エンゲルスもまた同様に「家父長制家族を主として特徴づけるものは多妻制ではない」という見解をとったのである（全集二一巻六一頁）。たしかに、対偶婚と一夫一婦制は、モルガンによれば、「一組の男女間の婚姻」（marriage between single pairs）という点で共通しているとみなされたのであり（ibid., p. 384）、それ故、その中間段階の家父長制家族の婚姻形態として一夫多妻制を認めることは、直線的な発展系列を損なうこととなろう。しかしながら、アジアやアフリカの古代父権制社会では、婚姻が売買婚の形態をとり、一夫多妻制が隆盛をきわめ、妻子が往々家内奴隷の地位に貶められたと考えられるのであるが、一体、このような家族は、モルガンやとりわけエンゲルスがみなしたように、家父長制家族の変則的なものとして片づけられてよいのであろうか。私は、この家父長制的な一夫多妻制の真只中から、一夫一婦制が形成され、まさにそれ故に夫の支配と多妻制的傾向がいわば母斑として一夫一婦制にひきつがれたと考えるのである。

〔五〕 一夫一婦制の形成過程

一夫多妻制を婚姻の独自の発展段階と認めなかったモルガンやエンゲルスは、一夫一婦制の形成についてはきわめて簡単な説明で事足りたのである。すでに対偶婚のもとで「一組の男女間の婚姻」が成立しており、これを一夫一婦制に向上させるためには、「妻の貞節」を強化し、「婚姻紐帯のより一層の緊密性」が確保されればよいとみなされたからである。そしてこの妻の貞節や婚姻紐帯の緊密性が必要とされたのは、真に血のつながった子供に財産を継がせたいとする父子相続の要求によるものだという。エンゲルスは述べている――「一夫一婦制は、父子関係について争う余地のない子供を生むという明確な目的をもって、夫の支配の上に基礎づけられた」(全集二一巻六五頁)。しかし、この父子関係の確認という要求だけならば、閨房に他の男性を近づけないという「妻の隔離」の慣行によって、一夫多妻制社会のもとですら、その要求が充たされているはずである。マックス・ウェーバーは、この見地から、一夫一婦制の形成過程に関するエンゲルスの見解を批判したのである。

ウェーバーは、一夫一婦制の前段階に、妻が家内奴隷制的に支配される一夫多妻制的な家父長制家族を措定した。そしてこのような家内奴隷的な状況のもとに娘を嫁がせたくない名望家層は、娘を売るどころか、むしろ持参財をもたせ、娘の嫡妻としての地位を確保しようとしたのであり、ここに一人の嫡妻という形での一夫一婦制が形成されたとみたのである。このウェーバーの仮説は、持参財制度が何故に売買婚のもとで形成され、とりわけヨーロッパにおいて発展したか、という問題をも同時に解き明かした卓見であると評価されよう。少なくとも、私は、ウェーバーと同様に一夫多妻制が一夫一婦制の前段階の婚姻形態であるとの認識を有する者として、一夫一婦制の形成過程についての彼のこの仮説を支持するものである。

ところで、このウェーバーの見解で示されたように、一夫一婦制は、元来、夫家側が嫡妻としての地位を保障するという点を眼目として形成されたわけであるから、このことが保障されれば、夫が他の婦人と関係し妾をもち女奴隷や淫売婦と遊ぶとしても、それは妻家側との契約に何ら違反するものではないのである。かくして一夫一婦制は、その誕生の瞬間から多妻制的賦質をそなえていたのである。エンゲルスが「姦通と売淫によって補足された一夫一婦制」という表現を用いたのも（全集二一巻七六頁）、まさにこの事実を指し示すがためであった。

ただ、このように考えたからといって、一夫一婦制が、エンゲルスが重視した財産相続人の問題と関わりないというものではない。いなむしろ、財産相続人の確保という要求は、私有財産制の形成以来、婚姻締結のもっとも重要な要因をなしていたのであり、このことは一夫多妻制の段階からすでに始まっていたことと言えよう。そしてこのような物質的な契機が作用するかぎり、婚姻は《個人的性愛》に基づくものとは決してならなかったのである。「一夫一婦制は決して個人的性愛の成果ではなかった。婚姻が……依然、便宜婚であったが故に、一夫一婦制は個人的性愛とは全く何の関係もなかったのである」（全集二一巻六七頁）。物質的配慮に基づく「便宜婚」（Konvenienz-ehe）だったというのである。そしてこの便宜婚的性格が近代市民社会の婚姻にも依然として付着していたのであり、まさにそれ故にこの『家族起源論』でエンゲルスは近代の婚姻について詳細な批判的分析を行ったのである。彼が未来社会において婚姻が真に《個人的性愛》に基づいて成立することを希求したのも、そのためである。この点で私たちに与えられた課題は、《個人的性愛にもとづく婚姻》という言葉をどのように意味づけるかということである。青山道夫教授が常に私たちに提起された問題は、これを、〝個人的愛情が冷めたらいつ何時でも婚姻が解消される〟というように解釈してよいだろうか、という点にあった。積極的破綻主義の離婚法が声高く叫ばれ、婚姻を純粋に契約的な原理で捉えようとする観方が抬頭している今日、改めてこの基本的な問題を考え直す必要があるであろう。

〔六〕　家族の起源と《個別家族》

『家族起源論』の読者にとって案外気づかれない問題点は、エンゲルスがどの段階に家族の起源を認めたか、ということである。実は、書名に〝家族の起源〟と謳いながら、彼はその点について何らふれてはいないのである。なるほど、彼は、血縁家族を「家族の第一の段階」と規定した（全集二一巻二八頁）。しかし、家族の起源を血縁家族にまで遡らせると、氏族の形成以前に家族が成立したことになる。それは、「種族的紐帯が弛みはじめたところから、やっと後に至り、種々の家族形態が発展した」との、『資本論』第一巻にエンゲルスが付した補註の立場と相矛盾するのである。この補註の説明からは、原始血縁共同体（種族、氏族）の解体をまって家族が出現すると解されるからである。そこで、私は、エンゲルスが追求した家族の起源を《個別家族》（Einzelfamilie）と想定したのである。

彼は個別家族について、こう述べた。「この〔男性の〕専制は母権制の崩壊、父権制の導入、対偶婚の一夫一婦制への漸次的移行によって確認され、永久化された。だが、それとともに古い氏族秩序のうちに亀裂が生じた。個別家族が一つの勢力となって、氏族にたいして威嚇的に反抗したのである」（全集二一巻一五八頁）。また言う。「往古の共産主義的な家共同体がこれまで維持されてきたところでは、どこでも、個々の家長の財産上の差異がその家共同体を粉砕し、そしてそれとともにこの家共同体の計算にもとづく土地の共同耕作を粉砕する。耕地は、当初は一時的に、のちには終局的に、個々の家族の用益にゆだねられる。完全な私有財産への移行が、徐々に、そして対偶婚の一夫一婦制への移行と並行して、なしとげられる。〔かくして〕個別家族は社会の経済的単位となり始める」（同一五九頁）。

《個別家族》は、エンゲルスの家族の発展図式には表立って登場しないが、右の叙述をみると、それは母系氏族が解体し、しかも家父長制家族も崩壊した後の段階に位置づけられているとみなされよう。それ故、それは「一夫一婦制家族」にあたると考えられるのであり、それをあえてエンゲルスが「個別家族」と言い直したのは、社会の経済的単位という属性をとくに表示しようとしたためだと思われる。私は、家父長制家族が社会の経済的単位としての最初の家族と考えるが、家父長制家族と共産主義的世帯共同体との前述のような共通性を重視するエンゲルスの立場からは、家父長制大家族の崩壊によって初めて家族が社会の経済的単位となったとみなされたのであろう。いずれにせよ、彼が追求した〝家族の起源〟が個別家族であるとすれば、それは〝私有財産および国家の起源〟と歴史的に対応せる現象として捉えられ得ることになるのである。

以上、『家族起源論』に含まれている主要な問題点を摘示した。同書の執筆当時の民族学的水準からすれば、たとえ若干の問題点が見出されたとしても、何ら不思議ではない。ただ、最後にあげておかねばならないことだが、父権制的な家族が私有財産制と軌を一にして発生したという事実を明らかにしたことは、先にも述べたようにエンゲルスの偉大な功績なのである。私がかつて『母権と父権』なる啓蒙書（弘文堂、一九七三年）を著わしたとき、その序言で次のように書いたのも同じ立場からであった。「本書は、現代民族学の成果をふまえつつ右の〔母権制形成の〕問題をはじめとして少なからぬ点においてモルガン＝エンゲルス理論ときわめて異なった見解をとりいれている。しかし、私有財産制が父権制的婚姻の社会的基礎をなしているという基本的な認識においては、本書の立場はエンゲルスのそれをまったく継承したといってよいのである。したがってまた究極的には物質的契機によって夫婦の人格的結合が損なわれてきた過去の父権制的な一夫一婦制をいかにして真に理想的な一夫一婦制に高めることができ、またいかにして婦人の真の解放が達成され得るか、という未来に対する展望においても、私はエンゲルスと基本的に同じ考え方にたっているのである」。十一年前に述べた私のこのエンゲルス評価は今日なお変わってはいないのである。

三

右の一、二両節は、一九八四年十二月二十一日に千葉大学社会科学セミナー主催で開かれた《エンゲルス『家族、私有財産および国家の起源』刊行百年記念シンポジウム》での私の報告「エンゲルスの『家族起源論』と現代民族学」の原稿である。本書が取り扱う内容も、この報告で取り上げられた諸問題点にほぼつきているのである。

本書第一篇「家族史研究と《種の繁殖》の命題」は、右報告で最初に取り上げられた問題を取り扱っている。そもそも《種の繁殖》の命題に関して私が初めて考察を試みたのは一九五九年の「法民族学の基本的課題」なる論文においてであった。その当時すでに青山道夫教授と玉城肇教授との間にこの命題に関して論争が開始されていたが、右論文ではこの両教授の論争に直接関係せず、プレハーノフやクノーの理論を紹介するとともに、エンゲルスが対偶婚家族の形成までの原始史を「自然淘汰」の法則であとづけたことに対して批判的な検討が試みられたのである。だが、青山教授が私のこの論文を引き合いにだされたことにより、私も本論争に加わり、一九六三年から六八年までに三篇の玉城説批判の論文を発表したのである。本篇では、まず初めに、一九五九年の右論文中、本命題に関する部分を抜萃し、かつ玉城教授との論争の経緯を記述した「序章」が掲載され、その後に、第一章より、第三章まで、三篇の玉城説批判の論文が収録される。

第二篇「エンゲルスの『家族起源論』と現代民族学」は、方法論以外の諸問題点を取り扱っている。右の報告では最後に取り上げられた問題を第一章「『家族起源論』の体系と《家族》の起源」で検討した。しかるのち第二章で、右報告の第二の問題たる原始乱交=集団婚説の批判的検討が試みられ、第三章の第一・第二両節において、右報告の第三の母系制の形成に関する問題と、第四・第五の一夫多妻制から一夫一婦制への発展に関する問題が、それぞれ取り上げられた。そして第四章「原始血縁共同体の親族構造」は、右の報告では取り上げられなかった問題について検討している。すなわち〝血縁から地縁へ〟という発展図式に対するシュルツとロウィーの批判がはたして妥当するものであるか、という問題が検討されるのである。たとえば年齢階梯制や男子結社——ロウィーのいわゆる結社——が諸氏族を分断する形で組織されることがあっても、そのことから、彼らが主張するように、共同体の血縁原理が否認されることとはならないのではなかろうか。それが諸氏族を種族共同体に統合させるという役割を果たしているという点に注目すれば、むしろ血縁紐帯の強化に一役買っているともみなされよう。本章は、右のごとき問題を検討することをとおして、原始共同体の血縁原理を再確認するものである。

最後に「補論」篇に三篇の論文が収められる。第一論文はマリノウスキーとブリフォールトの一九三一年の原始集団婚論争を紹介しているが、本論争が単に原始集団婚説の是非にとどまらず、原始社会の構成単位に関する問題についても議論が及んでいることから、標題を大きく「原始共同体に関する論争」としたのである。第二に、「近世自然法論と民族学」なる評論が収録された。近世の自然法学者（ロックやルソー）が自然状態を理論構成する際、動物社会学的な観察から人間家族の原初的形態を類推するという、後に若干の民族学者（ウェスターマークやブリフォールト）が採用した方法をとりいれ、しかもその場合ロックやルソーであれ、ウェスターマークやブリフォールトであれ、今日の霊長類研究のもっとも重要な研究課題たる〝未成熟期の仔の監護〟という、人間をも含めた高等哺乳動物の生態学的特徴が議論の中心をなしていたのである。本評論は、近世自然法学者と現代民族学者のこのような認識上の共通性が、《自然法》に関するルソーやブリフォールトの考え方の共通性とも関わるものだとみなした。すなわち彼らの自然法概念は、古代ローマ法曹の自然法概念——動物界と人間が自然的秩序によって共通に支配されるとする自然法概念——を借用したものだというのである。私はかつて別の論文（第一篇第一章）で、一九世紀の進化主義民族学者が同様の自然法概念をとりいれていたことを明らかにしたが、本評論は、この論文で論及しなかった点を補うものと言えよう。「補論」の第三論文は、東洋的専制に関するマルクスの国家最高地主説が植民地支配のイデオロギーでもあったという点を明らかにしたもので、本書の主題とは直接関係ないが、広い意味ではマルクス主義民族学に関わるものとして付録したのである。

四

本書はエンゲルスの『家族起源論』を現代民族学の立場から再検討しようとするものであるが、考察の対象がもっぱら家族の起源の問題に限られ、私有財産や国家の起源の問題は捨象された。それはひとえに私のこれまでの研究上の制約によるものである。私有財産の起源に関しては、私も私的土地所有の形成過程について興味をいだき、若干の覚書を用意しながらもいまだ発表の域に達していないし、また国家の起源に関しては、現代の民族学が、富に基づく社会的地位の分化や、共同体の社会的職務の独立化や、いわゆる軍事的民主政について豊富な民族誌的資料を供給しており、私も以前から関心をいだき、法社会学の教材で「国家と法の起源」を分担執筆した際、この立場で書いたことがある（黒木三郎編『現代法社会学講義』青林書院新社）が、やはりまだ十分ではないのである。これらの分野に関して、今後、研究を深めたいと思っている。

また近時、マルクス主義民族学の文献が海外においてもかなり多く出版され、一九七五年には『弁証法的人類学』(Dialectical Anthropology) なる雑誌すらアムステルダムで発刊された。この近時の海外の文献については翻訳されているものがあるが、マルクス主義民族学の最近の動向を体系的に検討する作業もなされねばならない。わが国でも、布村一夫教授をはじめとして、福冨正実、石川栄吉、河村望諸教授が原始共同体に関する研究を発表され、あるいはそれに関する海外の研究を翻訳紹介されているのであり、これら諸教授の業績を集約する仕事も、マルクス主義民族学の今後の発展のために不可欠な作業と言えよう。

このように多くの点ではまだなすべき課題が残されていながら、あえて本書を刊行しようとしたのは、不完全ながらも私がこれまで行ってきた勉学の成果を一書に取りまとめ、民族学以外の社会諸科学の専門家の方々に提示し、今後の学際的な協業を期待したからである。今日、家族史に対する学問的関心が急速に高まり、学際的研究団体たる「比較家族史研究会」が組織されて活発な活動を展開しており、斯学の古典ともいうべきエンゲルスの『家族起源論』がにわかに注目されようとしているのである。あたかも本年が同書の刊行百年の記念すべき年にも当たり、幸い九州大学法学部長の畏友有地亨教授の有難いお申出をうけ、この拙き本書を刊行しようと決意した次第である。ここに有地教授の友情を謝するとともに、本書の刊行をお引受いただき、多大の御協力を頂いた九州大学出版会理事長水波朗教授、同編集長藤木雅幸氏と編集部平田修子氏に心から御礼申し上げるものである。

一九八四年十二月三十日

江守五夫

増補版序文

本書は、その標題が示しているように、エンゲルスの『家族起源論』を現代民族学の立場から検討することを意図したものであった。すなわちその主眼とするところは、二〇世紀の民族学で否定されてきたモルガン等の進化主義的家族発展図式（とりわけ原始集団婚説）に依拠した部分を改めること、母系制成立の物質的基礎に関してH・クノーの学説を積極的に採用することなどにあった。ただ、このように今日の民族学の研究成果を摂取したとはいえ、私はあくまで史的唯物論にもとづく家族起源論の再構築を期したつもりである。エンゲルスが原始社会史を規定するものとして提示した《種の繁殖》の命題を敢えて拒否したのも、史的唯物論にもとづくこの新たな原始家族史構築という作業の必然的帰結にほかならなかった。総じて本書の初版本は、家族の起源という原始＝古代史の諸問題に考察の焦点をおいており、その限り一定の役割を果し得たと考えるものである。

しかし、エンゲルスの『家族起源論』は、決して家族の起源の究明のみを目途とするものではなかった。私有財産制とともに形成されたとみなされる一夫一婦制の社会的本質を批判的に検討することも重要な課題をなしていたのである。すなわち文明時代の一夫一婦制はすぐれて物質的な契機で貫かれた《便宜婚》であり、「個人的性愛の結果ではなかった」とされる。それは、個別家族の父権的性格と相俟って「姦通と売淫によって補足された一夫一婦制」であり、「妻にとってのみの一夫一婦制」にほかならないとされた。こうして私有財産制社会の経済的単位たる個別家族は、《妻の公然もしくは隠然たる家内奴隷制》と《夫の公然もしくは隠然たる一夫多妻制》という二大特質をおびており、この特質は基本的には近代市民家族にもうけつがれたのである。

このような古典的一夫一婦制に内在する家父長制的要因やそれを克服するものとしての女子労働に関するエンゲルスの理論については、本書の初版本では「序文にかえて」の一部（一一頁、一三頁）と第二篇第三章の一部（一五七―一五九頁）において、ごく簡単にふれられたのみである。もっとも、この点についてのエンゲルスの学説を私が従来軽視してきたわけではない。一九七三年の啓蒙書『母権と父権』は基本的にエンゲルス説を継承しており、一九七七年の論文集『現代婚姻思想の展開』も随所でそれを論じている。ただ、家父長制を止揚するものとしての女子労働の発展に関しては、第一次大戦までしか跡付けていなかった。実は、これらの著書を執筆していた当時に先進資本主義国で進行していた家族の混乱状況（性の解放、離婚の増加等）が、女子労働の著しい発展に基づいていたのであるが、迂闊にも私はそのことに思い至らなかったのである。そしてアメリカの進歩的な人類学者M・ハリスがこのことを指摘していると知ったのは、本書の執筆中のときであった。私は直ちにハリス説に依拠して一九六〇年代以降の女子労働と離婚の状況を統計的に分析し、一九八四年から翌八五年にかけて、旧厚生省人口問題研究所人口資源部、比較法学会第四八回総会、東京歴史科学研究会において相次いでその結果を報告したが、その成果を本書の初版本に収めることができなかった。増補版を刊行しようとした所以もこれを補うことにあり、増補版・補論たる第四篇の第一章「女子労働の発展と家父長制の止揚」は、まさにこの趣意を有するものである。

なお、この第四篇には他に二編の論文が収録された。第二章第一節の「法共同体論からみた原始的社会規範」は、もともと川島武宜編『法社会学講座』（岩波書店）で私に割り当てられた「未開社会における法的基準の発生・形態・

機能」という途轍もなく大きなテーマを限られた紙幅で論ずるために私が選んだ論題であった。私がかねて興味をいだいていたオランダのアダット法学の《法共同体》論にもとづいて原始的社会規範の構造を分析するという破天荒な冒険であった。それは、紙面の制約上、十分な論議を尽し得なかったものの、史的唯物論にもとづいて民族法学を築こうとする一つの試みであったのである。

さて、右の論説が原始共同体を対象とするものであったのにたいして、同章第二節に収めた「《家と屋敷地》の形成過程」は、「私的土地所有の端緒的成立」を考察対象としており、原始共同体の解体過程に関わるものである。この論文は《家と屋敷地》を特集せる『比較家族史研究』第四号に発表されたが、その特集は、一九八一年十一月の比較家族史学会第一六回大会の《家と屋敷地》をめぐるシンポジウムの準備作業として編まれたものである。私も参加した同シンポジウムでは、私は右論文との重複を避けるため、『風土記』等の日本古代資料を用いて「呪術的《占有標識》と《家と屋敷地》」なる演題で報告した。ちなみに同報告は比較家族史学会監修『家・屋敷地と霊・呪術』（早稲田大学出版部）に収められている。

さて、本書の初版本が上梓されて一九年を経た。この間、社会科学をめぐる状況は著しく変容しているが、「女子労働の発展と家父長制の止揚」というテーマに関する限り、エンゲルスの『家族起源論』は今なお大きな指針を私達に与えている。このような学問的視点のもとにこの増補版を世に問うものである。ここに、この増補版の刊行を御快諾いただいた九州大学出版会と同編集長藤木雅幸氏に深甚の感謝の意を表するものである。

二〇〇四年一月十五日

江守五夫

目次

第三篇　補論

第四篇　増補版　補論

家族の起源〔増補版〕

――エンゲルス『家族、私有財産および国家の起源』と現代民族学――

第一篇　家族史研究と≪種の繁殖≫の命題

序章　《種の繁殖》の命題に関する問題点

序　言

　マルクス主義民族学の最大の研究課題は、原始血縁共同体の構造原理とその歴史的発展過程を明らかにすることにあると言えるが、このような研究に従事するに当たってまずもって解決すべき事柄は、エンゲルスが定立した《種の繁殖》の命題をどのように判断すべきか、という問題である。エンゲルスは『家族、私有財産および国家の起源』（以下では『家族起源論』と略称する）において、「歴史における究極的な決定的契機」を二重の性格のものとして把握し、物質的生産とならんで《種の繁殖》（Fortpflanzung der Gattung）という別個の要因を提示したが、物質的生産のほかに《種の繁殖》という独自の要因を歴史の究極的契機とみなすこの認識方法が史的唯物論の一元性に背馳するものではないか、という根本的な問題が議論されるに至ったのである。しかもエンゲルスの『家族起源論』が実際にかかる認識方法に依存して体系化されたが故に、この問題は、唯物論哲学の一問題たるばかりか、マルクス主義民族学にとって不可避的な研究課題をなすのである。そこでまず、『家族起源論』第一版（一八八四年刊）序文の中からこの命題に関する部分を引用してみよう。

「唯物論的見解に従えば、歴史における究極的な決定的契機は直接的生活の生産および再生産である。これは、しかしながら、それ自身さらに二重の性格（doppelte Art）をもっている。一方では生活手段の産出、すなわち衣食住の諸対象とそれに必要な道具の産出であり、他方では人間それ自身の産出（Erzeugung von Menschen selbst）、すなわち種の繁殖である。特定の歴史的時期の、特定の地域の人間がそのもとで生活する社会的諸制度は、二種類の生産（beide Arten der Produktion）によって制約される。一方では労働の発展段階によってであり、他方では家族の発展段階によってである」(1)と。

ところで、《種の繁殖》に関するエンゲルスのこの命題が、『ドイツ・イデオロギー』のなかで歴史的契機に関して論ぜられた部分と類似していることは、周知の事実である。すなわちマルクスとエンゲルスは、史的唯物論を初めて全面的に展開したとされるこの一八四六年の著述において、まず三つの歴史的契機をあげる。その第一は衣食住等の生活手段の生産であり、第二はそれによって誘発される新しい欲求の産出であり、そして第三は人間の生産、つまり「自分自身の生活を日々新たに作っている人間が他の人間を作り始めること、繁殖し始めること、夫婦間・親子間の関係、すなわち家族」である。もっとも、これら三つの契機も、物質的生活の生産と生殖による人間の生産の二契機に還元されるのであり、「労働による自己のそれであれ生殖による他人のそれであれ、生活の生産は、いまやただちに二重の関係として現われる——すなわち一方では自然的関係としてであり、他方では社会的関係としてである」(2)。一般に認められているように『家族起源論』における《種の繁殖》の命題が『ドイツ・イデオロギー』のこの叙述の一つの具体的な展開であることは恐らく間違いないところであろう。ただ私は、史的唯物論のこの根本的な問題について一般的に議論しようという意図も、またその資格も有しないのであり、以下ではもっぱら『家族起源論』の右命題に考察の対象を限定するものである。

さて、エンゲルスの《種の繁殖》の命題に関しては、すでに一九世紀末以来、議論が闘わされてきたが、わが国でも一九五二年から六八年にかけて青山道夫教授、玉城肇教授ならびに私との間で論争が繰りひろげられたのである。青山教授と私が、《種の繁殖》の命題をもって史的唯物論の基本的立場と相容れないものとみなしたのに対して、玉城教授は私たちに反駁し、エンゲルスを擁護されたのである。この論争は、当初、青山・玉城両教授の間で開始され、途中で青山教授が私の一九五九年の論文（後掲）を引用されたのを契機として、私も本論争に加わるようになったのである。私が論争に加わるまでの経緯については、一九六三年の拙稿「家族史研究と唯物史観」（本書所収・本篇第一章）の第一節で紹介しておいたので、ここでは省略する。そしてこの一九六三年の拙稿を境として、それまでの青山＝玉城論争は玉城＝江守論争へと引き継がれたのである。本書第一篇は、一九六三年から六八年にかけて発表された私の三論文を収録している。ただ、これらの三論文に先立ち、本章において、私が青山＝玉城論争と無関係に発表した一九五九年の論文「法民族学の基本的課題」のうちから、《種の繁殖》の命題に関わる部分のみを摘示しておくことにする。[3]

（1） Engels, F.: Der Ursprung der Familie, des Privateigentums und des Staats, Marx-Engels Werke, Bd. 21, Ss. 27–28.
（2） Marx, K. und Engels, F.: Die Deutsche Ideologie, Marx-Engels Werke, Bd. 3, Ss. 28–29.
（3） 江守五夫「法民族学の基本的課題――原始血縁共同態の構造原理――」（山之内一郎教授追悼論文集『今日の法と法学』〔勁草書房、一九五九年〕）三三六―三五三頁。

第一節　原始共同体の発展と《自然淘汰》の法則

エンゲルスが定立した《種の繁殖》の命題に関する議論で興味深い見解は、この命題そのものに疑義を呈しつつも、エンゲルスの『家族起源論』における分析が実際にこの命題に依拠していないとみて、終局的にはエンゲルスを擁護するというものである。一九五三年のディーツ版の『家族起源論』――それは一九五〇年のモスクワの外国語文献出版所の『マルクス＝エンゲルス二巻選集』のテキストを原本としている――に付せられた編集者の脚注が、この立場をとりいれている。すなわちその脚注はこう述べている――、「ここでエンゲルスは、種の繁殖と生存手段の産出とを、社会や社会体制の発展を規定する条件として並置しているかぎりにおいて、不明確さをおかした。しかし、彼の著作『家族、私有財産および国家の起源』において、エンゲルス自身は、物質的生産様式が社会や社会体制の発展を条件づける基本的要因であることを、具体的資料の分析によって示している」(4)。しかし、私は、《種の繁殖》を物質的生産とならんで一つの独自の歴史的契機とみなす二元的な手法が史的唯物論の立場に背馳するものであることを認めるとともに、さらに、エンゲルスの『家族起源論』の著作そのものも、かかる誤れる歴史的考察方法の上にたって実際にも書かれたものであると考えるのである。詳細に彼の『家族起源論』の全体系を考察するならば、彼が原始社会の歴史的発展の原動力として物質的生産とともに《種の繁殖》の契機をも実際に彼の理論図式の中に採用していることが明らかとなるのである。いな、ある段階までは、《種の繁殖》こそが社会発展の基本的な要因とみなされているのである。すなわちいわゆる「対偶婚家族」の成立に至る原始共同体の全発展行程を、エンゲルスは《自然淘汰の原理》をもってあとづけたのである。実際に彼の分析の手法をあげてみよう。

まず第一に、「プナルア家族」について次のように説明している。

「〔社会〕組織の第一の進歩が、親と子を相互的性交渉から閉め出すことに存したとすれば、第二の進歩は、姉妹と兄弟の閉め出しにあった。この第二の進歩は、その当事者の年齢がはるかに近いために、第一の進歩に比して、一層大きな重要性をもつものであったが、それだけにまた一層困難なものであった。それ〔第二の進歩〕は、おそらくは当初、肉親の（すなわち、母方の）兄弟姉妹を性交から閉め出すこと――それは、最初、個々的に行われていたが、次第次第に規則となった（ハワイでは今世紀においても例外が行われた）――をもって、そして遂には、傍系兄弟姉妹、すなわち、われわれの言葉では、兄弟姉妹の子、孫、曽孫の間の婚姻が禁止せられることによって、行われたのである。それは、モルガンによれば、『いかに自然淘汰の原理が作用するか、についてのすばらしい例証』を為すものである。論ずるまでもないことだが、かかる進歩によって近親相姦が制限せられた諸種族は、兄妹間の結婚が依然として通則や戒律となっている種族にくらべて、より急速に、そしてより完全に発展したに違いない。そしてこの進歩の作用がいかに強力に経験せられたかは、この進歩から直接に生起し、かつ、その目的をはるかに乗り超えた氏族の制度が、証明しているところである……」[5]と。

また、「対偶婚家族」の成立過程に関しては次のように論ぜられる。

「かように婚姻紐帯からの血族の排除が次第に推し進められていくうちにも、自然淘汰は作用を営み続ける。モルガンの言葉に示されているように、『非血縁的な氏族の間の婚姻は、肉体的にも精神的にも強力なる一人種を産み出した。すなわち、進歩せる二種族が混淆し、新しい頭蓋と脳髄が自然に拡大し、その拡大した頭蓋および脳髄は、両種族の能力を包含するまでに至ったのである』。氏族制度を伴う諸種族は、おくれている諸種族を圧倒したり、また、自らの手本によって嚮導したりせずにはおられなかった』。「原始史における家族の発展は、したがって、両性間の婚姻共同体が支配する領域――この領域は、原初的には、種族全体を包摂するものであった――の絶えざる縮小という点に存している。初めは近い親族、のちに次第に遠縁の親族、はては単に姻戚にすぎない者までを、引き続いて排除していくことを通して、遂に一切の種類の集団婚が現実に不可能となり、そして最後に、当分の間は依然として弛緩せる結びつきの一つの配偶がのこされる。それは、分子であり、それが破壊されると婚姻一般が解消してしまうものである」[6]。

次いでエンゲルスは、自然淘汰の作用と経済的な原動力との関連性を次のように論じている。

「集団婚が野蕃〔段階〕に固有であり、一夫一婦制が文明〔段階〕に固有であると同様に、その対偶婚家族は未開〔段階〕にとって特徴的な家族形態である。それを確固たる一夫一婦制にまでさらに発展をとげさせるためには、従来われわれが作用するのをみてきたものとは別個の原因が必要であった」（傍点江守）。「集団〔婚〕は、対偶〔婚〕においてすでにその最終の単位、その二原子より成る分子、すなわち一人の男子と一人の婦人、にまで零落してしまっている。自然淘汰は、婚姻共同体からの次第に徹底してゆく排除において自己の仕事を成就してしまったのである。この方向においては、自然淘汰がなすべきことは何も残ってはいなくなった。したがって新しい社会的な原動力（gesellschaftliche Triebkräfte）が作用するのでないならば、対偶〔婚〕から新しい家族形態が出現すべき理由は何ら存しなかった。しかしこの原動力は作用し始めた」[7]。

以上のごとく対偶婚家族の成立に至る全原始家族史をば、エンゲルスはモルガンに見倣って《自然淘汰》の原理であとづけたのであり、そしてそれ以後の歴史的発展を「新しい社会的な原動力」によって説明したのである。それ故、対偶婚の後に現われる一夫一婦制が、「自然的諸条件ではなくて経済的諸条件に基礎づけられた最初の家族形態」と規定されたのも[8]、このような観方に負うのである。そして彼がここで「自然的諸条件」と「経済的諸条件」とを対置させた論理は、実に、かの《種の繁殖》と《生活手段の産出》の二つの歴史的契機によって人類社会史を解明せんとした認識方法を示すものに他ならないのである。エンゲルスは、『家族起源論』第一版序文で《種の繁殖》の命題を説明した箇所で、「労働の発展が僅かであればあるほど、……社会秩序は、それだけますます血縁紐帯によって強く支配される」が、労働の生産性が高まり、私的所有が成立すると、血縁共同体は破壊され、地縁共同体を下部単位とする新しい社会が形成され、ここでは「家族秩序は全く財産秩序によって支配される」と論じている[9]。つまりこの図式によれば、私有財産制の形成によって社会体制が「財産秩序」で支配されるに至るまでは、社会秩序は、物質的生産によって規定されるよりも、むしろ「血縁紐帯によって強く支配される」のである。そしてその「血縁紐帯」とは、人間の生殖関係による結合、すなわち《種の繁殖》の契機を通しての結びつきを指すと考えられるから、私有財産制の成立以前の原始社会にあっては、《種の繁殖》こそが歴史的発展の基本的要因であったとみなされていることになる。このような認識は、『ドイツ・イデオロギー』におけるかの「二重の関係」の一中の一方たる「自然的関係」を過大に強調したものと言えよう。かくして私有財産制とともに登場したとされる一夫一婦制が「自然的諸条件ではなくて経済的諸条件に基礎づけられた最初の家族形態」と位置づけられたわけである。まさしくこのような理論図式を基礎においてこそ、エンゲルスは、対偶婚家族の成立に至る全原始史を《自然淘汰》の原理という自然的=生物学的合法則性によってあとづけるという試みをなし得たと解されるのである。その意味で、《種の繁殖》の命題は『家族起源論』において実際に重要な役割を果たしていたのである。

（4）Engels: Der Ursprung der Familie usw., Dietz Verlag (Berlin) 1953, S. 8, Anm. 1.
（5）Engels: Der Ursprung der Familie usw., Marx-Engels Werke, Bd. 21, Ss. 44-45. 以下の『家族起源論』からの引用はすべてマルクス=エンゲルス全集による。
（6）Engels: ebenda, S. 52.
（7）Engels: ebenda, S. 57.
（8）Engels: ebenda, Ss. 67-68.
（9）Engels: ebenda, S. 28.

第二節　プレハーノフの「類人的祖先」説

エンゲルスは、前節でみたように、《自然淘汰》の原理により原始共同体の歴史的発展を説明しようとしたが、そもそもこのような生物学的合法則性は、動物界においてこそその進化の要因をなすのである。それ故この観点に立つとき、動物界から人類社会への発展、つまり「人類生成」(Menschwerdung) という大きな視野からの考察も要求されるのである。そしてこの問題について基本的な考察を試みたのは、『自然弁証法』の中で「猿が人間になるにあたっての労働の役割」という一節を書いたエンゲルス自身であった。彼は、「われわれが猿の群と人間社会との顕著な相違として何を見出すか？」と自ら設問して、それにこう答える、「それは労働である」と。[10] 労働は道具（労働手段）の製作とともに始まり、人間はその道具によってこそ人間の身体的器官の限界を超えて自然に対して働きかけ、「自然に対する変革的な反作用、つまり生産」に従事するのである。そしてここで重要なことは、このような人間社会では自然的合法則性が（動物界におけるように）直接的な作用を営み得ないということである。「動物はせいぜい集めることまではするが、人間は生産する。人間なしには自然が生産し得なかったであろうもっとも広い語義での生活手段を人間はつくりだす。それとともに、動物社会の生活法則をそのまま人間社会に移しいれることはすべて不可能となる」。[11]

このエンゲルスの所説から明らかとされるように、労働手段を用いて生産に従事するものは、もはや動物とは次元を異にする人間なのであり、そしてこの人間の社会では、「動物社会の生活法則」は、社会体制とその発展を究極的に規定する要因たり得ないのであり、物質的生産こそがそれらを最終的に規定する決定的な要因なのである。そしてこのことは、労働の生産性が極めて低位の原始社会にもあてはまるのであり、この点についてはエンゲルスも承認しているはずである。彼は最古の道具——狩猟・漁撈の道具——を、先史期の人間、もっとも初期の有史民族ならびに現存のもっとも粗野な未開民族のもとで見出しているからである。[12]

このようにみてくると、いかに道具が幼稚であれ、生産に従事している原始共同体においては、動物界の生活法則ともいうべき《自然淘汰》の法則が歴史的発展の決定的な要因たり得ないことが明らかになるのであり、この点でエンゲルスは自家撞着に陥っていると言えるのである。この問題に関しては本篇第二章でも議論されるので、ここではこれ以上立ち入らないが、以下では、人間生成の段階区分によってエンゲルスを擁護したG・W・プレハーノフの見解を考察してみよう。プレハーノフは次のように論ずる。

「人間は、ただ徐に動物界から分離しえた。われわれの類人的祖先（menschenähnliche Vorfahren）の生活において、道具があたかも象の生活における小枝のごとくに、とるにたらぬ役割しか演じなかった一時代があった。このきわめて長い時代を通じて、類人的雄(menschenähnliches Männchen)の類人的雌(menschenähnliches Weibchen）に対する関係や、また、その類人的仔（menschenähnliches Junge）に対する彼ら雄および雌の関係は、何ら労働用具と関係のないこの種の一般的な生活諸条件によって規定せられていた。われわれの祖先の『家族』形態が何に依存していたか？　それは、自然科学者が解明すべき事柄である。この場合、歴史家はさしあたり何もする必要がない。ところで、労働用具は、人間生活において次第により大なる役割を演じ始め、生産諸力は漸次的に発展し、遂に、その生産諸力が社会的諸関係の、なかんずくまた家族形態の、形成に対して決定的な影響をおよぼすときが到来した。ここではまさしく歴史家の仕事が始まる。すなわち歴史家はわれわれの祖先の家族的諸関係が生産諸力の発展と関連して、いかに、また何故に、変化し、家族が経済的諸関係に基づいていかに発展するか、を示さねばならないのである。しかし自明のことではあるが、歴史家がこの解明に着手する場合、原始的家族の研究において、もっぱら経済にのみ没頭することは許されないであろう。というのは、労働用具が人間生活において決定的役割をかち得る以前においても、なお人間は増殖したわけであり、この時代以前においても、ホモ・サピエンスの一般的生活状況によって制約せられた何らかの家族諸関係が存立したからである。しからばこの場合、そもそも歴史家は何をなすべきであるか？　歴史家はまず第一に、このことに関して、自然科学者から、いわば一箇の送り状《フエルツアイヒニス》を要求するであろう。この送り状が歴史家に手渡された場合、人類の発展についてのより一層の研究が歴史家に委ねられるのである。第二に、歴史家はこの送り状を『自己の手段』によって補足するであろう。言いかえれば、歴史家は、『家族』に関して、それがいかにいわば人類の動物的発展期（zoologische Entwicklungsepoche der Menschheit）において成立したかを解釈しなければならないし、またそのあとで、生産諸力の発展の影響をうけ、経済的諸関係の変化によって、有史期を通じていかなる変化が家族のうちに導きいれられたか、を示さねばならないであろう。エンゲルスが述べたことも、まさにそのことなのであり、また、それ以外の何ものでもないのである。そしていまやわれわれは質問する――エンゲルスがそのことを述べているとき、彼は、人類史にとっての生産諸力の意義に関する彼『本来』の見解を些少なりとも変えているか？　この〔生産諸力の〕要因の作用とは別個に、彼は、それと『同等』の何らかの別の要因の作用を容認しているのであろうか？　〔否〕、彼が何ものをも変えていないことは明瞭であり、かような〔別の要因の作用たるがごとき〕ものを彼が何ら受けいれていないことも明瞭なのである」[13]。

右のいささか難解なプレハーノフの叙述は、次のように要約されよう。すなわち労働用具が用いられ始めても、それが幼稚で、とるにたらぬ役割しか演じなかった段階――「類人的祖先」の段階――では、その「祖先」たちの家族形態やその発展は経済的諸条件によって規定されてはいない。労働用具が人間生活に決定的役割を果たす段階に至ってはじめて、家族の歴史的発展が経済的諸条件により究極的に規定されるようになる。それ故、労働用具の採用から、それが人間生活に決定的な役割を演ずるまでの時期――プレハーノフのいわゆる「人類の動物的発展期」――における家族の形成と発展は、経済的諸条件によって解明され得ず、自然科学者の観察に委ねられるべき事項であり、エンゲルスの《種の繁殖》という命題もこのことを指し示すものにほかならない――と。

このようなエンゲルス擁護論は、たしかに、彼の理論を首尾一貫せるものとして体系づけるための唯一の解釈と言えよう（――私自身、過去においてこのような解釈を試み、公表したことがある）。(14) しかしながら、このような解釈における致命的欠陥は、『家族起源論』において対偶婚家族までの発展段階に位置づけられた未開民族が「人類の動物的発展期」にあるものとして捉えられることになるということである。つまり原始共同体が動物界から人類社会への移行段階に位置づけられることになるのである。一体、エンゲルスは、私有財産制の成立をもって人類社会が出発したとみなしていたであろうか。プレハーノフの右の理論は、人類生成の学説としては優れた価値を有するとしても、それは決してエンゲルスの《種の繁殖》の命題を正当化するものではなかったと言い得るのである。

(10) Engels, F.: Dialektik der Natur, Marx-Engels Werke, Bd. 20, S. 448.
(11) Engels: ebenda, S. 565.
(12) Engels: ebenda, S. 449.
(13) Plechanow, G. W.: Zur Frage der Entwicklung der monistischen Geschichtsauffassung, Berlin 1956, Ss. 156-157. このプレハーノフのエンゲルス擁護論はN・E・カレーエフのエンゲルス批判への反批判の形をとって提示されたのであり、括弧（『　』）で囲われた語はカレーエフの用語を示したもので、それ以外に特別の意味はない。
(14) 一九五七年度の日本人類学会・日本民族学協会連合大会（九州大学）における報告「社会構成史的概念としての《血縁共同体》に関する二、三の問題点について」。

第三節　クノーのエンゲルス批判

《種の繁殖》の命題に関する議論において私がもっとも重視したいのは、H・クノーのエンゲルス批判である。彼は、エンゲルスがこの命題を『家族起源論』に採り入れねばならなかった根拠を問題にしたからである。

クノーはまず、《種の繁殖》なる命題が史的唯物論を歪曲するものだとしてきびしく批判する。彼は「生活手段の生産の発展に対応するような人間生産の発展なるものは何ら存在しない」と主張して次のように論ずる。

「人類発展の経過において、生産過程や、その過程において使用される生産手段や、その過程から生ずる生産物は、たえず変化してきたのであり、そしてこのすべての行程は一定の社会的に制約された法則に従って進んでいくのであるが、人間の産出、すなわち性行為、妊娠、胎児の成長等々は常に同じ自然法則のもとに、同じ仕方で行われるのである。一体、生殖ないし出産の行為がどのように変化したというのだろうか。発展の経過において変化したものは、これらの行為そのものではなくて、これらの行為が行われた環境である。……そしてこのような環境は不変の自然法則によって規定されるのではなくて、歴史的に所与の社会体制によって規定されており、そしてその社会体制はまた経済的発展の状況に依存しているのである[15]」。

この観点から、クノーは、エンゲルスの「生活手段の産出」と「人間の産出」との〝対等視〟を批判し、この〝対等視〟によってエンゲルスが「史的唯物論の一元性」に背馳したと論じたのである。そもそもエンゲルスがこの両要因を〝対等視〟するとき、一体、「その両要因はおのおの、いかなる個別的な作用領域を有するとされるのであろうか」。エンゲルスは何らこのような問題について根本的に検討しようとはしなかった。[16] ただ、実際には、エンゲルスはこの二つの要因を自分なりに使い分けた。すなわち、「彼は、原始時代のほかならぬ社会秩序に対してさえも、家族結合が、食糧獲得よりもはるかに大きな意義を有していると認めているのである。氏族制度の崩壊をまってはじめて、彼が言うところによれば、『家族秩序は財産秩序によって完全に支配された』とされるのである」[17]。では、エンゲルスが史的唯物論に背馳するという誤謬をもおかして、「人間の産出」という要因を原始時代の歴史的発展の究明のために導きいれたそもそもの理由は何であったろうか。

クノーは右の問題に関して二つの理由をあげている。その一つはこうである。「フリードリッヒ・エンゲルスは原始的な親族名称の成立を説明することができず、近親血族間の性交に対する一種生得的な厭悪から、それ故に自然的賦質から、由来するとみたので、彼は社会生活の規定的要因として、経済様式とならんで、さらに第二の要因、すなわち『人間の産出』の方式、あるいはより明確に言えば性交渉の方式、を設定するという誘惑を覚えたのである」[18]。つまりエンゲルスはモルガンに見倣って親族名称の諸体系から原始共同体の諸段階を措定したが、この親族名称の諸体系をモルガンと同様に、《自然淘汰》の原理で規定された近親姦禁忌の発展に基づくものとみなしたのであり、そのため「人間の産出」という要因を別個に設けねばならなかった、というのである。また第二の理由は、「母権的な家族や氏族共同体における婦人の地位が、全体の生計に対する婦人の労働提供の意義によって規定されているということ」を、エンゲルスが認識し得なかったことにあるとされた[19]。つまり母権制の物質的基礎を明らかにし得なかったため、エンゲルスは経済的要因以外の要因を設定せねばならなかったというのである。

私はこの第二の点にこそ、今日のマルクス主義民族学の最大の学問的課題が存在し、そしてこの課題を解くべき有力な示唆を与えたのがほかならぬクノーだったと思うのである。すなわち原始的な性的分業の体系における女性労働の意義の変化にともない、ある段階で母権制が形成され、またより高次の段階で母権制から父権制への発展が促されたとする理論であり、私も基本的にこの理論を継承して原始共同体の発展をあとづけようと試みているのである。

(15) Cunow, H.: Die Marxsche Geschichts-, Gesellschafts- und Staatstheorie, Berlin 1923, Bd. II, Ss. 140-141.
(16) Cunow: ebenda, S. 141.
(17) Cunow, H.: Die ökonomischen Grundlagen der Mutterherrschaft, in Die Neue Zeit, XVI, 1897/8, Nr. 4, S. 108.
(18) Cunow: Die Marxsche usw., Bd. II, S. 140.
(19) Cunow: ebenda, S. 141.

結語

以上において、私の一九五九年の論文「法民族学の基本的課題」で《種の繁殖》の命題に関して論ぜられた部分をごく簡潔に紹介した。次章以下に収められる論文で右論文からの引用が再三にわたって行われるので、重複部分を少なくするために可及的に概略化すべく努めた次第である。そして今、顧みると、本論文は、この命題に関する基本的な問題点をほぼ網羅していたように思えるのである。すなわち対偶婚家族の成立に至る全原始史をエンゲルスは自然淘汰の法則であとづけたが、彼が物質的生産のほかに《種の繁殖》の契機を究極的な歴史的要因とみなした理由もこの点にあったということ、しかし、この自然淘汰という生物学的合法則性で原始社会の発展を究明せんとした手法は、やはり史的唯物論の立場に背馳するのではないかということ、この視点から改めて人類生成の段階区分——その中での原始共同体の位置づけ——が問題となること、そして最後に、自然淘汰という生物学的合法則性に訴えなくとも、物質的生産の条件（性的分業の体系）から原始共同体の発展が説明され得るのではないかということ——、以上である。

一九五九年の私の論文で提示されたこのようなエンゲルス批判の見解は、一九六三年に青山・玉城両教授間の論争に私が加わってからも何ら変わるところがなかった。いな、論争中に公にした三篇の論文によって私のこの立場はより鮮明化されたと考えている。この三論文を次章以下に収録するに際して、一書に併載する上で必要な体裁上の統一化——論文標題で「唯物史観」と「史的唯物論」という不統一を改め、後者に統一された——を図る場合を除き、原則的に手を加えない方針をとった。それは、この三論文がいずれも論争に関与して発表されたことを考慮したためである。だが、そのことによって、若干の重複部分を含むことを余儀なくされた。この点あらかじめ断わっておきたい。なお、本論争をあとづける方々のために、本論争に関する文献の一覧表を作成して、次に掲げておく。

（付表）「青山・玉城・江守論争」文献表（発表順）

青山道夫『近代家族法の研究』（有斐閣、一九五二年）。

玉城　肇「家族史研究上におけるL・H・モルガンの意義」（『愛知大学法経論集』第六号、一九五三年）。

青山道夫「家族学説の諸問題」（中川善之助他編『家族問題と家族法』I、一九五七年）。

玉城　肇『改訂　日本家族制度論』（法律文化社、一九六〇年）。

玉城　肇「家族集団と社会発展との関係」（『法律時報』第三二巻一三号（一九六〇年十一月号））。

青山道夫「唯物史観と家族理論——玉城教授の批判に答えて——」（『法政研究』第二八巻一号、一九六一年）。

江守五夫「家族史研究と唯物史観——青山・玉城論争を中心として——」（東京大学社会科学研究所創立十五周年記念論文集『社会科学の基本問題』下巻、一九六三年）——**本書所収・本篇第一章**。

玉城　肇「唯物史観と家族」（青山編『注釈民法　第二〇巻　親族I』〔有斐閣、一九六六年〕に添付の栞「随想注釈民法」に収録）。

玉城　肇「唯物史観と家族集団——江守教授らへの反批判を通じて家族研究の基本原理についての試論——」（『松山商大論集』第一七巻六号、一九六六年）。

江守五夫「いわゆる《種の繁殖》の命題と史的唯物論——玉城肇教授の反批判論文への再批判——」（『法律論叢』第四一巻一号、一九六七年）——**本書所収・本篇第二章**。

江守五夫「近親姦禁忌の発生に関するモルガン＝エンゲルス理論とその批判」（『法律論叢』第四一巻四—六号、一九六八年）——**本書所収・本篇第三章**。

第一章　家族史研究と史的唯物論

――青山・玉城論争を中心として――

序　言

最近、青山道夫・玉城肇両教授の間で、エンゲルスの『家族、私有財産および国家の起源』（以下『家族起源論』と略称する）の初版序文の中で書かれてある《種の繁殖》に関するかの有名な命題をめぐって、論争が展開された。この命題は単に方法論に関わるばかりでなく、モルガン＝エンゲルスの原始社会観全体とも大きく関連するものであり、右論争も方法論論争という意味を有するだけでなく、原始社会に関するモルガン＝エンゲルス学説の評価をめぐる論争という性格をも備えたものである。ところで、この論争において青山教授は、私の旧稿「法民族学の基本的課題」のなかで右命題に関して論じておいた箇所を引用され、いきおい私もこの論争と関わりあうことになったので、この機会に私は本論争に関して若干の疑問点を指摘しておきたく思う。本稿における私の立場は右旧稿におけるものと基本的に変わってはおらないが故に、紙面の都合上、本稿では詳細なる理論的分析は省略された。なお、本稿第三節は、独立の論文として将来まとめる予定であった草稿であって、直接には、右論争と関連を有しておらないが、モルガン＝エンゲルス理論の学説史的背景を幾分なりとも明らかにせんがために本稿に付加されたものである。

第一節　青山・玉城論争の概要

青山・玉城両教授の間の論争を回顧してみると、その発端は一九五三年の玉城教授の論文「家族史研究上におけるL・H・モルガンの意義」[1]に求められる。すなわちその前年青山教授が著わされた『近代家族法の研究』[2]中の所説に対して玉城教授が右論文で批判を試みられたのである。ここで批判をうけたのは、青山教授が同著第一篇の論文「一夫一婦制家族の存在基礎」と第二篇の論文「家族制度の転換」の中で提示されたモルガン＝エンゲルスの家族発展段階説に対する評価であった。モルガン＝エンゲルス理論に対する青山教授の観方はおおよそ次のような点にある。すなわち、わが国の多くの社会科学者はいまなおモルガン＝エンゲルスの家族発展段階説をそのまま信奉しているけれども、「かかる立場は近時の民族学、人類学の発展を無視したとらわれた立場にある」のであって、「唯物史観に立つことと、モルガン＝エンゲルスの家族発展段階説をそのまま支持することと」の間には必然的な因果関係が存しないのであり、したがって唯物史観に立つ者もその後の民族学の発展に即してモルガン＝エンゲルスの理論を再検討することが必要であると。このような観方から青山教授は、右二篇の論文において、モルガンやエンゲルスが一夫一婦制の起源を私有財産制の発生の時期に求めたり、母権制をもって常に父権制に先行せるものとみなしたことに批判的検討を加えられたのである。要するに青山教授は（玉城教授が指摘されたように）、「モルガン＝エンゲルスについても方法論的（唯物史観の）骨格の部分）にはほとんど変更の要を認めないが、内容の点についでは実証的研究によって更新さるべきであると言われよう」としたのである。[3]これに対して、玉城教授は先にあげた論文において次のように述べられるのである。「モルガン＝エンゲルス以後の研究によって資料が拡大され、その修正を必要とするに至ったならば、当然それを修正するにやぶさかであってはならない。……けれども、その修正にもかかわらず、モルガン＝エンゲルスの研究が、婚姻史および家族史あるいは人類の発展史の上で何故に画期的な地位を占めているか。そしてそれは単に『人類学史上の存在』たるにとどまらず、今日においてもなお重大な意義をもっているのは何故であるかを忘れてはならないし、その意義を抹殺してはならない。多くの批判者は、モルガン＝エンゲルスの研究のこの意義ある部分には、故意か偶然かほとんどふれていない」と。そして「それではモルガンのもっとも偉大な功績は何かということを明かにしなければならないのであるが、私はエンゲルスのあげている次の三点であると思う」と述べて、玉城教授は左の三点をあげられるのである。すなわち第一点がほかならぬエンゲルスの《種の繁殖》に関する命題である。この命題が本稿における考察の中心の対象をなすので、ここで原典から訳出しておく。「唯物論的見解に従えば、歴史における究極的な決定的契機は、直接的生活の生産および再生産である。これは、しかしながら、それ自身さらに二重の性格（doppelte Art）をもっている。一方では、生活手段の産出、すなわち衣食住の諸対象とそれに必要なる道具の産出であり、他方では、人間それ自身の産出（Erzeugung von Menschen selbst）、すなわち、種の繁殖（Fortpflanzung der Gattung）である。特定の歴史的時期の、特定の地域の人間がそのもとで生活するところの社会的諸制度は、二種類の生産（beide Arten der Produktion）によって制約される。一方では、労働の発展段階によってであり、他方では、家族の発展段階（Entwicklungsstufe der Familie）によってである」(4)と。玉城教授があげられている第二点は「諸々の親族体系から出発して、これに照応する家族形態を再構成し、これによって人類の前史に対する新しい研究方法と、はるか昔にまで及ぶ見透しとを拓いたこと」であり、そして第三点は「文化諸民族の父権的氏族の前段階としての原始的な母権的氏族を再発見したこと」である。(5)玉城教授は、かようにモルガン＝エンゲルスの理論を現代民族学の資料で修正する必要性を認めつつも、その理論のもつ現代的な意義が没却されるべきでないと主張されたのであり、青山教授の所説がこの現代的意義を認めておられないと批判されたのである。

玉城教授のこの青山批判は、青山教授によって別段とくに反論という形で応酬されることがなかったが、玉城教授がモルガン＝エンゲルス理論の画期的意義の一つとして右にあげられたエンゲルスの《種の繁殖》に関する命題について、青山教授は一九五七年に発表された論文「家族学説の諸問題」(6)において玉城教授と真向から対立する立場を表明されることによって、実質的に玉城教授への反批判を試みられ、ここにこの問題をめぐって論争が展開されることになったのである。青山教授はその論文のなかで「唯物史観と家族理論」なる一節を設けられ、エンゲルスのかの命題を引用されたあと、次のように論じておられる。「率直に言ってこのエンゲルスの命題は史観として十分明確ではない。『この命題は物質的生産の様式が社会発展の規定的要因だという史的唯物論の命題と矛盾するようにみえる』とも『起源』の解説者はいっているが、さらに『このエンゲルスの表現は不正確である、社会の発展と社会機構を制約する条件として、種の繁殖と生活資料の生産とを並列させたことは正しくない……』とも、あるいは『この命題は明白に誤りである。なぜなら、家族は、社会発展を規定する原因として、物質的生産と同列に置き得るものではないからである。社会の発展、家族関係の形態をも含めての社会生活のすべての側面の発展を規定する原因は、物質的生産の様式である』と批判されている。そしてまたこの命題は『起源』全体の立場からいって誤りであり、彼はそれ以前においてもまたその後においても、この命題はどこにも繰り返していないとも言われる。そして私としてはこれらの批判の方が論理的に言って正確と思うのである。しかしわが国のエンゲルス支持者はこの命題をそのまま受けとっている。すなわち例えば平井氏は『野蕃、未開の人類社会においては、究極的には、労働の発展段階（生活資料の生産の進歩）に規定されながらも、直接的には婚姻の発展（種の繁殖）段階によって規定されていたということができる』というのである。そしてまた玉城教授の立場も同じと思われる。しかし種の繁殖の基礎たる生殖行為は、人間にあっては自然的関係であるとともに他面において社会的関係である、すなわち婚姻や家族はその基礎においては人間性それ自体に基づくが、制度として存在すると考えるならば、その社会の家族の在り方を規定するものは、少なくとも唯物史観に立つならば、その社会の生産力であり、未開社会の家族だけがその例外となるとは考え難いのではなかろうか[7]」（傍点江守）と。

　このようにして、《種の繁殖》に関するエンゲルスの命題に関して青山・玉城両教授の学説が対立したわけであるが、一九六〇年に玉城教授はその著書『日本家族制度論』の改訂版において青山説を批判的にとりあげ[8]、さらに同年の論文「家族集団と社会発展との関係」において再び詳細に青山説に（右著述におけるのと同趣旨で）反駁されたのである。この論文で玉城教授は、「青山教授の指摘によると、エンゲルスは明らかに『二元論』であり、それは唯物史観的方法からするとまったくの誤りであるというのである。すなわち正しい唯物史観的方法からすれば、一定の社会における家族の在り方（制度としての存在）を規定するものは、いかなる時代であっても、その社会の生産力であると言わなければならないというのである[9]」――と青山説を紹介されたうえで、エンゲルスのかの命題を理解するためには、その命題の補足的説明（先にエンゲルスから引用した箇所に引き続く文）に注意することが必要だと説かれる。すなわちエンゲルスが次のように述べている部分である。「労働の発展が僅かであればあるほど、労働の産出量、したがってまた社会の富が制限されていればいるほど、社会秩序は、それだけますます、血縁紐帯によって強く支配される。それにもかかわらず、血縁紐帯に基礎づけられたかかる社会体制のもとにあっても、労働の生産性は、次第次第により発展する。それとともに、私的所有と交換、富の差別、他人の労働力の効用性、およびそれとともに階級対立の基礎が、発展する。そしてかかる新しい社会的要素は、世代を繰り返すうちに、古い社会体制を新しい状態に適合させるように努め、遂には、両者の不一致は、完全なる変革をもたらすにおよぶ。血縁的結合体に基礎をおく古い社会は、新たに発展した社会的諸階級の衝突の中で粉砕される。古い社会の代わりに、国家において集中された新しい社会が現われる。そして国家の下部単位は、もはや血縁的結合体ではなくして、地域的結合体である。その社会にあっては、家族秩序は、まったく財産秩序によって支配されており、そしてその社会のなかで、従来のすべての書かれた歴史の内容を占めるところの、かの階級対立と階級闘争が自由に展開するのである[10]」と。玉城教授はこのエンゲルスの文章を説明して次のように論じておられる。「エンゲルスはすべての社会が、物質的生産の関係と血縁的関係とによって、同時的に、あるいは同じ強さによって制約されるとか、規定されているとか言っているのではない。二つの関係のうちいずれが決定的な重要さをもって社会発展の究極的な要因となるかは、人類社会の発展段階によって異なるのだというのである。この点からいっただけでも、エンゲルスが社会の発展、あるいは歴史の究極的な要因について『二元論』的な見解をもっていたのでないことは明らかであろう」。「このようにエンゲルスは、社会の発展段階と血縁的団体との関係についての説明を理論的に述べているばかりではなくて、『家族の起源』の本文、すなわち文化の発展段階と、それに照応する家族形態の発展段階とを解明している部分において、そのことを具体的に明らかにしているのである。……つまり対偶婚家族にまで至る原始的家族の形態（血縁婚家族ないし半血縁婚家族の形態）では、それを発展させる原動力となるのは自然的条件（自然淘汰）であったが、対偶婚家族からは自然淘汰のなすべきことは何もなくなり、その形態から新しい家族形態へ発展させるためには、新しい『社会的原動力』が働き出したということについて詳しく述べているのである[11]」と。この主張は、玉城説においてもっとも重要な論点で、のちに私が玉城説への疑問を提起する際再び論ぜられるであろう。

右の玉城論文に対して、青山教授は一九六一年に「唯物史観と家族理論——玉城教授の批判に答えて——」なる論文を執筆され、エンゲルスの種の繁殖に関する命題についての「私の理解の仕方に玉城教授は異論をさしはさまれたのである。しかし、玉城教授の解釈が正しいかというと、私はかならずしもそうは思わない」とされて玉城教授への反批判を試みられたのである。[12]ただ、この論文では「直接に玉城教授の所説を批判するかたちをとらず」、エンゲルスのこの命題をめぐって従来提唱された多くの「学説を整理して間接に玉城教授にお答え」するという叙述方法が採用されたため、青山教授自身の主張が明確に把握されることができないが、「エンゲルスのこの命題を正しい唯物史観に立つとすることは問題であると思う。じつはこの命題だけでなく、エンゲルス自身が『起源』の全般を通じて正しい唯物史観を展開しているかどうかが問題とされてよいのである」と述べられ（その箇所で私の見解をあげられ）ており、[13]おそらくは青山教授は、エンゲルスのかの命題の誤謬性を主張されるとともに、『家族起源論』に貫かれる方法論そのものに懐疑的態度をとられていると判断されるのである。同論文では、一方では玉城説とそれに類似な今中次麿教授の説が批判的に紹介され、[14]他方では、ソヴィエトにおける諸学説とそれに類似な柳春生教授の主張が参照され、[15]それとともに、私が一九五九年に提示した考え方が引用されているのである。青山教授によれば、ソヴィエトの学説は次のように要約される。「『起源』に述べた問題の命題は、それ自体は誤りである。あるいは誤りとまでは言えないにしろ、ある不明確さを犯している。しかしながら『起源』全般を通じて、エンゲルスの基本的立場を読みとるならば、エンゲルスは物質的生産様式が家族の形態を含めて社会の発展を規定するものとしているのであり、決して家族をもって社会発展を規定するものとはしていない。家族と物質的生産様式を同列に置いているのではない。言いかえるならば、エンゲルスは正当な唯物史観の一元性に立っているのであり、歴史的契機の二元性を肯定するものではないのである」。[16]ところで私がかつて発表し、現になお採り入れている立場は、青山教授によって光栄にも紹介されたように、「《種の繁殖》を物質的生産とならんで一つの独自の歴史的契機とみなす二元的な方法が唯物史観の立場に背馳するものであること」を主張すると同時に、さらに「エンゲルスの『家族起源論』の著作そのものも、かかる誤れる歴史的考察方法の上に立って実際にも書かれたものである」という（前記のソヴィエトの学説に批判的な）立場である。(17) ともあれ、青山教授はこの論文において、ソヴィエトの諸学説=柳教授の所説、ないしは私の見解にそって、玉城教授の説に対して批判的に対峙されたのである。

以上において、青山・玉城論争を十年前にまで遡ってあとづけ、その概要を記述したが、次節では私がこの論争をみて疑問と感ずる点をあげ、それを通して私自身の立場を明らかにしてみたい。

（1）玉城　肇「家族史研究上におけるL・H・モルガンの意義」（『愛知大学法経論集』第六号〔一九五三年四月〕所収）。
（2）青山道夫『近代家族法の研究』（有斐閣、一九五二年）。
（3）玉城、前掲、一、二頁。
（4）Engels, F.: Der Ursprung der Familie, des Privateigentums und des Staats, Marx-Engels Werke, Bd. 21, Ss. 27-28.
（5）玉城、前掲、七―九頁。
（6）青山道夫「家族学説の諸問題」（中川善之助他編『家族問題と家族法Ⅰ』〔酒井書店、一九五七年〕所収）。
（7）青山、同前、五二頁。
（8）玉城　肇『改訂日本家族制度論』（法律文化社、一九六〇年五月）、一三頁以下。
（9）玉城　肇「家族集団と社会発展との関係」（『法律時報』第三二巻一三号〔一九六〇年十一月号〕所収）、五〇―五一頁。
（10）Engels: a. a. O., S. 28.
（11）玉城「家族集団と社会発展との関係」（前掲）五二頁。
（12）青山道夫「唯物史観と家族理論――玉城教授の批判に答えて――」（『法政研究』第二八巻一号〔一九六一年九月〕所収）、一頁。
（13）青山、同前、一三頁。青山教授は、ここに引用された文に引き続いて、「その意味においで次にはエンゲルスに対してもっとも批判的な江守助教授の見解をあげよう」と述べられ、私の見解を紹介して下さっている。

(14) 青山、同前、一〇—一一頁。
(15) 青山、同前、五—九頁。
(16) 青山、同前、七—八頁。
(17) 江守五夫「法民族学の基本的課題——原始血縁共同態の構造原理——」(『今日の法と法学』〔勁草書房、一九五九年〕所収)、三三八—三四三頁。

第二節　《種の繁殖》に関する諸問題

さて、前節でみた青山・玉城論争を主たる素材として、エンゲルスが「歴史における究極的な決定的契機」の「二重の性格」として物質的生産とともにあげた《種の繁殖》なる命題に関して、以下、若干の問題点を指摘し、検討してみたい。

(一)　まず第一の問題として、エンゲルスの『家族起源論』の著述においてかの命題が実際に適用されていたか否か、という点を検討してみよう。すでに述べたように、ソヴィエトの学説は、[18]命題そのものの誤謬を認めながら、しかもエンゲルスの著述ではその命題が実際には適用されず、『家族起源論』は正しい唯物史観によって貫かれているという批評を行っている。それと同じ立場に立つとされる柳春生教授は、「エンゲルスの命題は、『起源』初版序文の前段、すなわち史的唯物論の一般的命題として表現されている部分にかぎってのみ、史的唯物論の一般に承認されている定式に合致していないのである。エンゲルスの命題は、この点にかぎっては批判されねばならない」と述べられたあと、「しかしながら」――と次のように主張される。「そのことは『起源』のなかを貫いている彼の方法が全面的に誤っていることを意味するのではない。この点を除いては、かれは、この書ならびに他の労作においては、史的唯物論の命題を正しく適用しているのである。エンゲルスは、『起源』の本論のなかで、家族の諸形態は、社会の生産様式――それは社会の物質的生産力と生産関係との統一である――の変化、発展に応じて、変化し、発展することを示している」[19]と。だが、はたして柳教授の『家族起源論』の批評は正当であろうか。私は、すでに旧稿において論じたように、『家族起源論』の著作全体がかの命題で示された歴史観でもって貫かれていると思うものである。すなわち対偶婚家族の成立に至る原始社会の全史を彼は《種の繁殖》の契機をもってあとづけようと試みたのである。そしてまさしくこの点は、私とは立場を異にせられる玉城教授も承認されており、そのことはすでに前節での同教授からの引用文の中で示されている。それ故、私としては、柳教授が、エンゲルスが『家族起源論』における対偶婚家族の成立までの歴史的過程の分析で再三採り入れている「自然淘汰の原理」をば[20]、唯物史観の立場からどのように意義づけられるのかを尋ねざるを得ないのである。つまり私は、自然淘汰の原理による歴史的発展の分析が、まさに《種の繁殖》の契機によって実際に歴史的あとづけを行ったことを意味していると考えるのであるが、この考え方ははたして誤っているのであろうか、疑問とせざるを得ないのである。

(二)　このようにエンゲルスの『家族起源論』が例の命題に基づいて叙述されているという点で、私は玉城説と共通の認識を有しているのであるが、私が玉城説を疑問に思うのは、玉城教授がかかる認識をもたれながら、否、同教授によるとかかる認識をもたれるが故に（？）、（すでに引用したところであるが）「エンゲルスが社会の発展、あるいは歴史の究極的な要因について『二元論』的な見解をもっていたのでないことは明らかであろう」という結論を同教授が得ておられる点である。すなわち同教授の論述によれば、「物質的生産の関係と血縁的関係」という「二つの関係のうちのいずれが決定的な重要さをもって社会発展の究極的な要因となるかは、人類社会の発展段階によって異なる」のであり、エンゲルスは対偶婚家族の成立を画期点として、それ以前の発展段階では自然淘汰という種の繁殖の契機が社会発展の究極的要因をなし、それ以降の段階では「新しい社会的原動力」としての物質的生産様式がそのような要因をなすと説明したのであって、彼は決してすべての社会がその二つの要因によって「同時的に、あるいは同じ強さによって制約されるとか、規定されるとか言っているのではない」から、彼が「『二元論』的な見解をもっていたのではない」と説明されているのである。しかしながら、私が「唯物史観」について有する見解に従えば、それは、いかなる社会的段階においても物質的生産様式が社会の発展と社会体制の発展を条件づける基本的要因であるという観方であって、そのような歴史観が妥当しない人類社会は存在しなかったとみなされるのであり、「唯物史観の一元性」といわれるものも、畢竟、社会の発展ならびに社会体制の発展を規定するもっとも究極な要因を排他的に物質的生産様式にのみ求めることを指し示した概念である。したがって、対偶婚家族の成立前の人類社会の発展段階における歴史的発展の究極的要因を、物質的生産様式とは異なる種の繁殖という契機に求めることは、その段階を前人類史的な段階(前「社会」的段階)と認めない以上、一元的な唯物史観の立場と背馳するものであることは当然であろう。

㈢　右の問題を次のような問題に置きかえることができよう。すなわちエンゲルスが対偶婚家族の成立に至る歴史的過程を自然淘汰の原則をもってあとづけたわけであるが、そのことは、彼がその段階までの原始期の人類を単なる生物的次元に据えて考察したということになりはしないか、という問題である。実際、プレハーノフは、彼の「類人的祖先」（menchenähnliche Vorfahren）なる概念を適用することによってエンゲルスの『家族起源論』を擁護しようとしたのである。[21]

周知のごとく、エンゲルスは「人間を動物的存在から人間としての存在にまで高めてきたところの、そして人間の爾余一切の諸活動の物質的基礎をなしているところの」ものを、「人間の生活必需品の生産」、すなわち、労働に求め、そして「人間は生産し、人間なしにはかつて自然が決して生産し得なかったもっとも広い意味での生活手段を人間はつくりだす。それとともに、動物社会の生活法則をそのまま人間社会に移しいれることはすべて不可能になる」と論じたが、[22]エンゲルスのこの論旨からいえば、自然淘汰という自然法則で歴史的発展があとづけられた対偶婚家族成立以前の段階の人類は、彼によって動物界の段階に位置づけられたとも言えるのである。玉城教授のエンゲルス解釈もこのような認識に立脚したものではなかろうか。少なくとも玉城教授の次の説明はそれを首肯させるに足るものである。すなわち、同教授は、「人類の形成する初期の社会においては、その生産および生活の客観的諸条件の占取の形態からいっても、それらの集団は血縁的紐帯によるもの以外の集団ではないのである。彼らが自己を再生産し、対象化するその活動（牧者・狩猟者・農耕者などとしての活動）の第一の前提は、血縁の共同性以外のものではない」と正当に述べられたあと、「なぜならば」――と、原始共同体の血縁的結合の理由づけをなされている。「生産の諸用具がまだ原生的であり、それ以外の生産諸用具の役割がほとんど重要性をもたない段階にあっては、人間は自然に包摂され（自然から分離したり、自然に対立することがほとんどなく）、人間は自然的法則に支配されることが大きく、それ以外の法則によって支配されたり、あるいは自然的紐帯以外のものによって結びつけられて集団を形成したりすることはほとんどあり得ないからである」[23]（傍点江守）と。原始共同体の血縁的紐帯に関する存在理由についての玉城教授のこの説明は次項の問題として考察されるが、ここで問題なのは、かように自然的法則が大きな支配力をおよぼすと考えられる原始民族（すなわち、モルガン＝エンゲルスによって対偶婚家族の形成以前の段階として位置づけられた諸原始種族）においては、はたして「労働とともにはじまる、自然に対する支配」がいまだ実現されておらないのか、という点である。

私はかつて次のように論じた。「いかに粗野なものであれ、労働用具を使用するものは、言いかえれば生産に従事するものは、もはや動物界からは次元的に向上した人間であり、その集団はまさに人間社会(Menschengesellschaft)である。そしてこの人間社会は、生活資料の生産に基礎づけられた歴史的活動のうちに置かれている。そこでは『動物社会の生活法則』は、経済的要因に規定せられた人間社会の歴史的発展法則に従属せしめられており、人間社会の歴史的発展を規定するものは、基本的には物質的生産なのである。このことは原始《群団制——Herdenwesen》においても妥当している。すなわち、もっとも原始的な放浪種族の狩猟・採集経済のもとでも彼らが猟具や採集具を使用しているかぎり、すでに労働（＝生産）が行われているのであり、またそのかぎりにおいて、労働の前提としての土地占取の関係も成立しているのである。したがって、そこではまた、彼らの生活全般とその発展を規定している基本的な要因は、羊の群において支配している動物的な生活法則ではなくて、すぐれて経済的な原動力なのである」[24]と。このような観方からすると、（玉城教授が述べられたように）「自然的法則に支配されることが大きく、それ以外の法則によって支配されたり……することがほとんどあり得ない」とされる原始的諸種族なるものは、生産様式の一範疇たる「原始共同体的生産様式」の成立以前の段階に位置づけられることになるのではあるまいか。私は、かかる認識のもとに、玉城教授のいわれる「自然的法則」と物質的生産様式とが原始社会においてどのような関連のもとにあったか——という疑問を、玉城説に対して抱くものである。

㈣　ここで原始共同体の「血縁」的構成の性格が明らかにされねばならない。玉城教授は、先に引用した箇所で、原始共同体の血縁的凝聚原理を理由づけて、人間が自然的法則によって大きく支配されているという点をあげられた。また同教授は、血縁的紐帯という語のほかに「自然的紐帯」という術語も使われた。この玉城教授の説明から窺われ得ることは、同教授が「血縁」という概念を、自然的法則との関連で構成されているということ、さらに言えば「血縁」という概念にもっぱら生物学的な意味を内包させておられるということ、である。このことは、たしかにエンゲルスの『家族起源論』の解釈としては正当性を要求し得るであろう。[25] モルガンはもとより、その継承者たるエンゲルスも、原始家族を歴史的に再構成して家族発展の図式をつくりあげる際に、一つには親族用語の体系の解釈（彼らの集団婚理論）において生物学的な観方を試みたし、また二つにはそれらの各親族体系間の歴史的な推移を自然淘汰という自然法則で説明しようとしたのであり、彼らは、種族・胞族・氏族・家族（世帯）の各血縁的構成物とその発展を、すべて自然的ないし生物学的観点で考察したと言えるのである。だがしかし、モルガンやエンゲルスの学説の解釈は別として、玉城教授の見解としては、私はこれに疑問をさしはさまざるを得ないのである。というのは、例えばもっとも簡単なる事例をあげてみるならば、母系氏族のもとでは父子関係という遺伝学的・生物学的な関係が原住民によってはいわゆる血縁的な関係として認識されておらず、母系的出自関係で辿られる人々によってのみそこでの血縁共同体が社会的に構成されているからである。つまり原始民族は自然的・生物的な考慮に依拠するよりはむしろ彼ら自身に固有な社会的な考慮によって共同体を構成しているのである。原始共同体は動物の群とは違ってすぐれて社会（学）的な構成物たるものなのである。

モルガン＝エンゲルス学説におけるもっとも致命的な欠陥は、近代的な親族観念をもって原始民族の親族関係を分析し、類別的親族関係を集団的性結合の所産として生物学的に把握した点である。[26] 近代的な親族関係は、（養親子関係を除いて）まさに生物学的な関係（婚姻と実親子の関係を中核とする）をそのままに社会的に承認したものと言えようが、近代以前の——とくに原始期の——親族関係にあっては、生物学的な関係がそのまま社会的に承認されて、親族関係として定立されるとはかぎらず、むしろ生物学的な要因とは独自に社会（学）的な要因が大きく作用したのである。[27] なるほどモルガン理論の大きな功績の一つが、現存の親族（用語の）体系が過去の婚姻・家族形態を示すという発展鋏状差の発見にあることは、玉城教授とともに認めるのにやぶさかではない。[28] しかし、親族体系を誤ってもっぱら生物学的に解釈したということは、その親族体系によって過去の婚姻・家族形態を再構成し、もって原始血縁共同体の発展史を理論構成しただけに、モルガンならびにエンゲルスの理論における致命的な欠陥たることにやはりかわりはないのである。[29]

だが、ここで付記しておけば、原始共同体の血縁的構成原理を自然的法則ないし生物学的原理に照応せるものとして理解しようとする観方は、実は一九世紀の進化主義民族学の一般的傾向だったと言えよう。このことは、民族法学を体系的に樹立したA・H・ポストの次のような説明において如実に示されている。すなわち彼は原始「血縁共同体」(Geschlechtsgenossenschaft)を分析の中核にすえて民族法学を体系化したのであるが、彼はその原始血縁共同体について次のごとく述べている。「その〔有機的構成物（organische Bildung）の〕うちでももっとも原始的なもの、すなわち、血縁共同体は、純粋な自然的過程（Naturproceß）、すなわち同じ母からの出生に、基礎をおくものである」[30]と。モルガン＝エンゲルス理論もこのような学説史的背景のもとに検討される必要があると言えよう。

（18）青山教授があげられたソヴィエトの学説とは、ヴェ・スヴェートロフ「エンゲルス著〈家族、私有財産および国家の起源〉について」（ボリシェヴィーク誌一九四〇年十二月号所収）、エム・ミーチン「マルクス・レーニン主義哲学思想の発展における同志スターリンの著作〈弁証法的唯物論と史的唯物論〉の役割と意義」、一九四一年のモスクワのマルクス＝エンゲルス＝レーニン研究所版「マルクス＝エンゲルス・アルヒーフ」第九巻序文、一九五三年のディーツ版の家族起源論（それは一九五〇年にモスクワの外国語文献出版所の編集にかかる「マルクス・エンゲルス二巻選集」に収められたテキストを原本としている）における編集者の脚註――、以上を指している。

(19) 柳　春生「エンゲルス〈起源〉における家族および国家の問題について」（『法政研究』第二二巻二―四合併号所収）、一三八頁。ただし私は本論文を直接参照し得なかった。本文での引用は、青山「唯物史観と家族理論」（前掲）における引用文によったものである。

(20) 江守、前掲、三四〇―三四三頁参照。

(21) 江守、前掲、三四五―三四九頁参照。

(22) Engels, F.: Dialektik der Natur, Marx-Engels Werke, Bd. 20, S. 323, S. 565.

(23) 玉城、「家族集団と社会発展との関係」（前掲）五五頁。

(24) 江守、前掲、三四四―三四五頁。

(25) 江守は旧稿（前掲）三六九―三七〇頁において次のように論じた。「エンゲルスは、《種の繁殖》を物質的生産と併存する独自の歴史的契機としてみなし、かつ、《血縁紐帯》――種の繁殖によって営まれる社会的凝聚の作用――によって『強く支配され』、『血縁紐帯に基礎づけられた社会体制』をば、後者の歴史的契機によって制約された社会体制、言いかえれば、『財産秩序によって支配された』地域的結合体から区別したが、この彼の理論構成からあらためて明確にされ得るように、彼の《血縁紐帯》ないし《血縁的結合体》なる概念における『血縁』とは、種の繁殖の作用、すなわち生殖作用が、社会的凝聚において機能する場合における人間結合の態様を表わすものである。簡単に言えば、彼のいう血縁的結合体とは、人間の生殖作用をとおして社会的に結ばれた集団を意味するものにほかならないのである」と。

(26) 江守、前掲、三七一頁参照。

(27) 江守、前掲、三七五―三八四頁参照。

(28) 玉城、「家族史研究上におけるL・H・モルガンの意義」（前掲）一二―一四頁参照。

(29) このような意味からすれば、「モルガンが明らかにした親族制度と家族との関係を、私〔玉城教授〕のように評価すると、類別式及び記述式の親族制度の区別及び関連、ならびに類別式親族呼称の解釈に多少の修正すべき点があり、また不十分さはあっても、それらは致命的な欠陥とはなり得ない」といわれる玉城教授の批評（玉城、前掲、一四―一五頁）は、私としては納得できないところである。

(30) Post, A. H.: Der Ursprung des Rechts, Oldenburg 1876, S. 136.

第三節　モルガン＝エンゲルス理論の学説史的背景
——とくに進化主義民族学における「自然法」の概念構成——

エンゲルスの『家族起源論』を論評し、その意義を明らかにせんとするには、彼のこの著書が執筆された当時の民族学の一般的な理論的背景が究明されることが必要であろう。私は、彼が最原始段階の人類の社会的発展を生物学的法則たる《種の繁殖》の原理で説明しようとした立場が、ダーウィンによって多かれ少なかれ影響された当時の進化主義民族学の観方と本質的に共通せるものであると考えるものである。この場合私がとくに注目する点は、進化主義の民族学とくに民族法学のもとでの「自然法」の概念構成である。ここではなかんずく民族学の開祖者ともいうべきバッハオーフェンの理論を中心に検討を行ってみたいと思う。

バッハオーフェンは、周知のごとく、原始社会の発展を基本的には三個の段階において把握しようとした。その第一段階は、アフロディテ女神で象徴される「娼婦制」の段階であり、第二段階はデメーテル女神（農耕神）で象徴される「女人政治制」の段階であり、そして第三段階はアポロの神で象徴されるところの「父権制」の段階である。ここで第一段階における娼婦制（Hetärismus）とはいわゆる乱交制を意味する概念であって、この娼婦制は第二段階でもなおその残滓をとどめ婚姻と併存し、第三段階で完全に揚棄されて、排他的な婚姻に途を譲ると考えられたのである。この第一・第二の両段階に、バッハオーフェンは母権制の存在を認めたのである。彼は述べる。「父性支配（Herrschaft der Paternität）が母権の時期の後を継いだが、その母権の時期以前にはさらに無拘束な娼婦制の時代があった。したがって、デメーテル的に秩序づけられた女人政治制（Gynaikokratie）は、人類の存在の最低段階から最高段階に至る経過点として表示される中間的地位を占めているわけである。この女人政治制は、最低段階とは、物質的―母性的な立場（stofflich-mütterlicher Standpunkt）において共通しており、また、最高段階とは、婚姻の排他性（Ausschließlichkeit der Ehe）において共通している。それが両者と異なっている点は、最低段階との間では、それがデメーテル的母性規制を有しているということ（すなわち、この規制によってそれは娼婦制の法則を超克しているのである）であり、また最高段階との間では、それが分娩する子宮（＝母性）に特権を許容しているという点（この特権の点において、それは完成せる父性体系に対してより低次の生活形態として表示されるのである）である」[31]と。

ところでバッハオーフェンは、このような発展系列をば「物質性」（Stofflichkeit）ないし「自然性」（Natürlichkeit）に対する人為的な「制約」（Beschränkung）の発展の程度、言いかえれば、この物質的性格を止揚せんとする「精神的」（geistig）な文化的進展の経過、として認識したのである。例えば、同じく母権制の段階であっても、娼婦制の段階と女人政治制の段階とは、この視角からは明確に区別されるのである。すなわち、前者にあっては「純粋な放任された大地神主義の、いまだどんな種類の制約をも蒙らない完全なる自然性」（die volle, noch keinerlei Beschränkung unterworfene Natürlichkeit des reinen, sich selbest überlassenen Tellurismus）が支配しているとされ、後者はこの自然性をデメーテル的規制で制約づけたものと解されているのである。「この両生活段階は、分娩する者の支配（Herrschaft des gebärenden Leibes）という同じ原理に基礎づけられている。その相違は、その両段階がおのおの母性を把握する際の自然への忠実性（Naturtreue）の程度にのみ存する」[32]と。

さて、「物質性」ないし「自然性」に対する人為的・精神的制約の発展というバッハオーフェンの右のような進化図式は、具体的には性関係について、動物的な乱交状態から婚姻制度の形成に至る過程として把握されていたのである。そしてまた彼は、この動物的な性的状態を支配する自然法則に《自然法――ius naturale》の術語をあて、性関係を婚姻制度として人為的に規制するものを《実定法――positives Recht》ないし《市民法――ius civile》として名づけたのである。それ故、実に彼の『母権論』の著作も、「いかなる婚姻(matrimonium)をも識ってはおらず、性関係の完全なる自然性と結合せる母権制を提示していて、それ故に自然法を完全に保持しているところの諸民族」に関する古代人の若干の記録に基づいて原初的な自然法の在り方を究明し、かつ、「完全に動物的な状態から婚姻という良俗に至るまでの人類種属の向上の発展系列」をあとづけ、「もって自然法が実定的市民法に移る漸次的な変革を明らかとする」ことを企図したものにほかならなかったのである。[33] すなわち彼の『母権論』は、その意味で「原始自然法論」とも言われるべき性格のものだと言えるのである。

ともかく、バッハオーフェンは、自然法より市民法への移行において原始母権制を論究したのであるが、その自然法のもとでの性秩序は、彼によれば完全に動物的な状態として考えられていたのである。「実存の最低の段階では、人間は、完全に自由なる性的混淆(völlig freie Geschlechtsmischung)のみならず、性交の公然性(Oeffentlichkeit der Begattung)を示している。人間は動物と相似て、特定の一女子と持続的に結合せずに、衆人環視のうちで、自然の衝動(Trieb der Natur)を充足するのである」[34]と。すなわち、先に述べた娼婦制は、その純粋な形態においては、性関係の共同性(Gemeinsamkeit)と公然性(Oeffentlichkeit)を内容とするものであるが、そのような性関係こそが彼の考える自然法のもとでの自然状態なのである。だから、彼のいう自然法とは、彼自身が表現するごとく[35]「純粋に動物的な自然法」(das rein tierische Naturrecht)にほかならないのである。そして婚姻を規制する実定的市民法は、まさに、かような自然法を制約し、侵害するものとして現われるのである。[36] ところで、このような意味をもたされた自然法と実定法(ないし市民法)という対概念は、先にあげた「娼婦制」―「女人政治制」―「父権制」の発展系列において次のような仕方で配置されている。すなわち、第一の娼婦制の段階ではもっぱら自然法が支配し、第二の女人政治制的段階では自然法と市民法（実定法）が併存し、第三の父権制的段階では純粋なる市民法（実定法）が貫徹しているのであると。[37]

　バッハオーフェンの以上のような自然法の概念構成は、それ以後の進化主義的民族学とくに民族法学において継承されたのである。例えば、ポストは次のように記述している。「個別的な父は、もし敢て言い得るとすれば、当初、市民法（jus civile）に属するものであり、この父は実定法（positives Recht）上の一制度である。他方、個別的な母は、万民法（jus gentium）に属し、自然によって賦与されたものである」[38]と。すなわち、原始乱交制下の母系制が自然法（万民法）の一制度であり、個別的父子関係を可能とする個別的婚姻の制度は市民法（実定法）に属するというのである。二十世紀の進化主義民族学者ロバート・ブリフォールトもこのような認識を受け継いでいる。彼はローマ法の根底に、「自然的」事物と「社会的」ないし「法律的」事物との間の区別に関する明白なる認識が存したことを指摘しつつ、次のごとく論じている。「種族的価値《トライバル・ヴァリュー》の束縛をたちきりながらもローマ法曹の鋭敏な智力が決して見失わなかったことは、『自然法』と市民的・法律的『諸制度』との間の区別、すなわち、人間の天賦自然の性質に固有な諸事実と社会的伝統の所産との間の区別である。彼らは、前者の一連の事実を『自然法』(jus naturale) に固有なものとみなし、後者の一連の事実を『市民法』(jus civile) の領域に属するものとみなしたのである。彼らの定義によれば、『自然法とは、自然がすべての動物に授けたものである。それは人類種属に特殊なものではなくて、気・地ないし水からなる一切の創造物に対して共通せるものである』と。……彼らが考えたところによると、母子関係はあらゆる制度から独立せる一つの自然的事物であり、他方、父子関係は法律制度の領域に属するものである」[39]と。ブリフォールトが右において言わんとしたことは、父子関係を排除してもっぱら母子関係を基軸にして成立する母系制こそが、人類が動物界から受け継いだ天賦自然の生活規範をなしており、個別的な婚姻によって父子関係が認知される条件は人類がのちに創造した一つの社会制度であるという、原始乱交制理論であるが、この説明において彼は乱交的な母権制組織を「自然法」という概念において捉え、父権的な単婚制を規制するものとしての「市民法」と対置させたのである。

以上のようにとくに「自然法」ないし「実定法」（「市民法」）という対概念で説明しておらなくても、多くの進化主義民族学者は、乱交制―母権制を人類の天賦自然の姿とみなし、婚姻制度―父権制をばそれに対する人為的制約の所産とみなす考え方を採り入れる点において、一致せる立場をとっていたのである。

このような考え方は、進化主義民族学者によって一般的に採用されている次のごとき見解のうちにもっとも典型的に現われている。すなわち、多くの未開民族で婚姻関係と併存して見出されるもろもろの放縦な性習俗が、人類が婚姻制度の採用によって「神の掟」（それは乱交的な性関係を命じている）を冒瀆したことに対する「神への贖罪」として元来発生したものである――という見解である。すでに、バッハオーフェンは次のように述べている。「デメーテル的原理は、それに対立するより古い原理の侵害として現われ、婚姻自体が宗教的命令の違背として現われる。……婚姻がその排他性によって神の掟に違背するものであるが故に、婚姻は神への贖罪（Sühne）を必要とするものだ、という観念も、実に右のごとき関係からのみ理解されるものである。……物質（Stoff）の法則は一切の制約を拒否し、一切の拘束を嫌悪し、そしてすべての排他性をその神聖性への侵犯とみなす。かくしてこのことから、婚姻自身が娼婦制的慣行と結びついて現われるところの一切の慣習が説明されるのである」[40]と。またポストも論じている。「多くの民族のもとでは、婚姻が反自然的で許容されざるもの（etwas Naturwidriges und Unerlaubtes）であるという観念がみうけられる。婚姻は、反自然的なものとして、じつに精霊の復讐（Rache der Geister）をすらよび起こすのである」。「婚姻が一つの変革の所産（eine Neuerung）であるという観念は、婚姻が多くの民族のもとで特定の立法者に由来するものとされていることのうちにも現われている」(41)。そしてポストは、「一定の祭礼の際に一切の性的制約が消滅するという習俗」〔祭礼乱交〕、「若者、とりわけ少女の結婚以前の性的自由」〔前婚姻的自由交渉〕、「少女が個別的な婚姻に入る前にまず種族仲間たちに身を捧げねばならぬという習俗」〔初夜権的慣行〕、「賓客への妻女の提供」〔いわゆるGastfreundschaft の習俗〕等々をあげて、それらが、婚姻制度以前の天賦自然の乱交的状態の遺制だと想定したのである(42)。

ともかく、乱交的状態が人類の自然の状態で、神霊に合致せるものであり、婚姻がそれを人為的に改革したもので、反自然的・神霊冒瀆的な制度である――という観方は、それに自然法と市民法（実定法）との対概念を配合するの如何をとわず、一般に進化主義民族（法）学者によって採用されたと言えるのである。

さて、ここでわれわれは、右のような進化主義民族学における「自然法」の概念構成が近代的自然法のそれと著しい対照を示していることに注目しなければならない。すなわち、近代的な自然法は、なるほど、社会契約説において、実定法の形成以前の自然状態に源を発するものとして、実定法との関係において歴史的な Priorität をもって理論構成されたが、かかる先後関係はいうまでもなく実定法の妥当性の根拠を自然法に求めようとすることの理由づけのためのもので、それはあくまで近代市民社会の法的要求のための理論的前提であり、哲学的な構成にすぎないのである。しかるに、進化主義民族（法）学のもとでの自然法の概念構成にあっては、すでにみたように、自然法と実定法（市民法）との間の発生史上の段階差は、単なる哲学的仮想や理論的前提としてではなくて、それ自体、その理論体系の中核をなしていたのである（このことは、そもそも民族法学が、自然法学の克服を企図して樹立された歴史法学の系譜に属するということを想い起こすなら、当然のことと言えるかもしれない）。実際、バッハオーフェン自身このことを十分承知していたのである。バッハオーフェン、ポストならびにブリフォールト等の自然法の概念構成は、彼ら自身明らかに指摘しているごとく、古代ローマ法曹のそれに依拠しているものなのである。バッハオーフェンはローマ法曹の自然法観念について次のように指摘する。「単なる抽象化は考えもおよばないところである。古代の自然法は、われわれが今日その名でよぶもののように単なる哲学的思考物(blosse philosophische Spekulation)ではない。それは、純粋に国家—実定的な法よりも古い歴史的な出来事・開化段階であり、もっとも古い宗教観念の表現であり、体験された人類の状態の一遺物であり、母権制——それ自身、自然法の一部をなす——と同様に歴史的なものである[43]」と。すなわち、ローマ人のもとでは自然法ならびに実定法の両法体系は、母権および父権の両体制が二つの歴史的発展段階を示すものであるのと同様に、異なった歴史的次元に位置づけられたのだというのである。それ故、このような自然法は、つまるところ、より古い歴史的段階の実定法にほかならないわけで、自然法—実定法の関係は、本質的に過去の法と現行の法との関係というのと変わりないものである。このような過去の実定法を敢て「自然法」と呼んでいるのは、それが「純粋に国家実定的な法よりも古い歴史的な出来事」、つまり「動物的段階」の生活法則とみなされたからである。バッハオーフェンはローマの「自然法」概念について述べている。「法概念は決して人類に制限されるものではなくて、すべての創造物に拡大されている。同じ物質的《シュトフリッヒ》な法則が一切を貫徹している。法の共同性(Rechtsgemeinschaft)が人類と動物とを結びつけている。この法の共同性は、人類と動物との間の自然的類似性(Naturverwandtschaft)に基づいている。……もっとも、人類種属の運命は、物質《シュトッフ》の法則に次第次第に打ち勝ち、人類の性格の物質的側面——その側面によって人類種属は他の動物界と連関している——を超えて、より高次の、純粋に人間的存在にまで向上しようとする点にある」[44]と。

かように、古代の法曹たちが全動物界に妥当せるものとして設定した「自然法」の概念を、バッハオーフェン等の進化主義民族（法）学者たちはそのまま人類のもっとも原始的な歴史的段階における生活状態を表現するものとして藉りいれたのであるが、このような考察方法は、人類の原始社会史を自然法則（自然淘汰の原理）で解明せんとしたモルガン＝エンゲルスの思考方法と共通するものと言えよう。実際、エンゲルスは、バッハオーフェンが乱交（＝娼婦）制をもって神の掟とみなし、婚姻制度の形成がその掟に違背したが故に神への贖罪として諸々の乱交的習俗が婚姻制度と併立して残存することになったと考えたことを、バッハオーフェンの神秘的な観方として批判しつつも[45]、彼の偉大な発見の一つと称えたのであり[46]、エンゲルスの原始社会観に、右掲のバッハオーフェンの考え方が著しく影響をおよぼしたことは十分看取され得るところである。

ともあれ、《種の繁殖》の法則でエンゲルスが解明しようと試みた原始婚姻・家族史の研究方法は、最原始段階の人類の生活を動物的状態と認識してその生活法則に「自然法」という術語をあてた進化主義民族（法）学の理論的立場と相共通するものと言えるのである。原始家族の歴史的発展を自然淘汰の原理で把握したり、その生活法則を自然法の概念で表示したりするのは、共に、原始社会を生物的次元に据えんとする進化主義民族学に共通な致命的欠陥と言えよう[47]。まさにその意味で、クノーの次の批評は正鵠を射たものと言えよう。「いわゆる母権もまた、原初的な血族関係からまったくひとりでに生ずるような『自然な』法（“natürliches” Recht）ではない。それは、時がたつうちに『自然法』として宣言されるようになった他の法と同じく、歴史的に生起し、かつ消滅する法、すなわち一定の経済的発展段階の表現なのである」[48]と。

(31)　Bachofen, J. J.: Das Mutterrecht. Eine Untersuchung über die Gynaikokratie der alten Welt nach ihrer religiösen und rechtlichen Natur, (1 ste Aufl., 1861), Basel 1948 (3 te Aufl.), Bd. I, S. 36.

(32)　ebenda, S. 40.

(33)　Vgl. ebenda, S. 104.

(34)　ebenda, S. 104.

(35)　ebenda, S. 110.

(36)　すなわち、バッハオーフェンは次のように述べている。「実定法は自然法を侵害するという性質（Charakter einer Beeinträchtigung des Naturrechts）をそなえている」と――ebenda, S. 112――。あるいはまた次のようにも論ぜられている。「市民法は、自然法の制約（Beschränkung des ius naturale）という性質をおびるものである。後者は、前者により次第次第に排斥され、遂には僅かな領域にかぎられることになるのである。両者の間には非協調性（Unverträglichkeit）と敵対性（Feindschaft）が存する」と――ebenda, S. 110――。

(37)　バッハオーフェンは言っている。「中間段階〔女人政治制〕には、無差別な性結合の純粋な自然法が先行している。……しかもまたその中間段階に後続するのは、純粋な市民法、すなわち、父権ならびに父性支配をともなう婚姻である。婚姻をともなえる女人政治制の中間段階では、自然法と市民法の両者、物質的原理と精神的原理（das stoffliche und das geistige Prinzip）が結びついている。すなわち、一方では物質的原理はもはや排他的に支配しているということはないが、それと同時にまた他方では、精神的原理がまったく純粋に貫徹するという程度にはまだ至っておらないのである。物質的な自然法からは、母性的・物質的な素性の優位（das Vorwiegen der mütterlichen, stofflichen Geburt）がその一切の結果――母系的財産相続・娘の排他的相続権――とともに保持されているが、しかも、精神的な市民法に属するものとして、婚姻の原理そのものや婚姻関係を凝固たらしめている家権力（Familiengewalt）の原理が存在している」と。ebenda, Ss. 128–129.

(38)　Post: Die Geschlechtsgenossenschaft der Urzeit und die Entstehung der Ehe, Oldenburg 1875, S. 106.

(39)　Briffault, Robert: The Mothers. A Study of the Origins of Sentiments and Institutions, (1 st ed., 1927) 2 nd ed., London 1952, vol. I, pp. 521–522.

(40)　Bachofen: a. a. O., Bd. I, S. 38 f.

(41) Post: Grundriß der ethnologischen Jurisprudenz, Oldenburg 1894-5, Bd. I, Ss. 18-19.
(42) Post: ebenda, S. 43.
(43) Bachofen: a. a. O., Bd. I, Ss. 378-379.
(44) Bachofen: a. a. O., Bd. I, S. 378, 379.
(45) Vgl. Engels: a. a. O., Vorwort zur 4ten Aufl. 1981 (S. 476) und S. 39 Anm 1.
(46) 例えばエンゲルスは次のように述べている。「われわれはここでバッハオーフェンの第四の偉大な発見、すなわち、集団婚から対偶〔婚〕への、広汎に分布せる移行形態の発見に、言及してみたい。バッハオーフェンが往古の神の命令の侵犯にたいする贖罪として、すなわち、婦人が貞操の権利を購いとるために払った贖罪として、表示しているものは、実際には、婦人が往古の男子の共有制《メンナーゲマインシャフト》から身請けされ、一人の男子にだけ身をゆだねる権利を得るために払った贖罪を、単に神秘的に表現したものにすぎないのである。このような贖罪は制限された自己提供《プライスゲーブンク》という形をとっている。……身請けのための贖罪の犠牲は、時がたつとともに次第に軽いものとなるが、このことはすでにバッハオーフェンが記述したとおりである。すなわち、『毎年くりかえされる犠牲の提供は〔一生に〕ただ一度の提供に退化し、主婦たちの娼婦制は娘たちのそれに、婚姻中にいとなまれたものは婚姻前のいとなみに、すべての者への無差別な委付が特定の人々へのそれに、それぞれ引き継がれるのである』("Mutterrecht," p. XIX) と」——Engels……a. a. O., Ss 55-56——。
(47) 非歴史的な未開民族を《自然民族——Naturvolk》の術語でよぶ従来の民族学一般の立場も、本来かかる誤れる認識に由来したものである。
(48) Cunow, Heinrich: Die ökonomischen Grundlagen der Mutterherrschaft, Schließbemerkung, in Die Neue Zeit, XIV, 1897/8, Nr. 8, S. 240.

結　語

以上、本稿では青山・玉城論争において私が疑問とする諸点が提示され、そのことによってエンゲルスの《種の繁殖》に関する命題が批判的に検討された。エンゲルスの『家族起源論』のもっている古典的意義については私は毫も否認するものではなく、実際、私もエンゲルス理論に従うところは少なくないが(49)、同書が著述された時点における学説史的段階が同書における諸主張にとり制約的であることも十分承認されねばならない。それ故今日『家族起源論』が考察される際、同書の学説史的背景が明らかにせられることもきわめて重要な意味を有するものである。例えばポストの次の一文もこの際注目されてよかろう。すなわち、「血縁法的組織体は、一方において夫妻間の性的関係に依拠し、他方、産み親《エルツォイゲルン》と子供《エルツォイクテ》との間の関係に依拠している。血縁法的組織体の基礎は、それ故に、生物学的(biologisch)な基礎である。すなわち、この組織体形式を基礎づけているのは、繁殖(Fortpflanzung)を介しての人間種属の保持という生物学的な事実なのである。かかる生物学的事実から生ずる関係は、同時にまた世界の全民族のもとでその社会的組織体の拠点になっており、民族が文化的に低位であればあるほど、それだけ一層、その諸関係はその民族の社会的組織体の独占的(ausschließlich)な拠点たるのである(50)」と。すでに私がかつてそれについて論じたところだが(51)、この説明がエンゲルスの《種の繁殖》に関する命題といかに酷似しているかはわれわれの属目に価するところである。

エンゲルスが《種の繁殖》なる契機を一つの独自の歴史的契機として設定しようと試みたのは、対偶婚家族の成立に至る全原始社会史における歴史的発展を物質的生産の歴史的契機によって解明することができなかったことに負うものではあるまいか。今日マルキシズム民族学に課せられたもっとも重大な問題は、原始血縁共同体の構造とその歴史的発展をほかならぬ原始共同体的生産様式との関連において究明することにあると言えよう。そしてそのためには、モルガン=エンゲルスの原始社会史の理論に含まれている諸々の欠陥を積極的に批判し、克服することがわれわれに与えられた第一の課題たるものである。

(49) 例えば、血縁結合の地縁結合に対する先行性の理論、私有財産制と個別家族が同時点に発生したと考える立場、等々。江守、前掲、三五五頁以下、四一二頁以下参照。
(50) Post: Grundriß usw., Bd. I, Ss. 16-17.
(51) 江守五夫『法社会学方法論序説』(法律文化社、一九六二年)二八八―二八九頁。

(付　記)

私は本稿を執筆するに際して、玉城肇教授から同教授の論文抜刷を恵与していただくなど多大の御配慮に接した。学問的主張において異なった立場にたつ筆者に対して賜わった同教授の御芳情に私は深い感銘を覚えた次第である。同教授に心から感謝するとともに、本稿において提示したかずかずの疑問に対して同教授の御教示を仰ぎたく願うものである。

〔一九六二・九・十〕

第二章　いわゆる《種の繁殖》の命題と史的唯物論

──玉城肇教授の反批判論文への再批判──

序言

エンゲルスの『家族、私有財産および国家の起源』（以下、『家族起源論』と略称する）の初版序文において提示された《種の繁殖》の命題について、一九五二年より六一年にかけて、青山道夫教授と玉城肇教授との間に論争が展開されたが、たまたま私が一九五九年に右の命題について独自の立場で見解を表明し(1)、青山教授が光栄にもそれを引用されたことから、私もこの両教授の論争に関与することとなった。その後一九六三年に、私は、「家族史研究と唯物史観──青山・玉城論争を中心として──」と題する論文を執筆し(2)、本論争に対する私の学問的立場──それは一九五九年の私の論文で示された見地に基づいて、玉城教授の見解に対する批判に終始するものであった──を明らかにした。

ところで、この私の一九六三年の論文は、数年間の沈黙のあとようやく昨年の暮れになって、玉城教授からの反批判に接するに至った。しかし、それは極めて短く、玉城教授の考え方を十分にくみとることのできない随想形式のものであった。[3] だが、それに相次いで、玉城教授は最近「唯物史観と家族集団」なる論文を発表された。[4] この論文は、副題「江守教授らへの反批判を通じて家族研究の基本原理についての試論」が明示するごとく、私の玉城説批判に対する反批判を主眼とするものであった。私はもとよりその反批判を心から歓迎したが、私の学問的立場は、遂にその反批判に承服することを許さないものであった。私はかくして、玉城教授のこの反批判に対して改めて反論を提起し、もって私の見解をさらに明確にすべく、ここに本稿を執筆した次第である。

そもそもエンゲルスの《種の繁殖》の命題は、人間社会の歴史的発展の究極の要因をもっぱら物質的生産に求めんとする史的唯物論の立場と如何に関わりあうものであるか、という社会科学にとり根本的な方法論的問題を投げかけるばかりか、エンゲルスが『家族起源論』においていわゆる対偶婚家族の形成に至る全原始家族史をこの《種の繁殖》の契機によって分析したため、家族史研究のうえでも極めて重要な問題たるものである。またとりわけ本稿第三節で論ぜられるように、人類生成史のどの段階まで自然淘汰の法則が作用したかという点を明らかにすることは、原始血縁共同体の成立を論ずる上で根本的に重要な意味を有している。私の知り得たかぎりでは、今日のソヴィエト歴史学ないし人類学において、乱交—集団婚—対偶婚—一夫一婦制のモルガン＝エンゲルスの発展図式は依然として固執されているが、自然淘汰の法則が貫かれる段階が、モルガン＝エンゲルス学説のように対偶婚の成立の時点までとは認められておらず、歴史的に遡って氏族制度の成立時点まで（右の発展図式によって言えば乱交制の段階までであり、一層厳密に言えば世代間ないし兄妹間の近親姦禁忌が現われる段階までである）と考えられており、まさにそれ故に、原始氏族共同体の社会体制とその発展についての歴史的究明を、物質的生産という経済的条件を究極的な拠として行うことが可能とされるのである。[5] いずれにせよ、《種の繁殖》の命題は、史的唯物論それ自体にとっても、また原始社会史の研究にとっても、ゆるがせにすることのできぬ問題をわれわれに提起するものである。私が本命題の論争に積極的に加わり、敢て玉城教授の見解を批判せんとするのも、私が原始血縁共同体の社会構造とその発展についてのマルキシズム民族学的研究を推し進める上で、この命題に対する私自身の学問的態度を明確にすることが不可欠な前提であるからにほかならない。

（1）　江守五夫「法民族学の基本的課題――原始血縁共同態の構造原理――」（山之内一郎教授追悼論文集『今日の法と法学』〔勁草書房、一九五九年〕所収）、三三六―三五四頁。
（2）　江守五夫「家族史研究と唯物史観――青山・玉城論争を中心として――」（東京大学社会科学研究所創立十五周年論文集『社会科学の基本問題』下巻〔一九六三年〕所収。のちに内田力蔵・渡辺洋三編『市民社会と私法』〔同年、東大出版会〕に再録）。
（3）　玉城　肇「唯物史観と家族」（青山道夫編『注釈民法　第二〇巻　親族Ⅰ』〔有斐閣、一九六六年〕に添付の栞「随想注釈民法」に収録）。
（4）　玉城　肇「唯物史観と家族集団」（『松山商大論集』第一七巻六号所収）。
（5）　だが、私はソヴィエトの学界における原始社会史の理論に全面的に従うものではない。集団婚説その他について、疑問とするところは少なくない。

第一節　歴史における究極の要因

そもそも私たちの間で論争が生ずるに至ったのは、先にも述べたように、エンゲルスの《種の繁殖》の命題に対する私たちの見解が対立したからである。エンゲルスは、周知のように、『家族起源論』の序文の中で次のように論じた。「唯物論的見解に従えば、歴史における究極的な決定的契機は、直接的生活の生産および再生産である。

これは、しかしながら、それ自身さらに二重の性格をもっている。一方では、生活手段の産出、すなわち、衣食住の諸対象とそれに必要な道具の産出であり、他方では、人間それ自身の産出、すなわち、種の繁殖（Fortpflanzung der Gattung）である。特定の歴史的時期の、特定の地域の人間がそのもとで生活するところの社会的諸制度は、二種類の生産によって制約される。一方では、労働の発展段階によってであり、他方では、家族の発展段階によってである(6)」と。

ここで問題となるのは、物質的生産の在り方が社会発展の究極的要因であるとする史的唯物論の根本命題とこの命題が矛盾しはしないか、という点である。言いかえれば、物質的生活の生産という要因のほかに種の繁殖を社会発展の独自の契機とみなすことは、史的唯物論の一元性を損なうものではないか、という点である。青山教授や私は、この問題点からエンゲルスに対して批判的態度をとったのであるが、玉城教授は一九六〇年の論文において、次の論旨に基づいてエンゲルスのこの命題を擁護されたのである。

玉城教授は言われる。「エンゲルスはすべての社会が、物質的生産の関係と血縁的関係とによって、同時的に、あるいは同じ強さによって制約されるとか、規定されているとか言っているのではない。二つの関係のうちいずれが決定的な重要さをもって社会発展の究極的な要因となるかは、人類社会の発展段階によって異なるのだというのである。この点からいっただけでも、エンゲルスが社会の発展、あるいは歴史の究極的な要因について『二元論』的な見解をもっていたのでないことは明らかであろう(7)」と。

たしかに、エンゲルスの『家族起源論』は、歴史的発展の究極の要因という点から原始家族史を二段階に区分するという体系をとっており、対偶婚家族の成立という時点を画して、それ以前の段階の歴史的発展の契機が自然的条件（自然淘汰）に求められ、それ以降の段階において新しい『社会的原動力』――物質的生産の条件――が作用するとみなされた。しかし私は一九六三年の論文において、対偶婚家族の成立以前の段階が「前人類史的な段階」ではない以上、すなわちその段階に既に「人類社会」が成立している以上、その段階での社会的発展を自然淘汰の法則によってあとづけることは、やはり史的唯物論の方法に背馳するものだ、と論じたのである。

私はこう言った。「私が『唯物史観』について有する見解に従えば、それは、いかなる社会的段階においても物質的生産様式が社会の発展と社会体制の発展を条件づける基本的要因である、という観方であって、そのような歴史観が妥当しない人類社会は存在しなかったとみなされるのであり、『唯物史観の一元性』と言われるものも、畢竟、社会の発展ならびに社会体制の発展を規定するもっとも究極な要因を排他的に物質的生産様式にのみ求めることを指し示した概念である。したがって、対偶婚家族の成立前の人類社会の発展段階における歴史的発展の究極的要因を、物質的生産様式とは異なる種の繁殖という契機に求めることは、その段階を前人類史的な段階（前「社会」的段階）と認めない以上、一元的な唯物史観の立場と背馳するものであることは当然であろう(8)」と。

ところで、玉城教授の今回の反批判論文は、まず第一に、右述のごとき私の玉城説批判に対する反批判をもって出発する。すなわち、教授は、史的唯物論についての私の理解の誤謬――「唯物史観は歴史の発展……を規定する究極的な要因を、排他的に物質的生産様式にのみ求める史観だとする誤り」――を摘示されようとする。この場合、教授が拠とされたのは、エンゲルスがJ・ブロッホに宛てた書簡文（一八九〇・九・二十一）のかの有名な一節である。

エンゲルスはそこでこう言っている。「……唯物史観に従えば、歴史における最終的に決定的な要因は現実的生活の生産および再生産である。それ以上のことは、マルクスも私もかつて主張したことがない。もし誰かがこれを、経済的要因が唯一の決定的要因である、というふうにねじまげるとすれば、彼は先の命題を無意味な、抽象的な、馬鹿げた文句にかえてしまうのである。経済的状態は土台である。しかし、上部構造のさまざまの要因——階級闘争の政治的形態とその結果——勝利を得た戦いののちに戦勝階級によって定められる憲法等——法律形態、さらにこれらすべての現実的闘争の、それに参加した者の頭脳への反映、すなわち政治的、法律的、哲学的理論、宗教的観念およびその教条体系への発展もまた、歴史的闘争の経過にその作用をおよぼし、多くの場合において著しくこの闘争の形態を規定する。それはこれらすべての要因の交互作用であって、その中で結局これらすべての無数の偶然性……を通じて、必然的なものとして経済的運動が貫徹する[9]」と。

玉城教授は、このエンゲルスの言葉を引用したあと、「〔エンゲルスが〕歴史がつくられるための前提および条件を『排他的に物質的生産様式にのみ求める』ことなどはやっていない[10]」と論じておられる。なるほど、歴史がつくられるための前提および条件には無数の契機があるだろう。けれども究極的な歴史的要因が物質的生産の条件以外に存し得るだろうか。私の理解するところでは、エンゲルスの右の文章はいわゆる経済的土台と上部構造との間の「交互作用」について述べているのであって、その立論の基盤には、物質的な生産諸関係が、社会的・政治的・

糖神的な生活過程一般を規定する土台をなしているという唯物論的命題が前提となっていることは言うまでもない。すなわち、この点を整理していえば――、

㈠　経済的土台――それ自身において物質的生産諸力が基底的な要因をなしている――が社会の上部構造一般を規定する。

㈡　しかし、この「土台」と「上部構造」との間の相互関連性は前者がもっぱら後者を規定するという一方的な規定性に終始するものではなくて、後者といえども、一応の相対的独自性を有し、前者に対して逆作用を行うものである。つまり、両者の間には、かかる作用と反作用という「交互作用」（Wechselwirkung）が働いているのである。

㈢　しかもまた、ここで重要なことは、この「交互作用」の真只中において、やはり（前掲のエンゲルスの文章に述べられているごとく）「必然的なものとして経済的運動が貫徹する」のである。[11]

経済的な土台と当該社会の上部構造との間の以上のごとき弁証法的関係を認識しないで、もし後者の前者に対する反作用を過重に評価し、社会の上部構造が（経済的な土台と全く独自な）決定的な社会的＝歴史的要因を形作るものとみるならば、それはもはや史的唯物論とは何のかかわりもないものと言われねばならない。実際エンゲルスは、右の文章（J・ブロッホ宛の書簡文）のすぐ後で、「われわれは、われわれの歴史そのものを作るのであるが、それは第一に、きわめて限定的な前提と条件のもとにおいてである。そのうちで経済的な前提と条件が最終的に決定的なものである。しかし、政治的その他の前提と条件も、人間の頭脳にとりついている伝統さえ、決定的な役割ではないにせよ、一つの役割を演じている」（傍点江守）と言って、[12]右の文章を補足しているのであって、彼は「歴史が

つくられるための前提および条件」において「決定的な役割」を演ずるものはあくまで物質的生産の諸条件であることを明示しているのである。

私が旧稿において、社会の発展や社会体制の発展を規定する「基本的要因」とか「もっとも究極的な要因」とか述べたとき、その「基本的」ないし「もっとも究極的」という限定詞は、エンゲルスの右の文章における「決定的」という表現に相応するものであることを、ここで断わっておく。一体、玉城教授は、社会の上部構造を構成する諸要素が、社会の経済的土台と同じように「基本的」で「もっとも究極的」で、「決定的」な歴史的要因をなす、と考えられるのであろうか？

周知のことながら、プレハーノフは、社会の経済的土台と上部構造との間の「交互作用」について周密な考察を行っている。彼は言っている。「政治と経済との間の交互作用は存在する。そのことは疑いもなく事実である。……政治体制は経済生活に影響を与える。すなわち、政治体制はこの経済生活の発展をば、あるいは助長し、あるいは阻止するのである……」[13]と。またこう言う。「人間の思惟の発展のうちには、より厳密にいえば、人間の諸概念と諸表象の結合のうちには、ある独得の法則が存するということは、われわれの知るかぎりでは、いかなる『経済的』唯物論者によっても否定されたことはないのである。『経済的』唯物論者のうち誰一人として、例えば論理の法則をば商品流通の法則と同一視するものはいなかった」。「それにもかかわらず」――と、プレハーノフは続ける。「これら唯物論者のなにびとも、思惟法則のうちに、人類の精神的発展の究極の原因（letzte Ursache）、その根本的動機（Hauptriebfeder）を求めることができるとは考えなかった。まさにこのことこそは、極めて好都合のことだが、『経済的唯物論者』をば観念論者や、とりわけ折衷主義者から区別する点なのである」[14]と。

実際、もし上部構造の種々の要素——例えば、政治的・法律的・哲学的・文学的・芸術的等々の諸要素——の相互的な作用や、経済的土台に対するそれら各要素の反作用が、経済的要因とならんで、歴史におけるいいい究極の原動力であるとすれば、はたして、「人間社会の歴史のなかをその支配的な法則として貫いている一般的な運動法則を発見する」ことができようか。なるほど上部構造の諸要素の演ずる反作用にのみ眼をなげかけるかぎり、既述のごとく「無数の偶然性」が人間の歴史を支配しているかにみえる。けれども、「表面上は偶然の戯れだとみえる場合でも、この偶然はつねに内面的な隠された諸法則によって支配されているのであり、この諸法則を発見することこそが重要なのである」[15]。そして、ここで改めて断るまでもないことであるが、この「人間の歴史の発展法則」を発見したのはほかならぬマルクスであった。

「マルクスは」——と、エンゲルスはマルクスの葬送にあたって述べている、「人間の歴史の発展法則を発見した。それはイデオロギーの茂みの下にこれまでおおわれていた簡単な事実である。すなわち人間は政治や学問や芸術や宗教などに携わるまえに、何事にもましてまず食い、飲み、着物をきなければならないということ、したがって直接的な物質的生活手段の生産と、それと同時に、ある国民またはある時代の、そのときどきの経済的発展段階が土台をなし、その土台から人々の国家制度や法律観念、芸術や、また宗教的観念さえも、発展してきたし、それ故、これらのものもまたここから説明されなければならず、これまでのようにその逆であってはならないということ、である」[16]と。

かくして、人間の歴史を規定するもっとも究極的な要因は、やはり、物質的生産の発展に求められるのであり、少なくとも史的唯物論の立場ではそうなのである。社会の上部構造の諸要素は、それがほかならぬ「上部構築物」として比喩されているまさにその故をもって、人間社会の歴史的発展にとってのもっとも究極の要因たり得ないのである。私が旧稿において、「『唯物史観の一元性』といわれるものも、畢竟、社会の発展ならびに社会体制の発展を規定するもっとも究極〔的〕な要因を排他的に物質的生産様式にのみ求めることを指し示した概念である」と論じたのも、実に以上のことを述べようとしたものであった。それゆえ、私のこの説明に対して、玉城教授が上部構造の経済的土台への反作用という点から批判されたことは、まったく誤読にもとづく批判と言わねばならない。

したがって、玉城教授の反批判は右の点に関するかぎり、実は反批判とはなっていないのであり、それゆえ、私と玉城教授との論争の主題——すなわち史的唯物論の立場で《種の繁殖》の命題が正当化され得るであろうか、という問題——は、依然として未解決のままになっているのである。では、この残された論争点について玉城教授のこの度の反批判論文はどのように論じようとされたのか。次に、いよいよこの問題に関して考察を進めてみよう。

(6) Engels, F.: Der Ursprung der Familie, des Privateigentums und des Staats, Marx-Engels Werke, Bd. 21, Ss. 27-28.
(7) 玉城　肇「家族集団と社会発展との関係」(『法律時報』三二巻一三号所収)、五二頁。
(8) 江守「家族史研究と唯物史観」(前掲) 二三五頁——本書三一頁。
なお、この私の一文において「物質的生産様式」なる語を用いたことに対して、玉城教授は、「この序言〔マルクスの『経済学批判』序言〕でいわれている『物質的生活の生産様式』と江守のいう『物質的生産様式』とは同じ意味なのかどうかわからない。……だいたい『物質的生産様式』などという用語はナンセンスなのである」——と、語気荒く批判されている(『唯物史観と家族集団』二一〇頁)。私がここで物質的生産様式という語を使ったのも『経済学批判』序言中の《物質的生活の生産様式――Produktionsweise des materiellen Lebens》の語義と同意味においてであった。

この私の用語が疑惑を招くほど不用意なものであったとすれば、以後改められねばならないが、私のこの用語法が私の創始にかかるものではないことは断っておかねばならぬ。私の右論文（二三一頁）で引用したように、青山教授は、ソヴィエトの学説を紹介する際次の言葉を用いておられるのである。「……エンゲルスは物質的生産様式が家族の形態をふくめて社会の発展を規定するものとしているのであり、決して家族をもって社会発展を規定するものとはしていない。家族と物質的生産様式を同列においているのではない。……」と（青山「唯物史観と家族理論――玉城教授の批判に答えて――」〔『法政研究』第二八巻一号所収〕七―八頁）。また、私が一九五九年の論文（「法民族学の基本的課題」において紹介したところだが、一九五三年版のエンゲルスの『家族起源論』(Dietz 版）の脚注（S. 8, Fussnot von Hrsg. 1）は、「……エンゲルス自身は、物質的生産様式（materielle Produktionsweise）が社会の発展ならびに社会体制の発展を制約する基本的要因であることを、具体的資料の分析によって示しているのである」と論じている。さらに柳春生教授によると（柳「エンゲルス『起源』における家族および国家の問題について」〔『法政研究』第二二巻二―四合併号所収〕三〇頁）、モスクワのM=E=L研究所出版（一九四一年刊）の『マルクス=エンゲルス・アルヒーフ』第九巻序文（Alhiv Marksá i Engelsa, T. IX, 1941, Predislobie, S. V.）でも、「……社会の発展、家族関係の形態をふくめての社会生活のすべての側面の発展を規定する原因は、物質的生産様式である」という説明の仕方がとられている。あるいはまたマルクスも、「法律は、……そのときどきの物質的生産様式から生まれる社会の共通の利害と必要とを表現しなければならない」（「公務執行妨害教唆罪による巡回裁判」〔大月版『選集』第四巻所収〕三九一頁）とか、「階級対立は経済的基礎、従来の物質的生産様式、そしてそれより生じる交通関係に基づいている」（「『パリ・レフォルム』紙フランスの状態を論ず」〔大月版『選集』第三巻所収〕二四一頁）とか述べて、《物質的生産様式》なる語を用いている。

(9) Brief von Engels, F. an Joseph Bloch, Marx-Engels Werke, Bd. 37, S. 463.

(10) 玉城「唯物史観と家族集団」（前掲）二〇六頁。

(11) エンゲルスは別の書簡――W・ボルギウスへの一八九四年一月二十五日付の書簡――においても次のごとく述べている。「政治的、法律的、哲学的、宗教的、文学的、芸術的等の発展は、経済的発展に基礎をおいている。しかしこれらの発展はすべて、相互にたいしても、また経済的基礎にたいしても、反作用をおよぼす。それは、経済状態が原因であり、それのみが能動的であり、他のすべての状態が受動的な作用にすぎないということではなくて、最終的につねに自己を貫徹する経済的必然性の基礎のうえにおける交互作用なのである」と。Brief von Engels, F. an Borgius, W., Marx-Engels Werke, Bd. 39, S. 206.

(12) Brief von Engels, F. an Bloch, J., a. a. O., S. 463.

(13) Plechanow, G. W.: Zur Frage der Entwicklung der monistischen Geschichtsauffassung (Russisches Original, Petersburg 1895), Berlin 1956 (Dietz V.) S. 187.

(14) ebenda, S. 216.

(15) Engels, F.: Ludwig Feuerbach und der Ausgang der klassischen deutschen Philosophie, Marx-Engels Werke, Bd. 21, S. 297.

(16) Engels, F.: Das Begräbnis von Karl Marx, Marx-Engels Werke, Bd. 19, Ss. 335-336.

第二節　生殖行為と労働力の再生産

さて、玉城教授は、マルクスおよびエンゲルスが『ドイツ・イデオロギー』において書いた三つの歴史的契機に関するかの有名な命題を引き合いに出して、私への反批判を試みられている。

周知のごとくマルクスとエンゲルスは、歴史における三つの契機として次の三点をあげた。「まず第一に生活に属しているものは、飲・食・住・衣ならびにそれ以外の若干のものである。第一の歴史的行為は、したがって、かかる諸欲求を充足する為の手段の産出、すなわち物質的生活そのものの生産である」。「第二は、充足された第一の欲求それ自体、充足の行為ならびにすでに得られた充足の道具が、新たな欲求に導くということである。そしてかかる新しい欲求の産出は、第一の歴史的行為である」。そして「ここに同様に歴史的発展において最初から登場している第三の関係は、自分自身の生活を日々新たに作っている人間が他の人間を作り始めること、繁殖（sich fortpflanzen）し始めることである。すなわち夫妻間・親子間の関係、家族である」と。そしてマルクスとエンゲルスはこの三つの歴史的契機を、物質的生活の生産と生殖による人間の生産との二つの契機に還元させて次のように述べている。「生活の生産、すなわち労働における自己の生活の生産とともにまた、生殖における他人の生活の生産は、いまやかくしてただちに、一つの二重の関係として現われる——一つまり一方では自然的な関係として、他方では社会的関係としてである」[17]。

玉城教授は、『ドイツ・イデオロギー』の右の文章を引用したあと、次のごとく論ぜられるのである。「『ドイツ・イデオロギー』に示された主張は、『家族、私有財産および国家の起源』の序文に示された命題とまったく一致し、しかも、より一層明確にされたものということができるだろう。そしてマルクスやエンゲルスは、歴史の解釈あるいは『唯物史観』について、江守教授が決めつけたようなことを、少しも、どこでも言っていないことが明らかになったであろう。むしろ経済要因、あるいは『物質的生産様式』だけを唯一の決定的要因とすることの危機を警告している……[18]」と。

なるほど、『ドイツ・イデオロギー』に示された右の命題が『家族起源論』の《種の繁殖》の命題と関連していたであろうことは、十分推測され得るところであり[19]、実際私もかつてこの両者を関係づけたことがある[20]。もっともその場合私は、前者が後者と同意義のものとして書かれたか否かを十分見きわめ得なかったため、後者をもっぱら批判の対象に据えたのであるが、しかし、もし『ドイツ・イデオロギー』における「生殖における他人の生活の生産」という概念構成が『家族起源論』の《種の繁殖》と同意義のものと解し得るならば、後者に対する私の批判が前者にも当てはまることはいうまでもない。従来、私はこのような立場をとってきたのであって、それゆえいま玉城教授が『ドイツ・イデオロギー』をば、自説を支持せる新たな典拠として採り入れられたにしても、そのことがただちに私への反批判をなすものでないことは明らかである。問題はむしろ、『ドイツ・イデオロギー』における「生殖における他人の生活の生産」という表現を、玉城教授が〃労働力の再生産〃という意味で理解された点に存する。教授は次のように述べられる。

「……歴史をつくり得るためには、人間は生活し得る状態になければならず、そのためには何よりもまず衣食住その他、物質的生活そのものの生産を行わなければならないことは自明であるが、この物質的生産の要因が常に労働力と生産手段（労働対象と労働手段）であることもまた自明である（詳しくは青木版『資本論』五巻、五二頁等々を見よ）。言いかえれば労働対象（一般的にいって自然）に対して労働手段を媒介にして働きかけること（労働すること、すなわち労働力を加えること）なしには、物質生産は行われない。生産を行うためには、労働手段を常に更新し、あるいはより発達した労働手段をつくり出していかなければならないし、同時に損耗と死とによって喪失していく労働力を絶えず補充することが必要である。すなわちこの補充によって、少なくとも常に同数の新たな労働力が維持されなければならないのである。労働手段を更新し、あるいはより発達したものをつくり出していくこともまた、人間の基本的な生産活動のうちに含まれるのだが、労働力の補充、すなわち日々新たに自分自身の労働力を回復していくことと、他の人間、つまり子どもをつくる〔こ〕と（生殖）を、労働力の再生産と呼んでいる」。「物質的生産の生活〔ママ〕を絶えず持続させ、あるいはより発展させるためには、この労働手段の再生産と労働力の再生産とが常に行われなければならないことは明らかである。かりに労働対象と労働手段が与えられていたとしても、労働力が結びつかなければ絶対に生産は行われ得ない。それ故に労働対象と労働手段と労働力とは、物質的生活の生産のために欠くことのできない三つの要素なのである。また物質的生活の生産が人間の生活の中心であり、その生活をなし得ることが歴史をつくる第一の前提なのであるから、労働力およびその再生産もまた歴史をつくるうえに欠くことのできぬ条件となる」。「この場合、さきに述べたように、物質的生活の再生産と労働手段の再生産と、労働力の再生産とのうち、どちらがより重要であるかとか、どちらがより高い段階のものたり得るかというような評価はできないし、また評価してもならない。その三つは切り離すことのできないものとして結びついているのである」[21]。

以上の玉城教授の説明の中で「労働力」概念が歴史貫通的な意味において使用されている点に疑問を感じなくはないが、本稿では一応この説明が正当であるとの前提に立って議論を進めることにしたい。その場合まず問題となるのは、『ドイツ・イデオロギー』や『家族起源論』における既掲の命題が『資本論』における《労働力の再生産》についてのマルクスの定言と同意義なものかどうかという点である。教授は、しかし、この問題の議論を省略されて、右の引用文に引き続いていきなり次のような江守批判を試みられるのである。すなわち、「以上によってマルクス・エンゲルスの歴史の要因についての見解、言いかえれば唯物史観の基本的概念は明らかにされ得たと思う。それについての江守らの理解が、如何に誤りであるかも明らかになったと思う」[22]と。だが一体、何故に玉城教授は、「江守らの理解が……誤りであるかも明らかになった」——と言われるのであろうか。一体、私はかつて、労働力とその再生産が物質的生活の再生産のために不可欠の一要素であることを否定したことがあったろうか。

そもそも私が旧稿（「家族史研究と唯物史観」）において、エンゲルスの《種の繁殖》の命題を支持された玉城説に対して敢て批判を行った所以も、自然淘汰のごとき自然的条件によってエンゲルスが対偶婚家族形成までの原始社会史をあとづけた方法が、史的唯物論に背馳するものだということを明らかにせんがためだったのである。そしてこのような私の考え方には、《種の繁殖》なる契機を、エンゲルス自身が実際には〃自然淘汰〃という生物学的条件として把握していたという認識が、前提とされていたのである。したがって、玉城教授が私の批判に反批判されんがためには、まずもって、《種の繁殖》の契機がかかる自然的な条件を意味するものではないということを、エンゲルスの『家族起源論』の叙述自体の中から立証されねばならないのである。しかるに教授はかような反証を試みるかわりに、《種の繁殖》をば、『ドイツ・イデオロギー』における「生殖における他人の生活の生産」という概念構成と無造作にも同一視され、しかもさらに後者をば《労働力の再生産》というすぐれて社会的な条件として規定され、それゆえ三段論法式に、《種の繁殖》の意味内容が《労働力の再生産》であると主張されようとしたのである。そしてこのような立論に基づいて、教授は、《種の繁殖》という契機の原始社会への適用に対してとった私の否定的態度をば、即座に、《労働力の再生産》が物質的生活の再生産にとって有している基本的な意義をまったく無視した態度だと決めつけられたのである。だが、このような教授の論理構成が正当性を得んとするには、当然右の三段論法の大前提ならびに小前提が共に成立していることが不可欠とされるのであるが、玉城教授はこの二つの前提が成立するということを何ら論証されてはいないのである。私は、『ドイツ・イデオロギー』において《生殖における他人の生活の生産》が〃自然的関係〃(natürliches Verhältnis) とみなされている点に注目するならば、右の小前提――つまり《種の繁殖》が《生殖における他人の生活の生産》と同意義な内容であるとの解釈――が成り立つと思うが、この点はともかくとしても、私は、すでに度々論じたごとく、[23]《種の繁殖》の契機が具体的には自然淘汰の原理を意味し、それ故にそれをすぐれて自然的＝生物学的な条件だとみなすのであって、それが物質的生産の条件としての《労働力の再生産》と同意義なものだとみることが到底できないと考えるのである。そもそも玉城教授自身、エンゲルスが《種の繁殖》の契機を具体的には「自然淘汰の法則」に置き換え、それによって対偶婚家族の成立に至る全原始社会史をあとづけたことを認められているのであるが[24]、では教授は、労働力の再生産の過程において基本的には自然淘汰の法則が規定的要因をなすとでも考えておられるのであろうか。

なるほど、《労働力の再生産》――マルクス自身の表現でさらに言いかえれば[25]、「労働者の再生産」(Reproduktion des Arbeiters) あるいは「労働者階級の繁殖」(Fortpflanzung der Arbeiterklasse)――においても、自然的関係としての生殖行為が含まれていることは事実である。そしてそのかぎり、労働力の再生産といえども、自然的＝生物的な法則からまったく自由たり得るわけではない。だがしかし、そのような意味の労働力の再生産も、人間の生産活動一般と同様に[26]、常に一定の社会的な関係（＝生産関係）の内部でのみ行われるのであり、そしてまたかかる労働者の再生産は、その労働者がその中に置かれた一定の社会的生産関係それ自身を再生産するのである。

資本制生産のもとでは、「資本は賃労働を前提とし、賃労働は資本を前提とする。それらは相互に制約しあう、それらは相互に生み出しあう[27]」――が故に、「労働力の再生産は、実は資本そのものの再生産の一契機をなし[28]」、「労働者の絶えざる再生産または永遠化は、資本制生産の不可欠の条件である[29]」。

かくして《労働者の再生産》とは、つまるところの一定の生産関係それ自体の再生産というすぐれて社会的な契機に規定されており、そこに含まれる生殖関係も、究極的には、この社会的な契機に規定されたものにほかならない。「労働者階級の絶えざる維持および再生産は」――と、マルクスは言っている、「資本の再生産のための絶えざる条件である。資本家はこの条件の実現をば、安心して、労働者の自己維持本能と生殖本能とに委ねることができる」[30]。すなわち労働者の増殖の在り方も社会的な生産諸条件と離れては存立し得ないものである。

さて、かように《労働力の再生産》の過程にあっても、生物学的合法則性が何ら究極的な要因をなすものではなく、むしろ物質的生活の生産様式が規定的な作用を営んでいるのである[31]。それ故、原始共産制的生産様式のもとでも、その生産様式それ自体が労働力の再生産の在り方を究極的に規定づけているのであって、「自然淘汰の法則」（自然的生物的法則）が究極的要因としての役割を演じてはいないのである。したがって、もし《種の繁殖》を《労働力の再生産》という意味で理解することができたとしても、かかる種の繁殖は物質的生活の生産の一要因にほかならないわけであるから、エンゲルスが『家族起源論』で試みたように《種の繁殖》を生活手段の産出とは独自の歴史的契機とみることは、そもそもまったく無意義なはずである。にもかかわらずエンゲルスが《種の繁殖》を（生活手段の産出とは）独自な歴史的契機として述べたとすれば、もともと彼の《種の繁殖》なる概念には労働力の再生産という意味が付着しておらなかったと考えられねばならないのである。

ところで以上の議論にとり、レーニンの見解は一つの問題点を提供する。彼は、エンゲルスの《種の繁殖》の命題をもって史的唯物論に対する一修正とみたミハイロフスキーに反駁して、「ミハイロフスキー氏は、子供の生産に関する関係がイデオロギー的関係に属するとでも考えているのではないだろうか？」と皮肉るのである[32]。すなわち、〝子供の生産〟は唯物論的見地からは「物質的関係」に属し、その上部構造たる「イデオロギー的関係」には決して属するものではあり得ず、それゆえかかる物質的関係によって氏族制度を解明したことは何ら史的唯物論に背馳するものではない――と論ぜられるのである。たしかに、生殖という生物学的行為は、それ自体決してイデオロギー的な上部構造に属するものではない。しかし、それだからといって、われわれがただちにそれをば、上部構造を規定せる現実的な「土台」に属するものとみなすことには、論理の飛躍があろう。というのは、物質的関係が必ずしもそれ自体常に「土台」をなすとはかぎらないからである。「土台＝上部構造」論における「土台」とは、言うまでもなく、物質的な生産諸関係であって、物質的自然そのものではない。つまり《種の繁殖》を、物質的自然そのものとしての生殖関係という意味で捉えるかぎりでは、たとえそれが「物質的関係」であるとしても、社会的な「土台」とはまったく無縁である。それゆえレーニンが「子供の生産」を「土台」に属するものとして規定した場合は、彼は〝子供の生産〟をば生産関係の一要因として、言いかえれば〝労働力の再生産〟として、認識していたと考えられる。だがしかし、エンゲルスの《種の繁殖》なる概念は、はたしてレーニンの考えるように物質的生産関係の一要因という意味を内包するものであったろうか。否、右でも論じたごとく、決してそうとは考えられない。なるほど、エンゲルスは《種の繁殖》を「直接的生活の生産および再生産」の一要因として表示してはいるが、他方、彼はそれをば「生活手段の産出」とは独自の契機として認め、そして実際にも、すでに述べたごとく対偶婚家族までの原始社会史を《種の繁殖》の契機（――具体的には「自然淘汰の法則」）によってあとづけたのである。すなわち、エンゲルスのいう《種の繁殖》も、この自然淘汰という自然的＝生物的な法則によって貫かれた自然的関係としてみなされていたのであり、まさにそれ故に、それは物質的自然そのものであっても、社会の上部構造を規定する現実的な「土台」とはまったくかかわりあいのないものだったのである。[33]

さて、以上に論じたように、私も〝労働力の再生産〟という意味での（それゆえに生産諸関係の一要因としての）生殖関係が、社会の上部構造にとって規定的な「土台」に属しており、したがって歴史的発展の規定的な要因を形づくるものだということは、認めるに何らやぶさかではないが、エンゲルスの《種の繁殖》なる命題がこのような意味での生殖関係を表わしたものだとみる玉城説には異議を唱えざるを得ないのである。そもそも玉城教授は、一九六〇年の論文において、エンゲルスの《種の繁殖》を「自然的条件（自然淘汰）」として具体的に理解された（注24参照）のであるが、今度の反批判論文ではその点にふれず、《種の繁殖》をばもっぱら労働力の再生産として解釈されたのである。玉城教授のかかる解釈の変化は、私の批判——すなわち、社会の歴史的発展をば自然的条件によってあとづけるという方法が史的唯物論にもとるものだという批判——の結果であろうが、教授は敢てその新しい解釈を私への「反批判」として提示されたのであって、それ故、私はここで次の問題を改めて教授に提起せざるを得ないのである。すなわち、自然的条件（自然淘汰）が「決定的な重要さをもって社会発展の究極的な要因となる段階」（玉城教授は一九六〇年の論文において対偶婚家族以前の段階をこう規定された）[34]において、「労働力の再生産」（教授は今度の反批判論文では、それを「歴史をつくるうえに欠くことのできぬ条件」とみられる）[35]がどのような役割を社会発展の上に果たしたのであろうか？——と。

(17) Marx, K. u. Engels, F.: Die Deutsche Ideologie, Marx-Engels Werke, Bd. 3. Ss. 28-29.
(18) 玉城「唯物史観と家族集団」（前掲）二〇七—二〇八頁。
(19) ゲ・ア・バガトゥーリヤ「K・マルクスとF・エンゲルスの『ドイツ・イデオロギー』第一章原稿の構造と内容」（新版『ドイツ・イデオロギー』〈合同出版〉所収）二〇七頁参照。
(20) 江守「法民族学の基本的課題」（前掲）三三七—三三八頁。
(21) 玉城「唯物史観と家族集団」（前掲）二〇八—二〇九頁。
(22) 同前、二〇九頁。
(23) 江守「法民族学の基本的課題」（前掲）三四〇—三四三頁、同「家族史研究と唯物史観」（前掲）二三四頁。
(24) 玉城教授は言われる。「エンゲルスは、……対偶婚家族にまで至る原始的家族の形態……では、それを発展させる原動力となるのは自然的条件（自然淘汰）であったが、対偶婚家族からは自然淘汰のなすべきことは何もなくなり、その形態から新しい家族形態へ発展させるためには、新しい『社会的原動力』が働き出したということについてくわしく述べているのである」と。「家族集団と社会発展との関係」（前掲）五二頁。

(25) マルクス『資本論』（長谷部文雄訳、日評版）第一巻六六二頁（第二分冊、二五二頁）。

(26) 「生産において、人間は、ただ自然に働きかけるばかりではなくて、相互にも働きかける。彼等はただ、ある一定の仕方で共働し、また、彼らの活動を相互に交換しあうことによってのみ、生産する。生産するためには、彼らは、相互に一定の諸関係を結ぶのであって、この社会的諸関連および諸関係の内部でのみ、自然に対する彼等の働きかけが行われ、生産が行われるのである」。マルクス『賃労働と資本』（長谷部文雄訳、岩波文庫）五六頁。「人間は、彼らの生活の社会的生産において、一定の、必然的な、彼らの意志から独立した諸関係、生産諸関係を、結ぶ」。マルクス『経済学批判』序言。

(27) マルクス『賃労働と資本』（前掲）六二頁。

(28) マルクス『資本論』（前掲）第一巻、一三六八頁（第四分冊、一〇四頁）。

(29) 同前、第一巻、一二七八頁（第四分冊、一四頁）。

(30) 同前、第一巻、一二八一頁（第四分冊、一七頁）。

(31) 資本制生産のもとでの相対的過剰人口に関して述べたマルクスの左の言葉はこの際想起さるべきである。「……実は特殊的な歴史的生産様式はいずれも、特殊的な、歴史的に妥当な、人口法則を有するのである。抽象的な人口法則＊なるものは、人間が歴史的に干渉しないかぎりにおいて、動植物にとってのみ実存する」と。マルクス『資本論』第一巻一四〇三頁（第四分冊、一三九頁）。

レーニンはこのマルクスの文を引用しつつ（その際「抽象的な人口法則」（＊印の箇所）を「抽象的な増殖法則」という表現にかえている）、次のごとき解説を付した。「人間の増殖条件は、いろいろな社会的有機体の機構に直接に依存している」と。レーニン「『人民の友』とはなにか」（大月版『レーニン全集』第一巻所収）四九〇頁参照。

(32) レーニン、前掲、一四一―一四五頁参照。

(33) しかし、私は決して人間の生殖関係一般が「土台＝上部構造」論の対象をなさないと言っているのではない。本文で論じたように、自然的＝生物的な生殖関係についてのみそのように言っているのである。社会的関係としての生殖関係は、「土台」か「上部構造」かのいずれかに属するものである。すなわち、労働力の再生産という意味では前者に、生殖行為をめぐる社会的な規範関係という側面では後者に属する（コンスタンチーノフ監修『史的唯物論』〔大月〕第一冊二一四頁参照)。なお、石川晃弘・安原茂「史的唯物論における家族理論」(講座『現代社会学』〔青木〕第二巻第三章一節)一〇三―一〇四頁では、エンゲルスの命題について私といささか異なった見解がとられているが、右の点ではほぼ一致している。

(34) 玉城教授は「家族集団と社会発展との関係」五二頁において、次のように言われる。「エンゲルスは……二つの関係〔物質的生産の関係と血縁的関係〕のうちいずれが決定的な重要さをもって社会発展の究極的な要因となるかは、人類社会の発展段階によって異なるのだというのである。この点からいっただけでも、エンゲルスが社会の発展、あるいは歴史の究極的な要因について『二元論』的な見解をもっていたのでないことは明らかであろう」と。

(35) 「物質的生活の生産が人間の生活の中心であり、その生活をなし得ることが歴史をつくる第一の前提なのであるから、労働力およびその再生産もまた歴史をつくるうえに欠くことのできぬ条件となる」。玉城「唯物史観と家族集団」(前掲)二〇九頁。

第三節　原始血縁共同体の歴史的位置づけ

前節の末尾で指摘したごとく、玉城教授の見解は、一九六〇年の旧論文と、私の批判に答えられた新論文とでは、《種の繁殖》の意義に関し基本的に異なっているが、原始共同体の「血縁」的編成の理由づけについても、旧論文では自然的法則の支配という点が強調されていたのに、新論文では自然生的分業に力点がおかれ、「『自然』に相対立し、『自然』とたたかっている」という労働の意義が高く評価されている。かように二論文において異なった観方がとられているので、玉城教授の真意を探ることはまことに困難となる。ただ、教授があくまで〝反批判〟の立場を堅持されている(すなわち、旧論文での自説を修正するとは表向きには言われていない)ことからいえば、私の批判の対象となった旧論文の説は依然固執されているものと解されねばならず、それ故、われわれが玉城説を検討するためには、教授の新しい論文のみならず、旧論文をも読んで教授の見解を総合的に考察しなければならない。

まず一九六〇年の旧稿では、原始社会の「血縁の共同性」が次のごとく理由づけられた。「生産の諸用具がまだ原生的であり、それ以外の生産諸用具の役割がほとんど重要性をもたない段階にあっては、人間は自然に包摂され（自然から分離したり、自然に対立することがほとんどなく）、人間は自然的法則に支配されることが大きく、それ以外の法則によって支配されたり、あるいは自然的紐帯以外のものによって結びつけられて集団を形成したりすることはほとんどあり得ないからである」[36]と。この考えに対して私は、労働と共に出発した人間社会において社会生活全般とその発展を規定する基本的要因が、動物的生活法則ではなくして経済的な原動力であるはずだ——という観方から、次の疑問を提起した。「『自然的法則に支配されることが大きく、それ以外の法則によって支配されたり……することがほとんどあり得ない』とされる原始的諸種族なるものは、生産様式の一範疇たる『原始共同体的生産様式』の成立以前の段階に位置づけられることになるのではあるまいか」。あるいはさもなければ「玉城教授のいわれる『自然的法則』と物質的生産様式とが原始社会においてどのような関連のもとにあったか[37]」——と。

この私の問題提起に対して、教授は新論文で次のように回答された。「もちろん私も、人間の生活、したがって社会が、生産を行うことによって成り立ち、この点では他の動物の生活や集団とは、根本的に異なるものであることを認める（こんなことまで釈明しなければならないとは、なんという幼稚なことであろうか）。そしてその生産のためには採集具その他の労働用具が必要であること、人間はその労働用具を使用してのみ生産するものであることは認めるし、それはあまりにも自明なことである」。「人間は生活手段を生産し始めることによって

（そのような生産を始めるや否や）自分を動物から区別し始めることは自明であるが、原始的生産の場合、すなわちきわめて労働用具の発達が幼稚である場合は、孤立して自然力や猛獣とたたかうことができず、集団的な、協同的な生産の原始的な形態をとらざるを得なかった」。かように述べられたあと、教授は自然（発）生的分業にふれられ（『ドイツ・イデオロギー』の説明にのっとりながら）その分業形態のもとでの社会の在り方をこう説明される。「それ〔自然生的分業〕は家族にある自然生的な分業のやや拡張されたものにとどまる。このようにして『社会的編成』もまた家族的編成の拡張したものに、とどまらざるを得なかった」。「この場合の『家族的』という言葉は、もちろん今日のように分立した『家族』をいうのではなく、主として血縁的紐帯によって結合されている集団をいう。言いかえれば血縁的紐帯、または言語、慣習の共通性という紐帯によって強く結合されながら、『自然』に相対立し、『自然』とたたかっている小規模な群居集団をいうのである[38]」と。

玉城教授の旧新両論文で一致しているのは、原始社会では労働用具が未成熟であるという点であって、〃自然法則の支配〃という点は新論文では再言されていない。けれども教授の両論文を総合的にみるとき、教授の見解を次のように集約できよう。すなわちたとえ原始人が労働を開始し、それ故動物界とは次元を異にしても、その労働用具が著しく未発達なため、自然的法則は依然として彼らの生活を支配しており、分業も自然生的であって、原始共同体も血縁的な紐帯で構成されるのであると。

さて、このように玉城教授の見解を集約し得るとして、私はやはり以前に提起した疑問を投げかけねばならないのである。すなわち原始社会が、エンゲルスや玉城教授の説かれるように、自然淘汰の自然的法則が支配する対偶婚家族成立前の段階と、経済的原動力が作用するそれ以降の段階とに、区分されるとすれば、その前者では自然的法則の支配の故に、正しい意味での原始血縁共同体がまだ形成されなかったとみらねばならないのではなかろうか。ところが、この段階でもすでに「労働」が開始していることは、（エンゲルスも）玉城教授も〝自明のこと〟として認めているところであり、それ故にこの場合、物質的生産の契機が自然的法則とどのように関わりあうものであったのか、と。つまり、「人類生成」（Menschwerdung）との関連において、原始血縁共同体の歴史的位置づけが問題とされるのである。以下、この歴史的段階区分の問題を、プレハーノフ等の学説を通して検討してみたいと思う。

まずプレハーノフは、私がかつて紹介したように、(39) この問題を解決すべく「類人的祖先」（menschenähnliche Vorfahren）なる概念を構成したのである。すなわち彼によれば、この「類人的祖先」の生活していた「人類の動物的発展期」においては、彼らの生活にとって労働用具の果たす意義は低いものであるが、そこでもすでに人間が増殖し、家族関係も形成されつつあったことに変わりがないのであるから、その家族の形成を生物学的な要因によってあとづけるとしても何ら怪しむには足りないのである。他方、生産諸力が社会的諸関係（なかんずく家族形態）の形成に対して決定的な影響を及ぼす時が到来したあとの段階では、この家族の諸関係が、いかに、また何故に変化したかを、生産諸力の発展と関係させて究明することは、歴史家の当然の仕事である。エンゲルスのかの命題も、以上のことを言っただけのことである。

かようにプレハーノフは、労働の開始の時点と、労働が社会関係一般にとり決定的な規定的要因となる時点との二つの画期点を設け、その間の段階を「人類の動物的発展期」とし、かつその段階（動物界から人間社会への移行過程）で自然淘汰の法則が依然として第一次的に作用することを当然な事柄とみなしたのである。

次いでレーニンは、一九一七年の『国家と革命』において、（種の繁殖の命題とはまったく関係なしに）原始期における人間社会の形成過程を、「棒をにぎった猿の群や、原始人や、あるいは氏族社会に統一された人間の原始的な組織」

という言葉で表現した。[40] この三段階区分には何ら理論的説明が付せられていないが、私は「棒をにぎった猿の群」が動物段階に属し、「氏族社会に統一された人間」が原始血縁共同体に当たり、「原始人」は前者から後者への移行過程に位置し、それ故プレハーノフの「類人的祖先」に相応するものと考える。ともかく、このレーニンの段階区分が決して単にその場かぎりの発想でないことは、彼がその四年前に文豪ア・エム・ゴーリキーに宛てた書簡の中で、表現に多少の違いはあるにせよ、やはり三段階——すなわち動物的段階（これには特別の術語が用いられていない）、「原始的な群団」ならびに「原始共同体」——を区分していることからも窺えるのである。[41]

このレーニンの三段階区分は、その後のソヴィエトの諸学者によって継承された（例えばアー・ゲ・プリゴジン[42]やオストロヴィチャノフ[43]）。そしてそれは今日なお、ソヴィエトの人類学ないし古代史学で受け継がれているようである。例えばエム・オ・コスヴェンはその『原始文化史概説』（一九五三年）の中で、「原始人類群」と「氏族制」の二段階に分けて人類生成史を論じており、[44] またソヴィエト科学アカデミー編輯の教科書『世界史』（一九五五年）では次のごとく、レーニンの段階区分に忠実に従って、人類の生成過程が論述されている。

「ソヴィエト学界ではこの規定〔レーニンの段階区分〕を用いて、人間が進化し、社会が成立していく過程で次々に交代する三つの段階を区別している。はじめの二つの段階は、われわれの一番遠い祖先が、動物界から分離する時代である」。この教科書では、まず人間形成の第一段階は、ピテカントロプスの生存期とみなされ、それは「われわれの祖先が群をなして生活し、天然にある物を使用する状態から労働用具を製作する段階にやっと移行し始めたばかりの遠い大昔のことである」と説明されている。[45] この猿人の段階に次いで、シナントロプスやネアンデルタール人の生活していた前期旧石器時代の段階、すなわち「原始人群」の段階が現われる。そして後期旧石器時代に入るとともに、第三の〝ホモ・サピエンス〟の段階、すなわち母権制的原始共同体の段階に発展するのである。

では、現代のソヴィエト学界におけるかような段階規定において、生物学的合法則性と社会的発展法則のいずれが各段階を基本的に支配するものとみられているであろうか。コスヴェンの著書や教科書『世界史』では、自然的＝生物学的合法則性が社会的合法則性にとって代わられるのは、第二の〝原始人（類）群〟の段階においてであるとみられた[46]。つまりこの第二の段階こそが、その交代の過程が進行する時期と考えられたのである。

すなわち『世界史』の執筆者たちは、シナントロプス等のアシュール期の社会結合の在り方が「動物界に特有な結合とは質的に異なって」おり、「これはもはや猿の群ではなく、まだ非常に原始的ではあったが、人間の集団であった」——と述べつつも、さらに次のように敷衍して説明する。

「……かれら〔当時の原人たち〕の技術的経験と生産技能は、きわめてゆっくりと発展していった。労働用具は、非常に粗製で不完全なものであり、労働は、全体としてまだ未発達の段階にあった」。「これらの最古の共同体内部の婚姻関係のかたちは、過去の動物から直接受け継いだままのものであった。……最古の時代には婚姻関係が動物的本能によってのみ左右される無秩序な性格のものであったに違いない（乱交の段階）」。「だが、もっとも重要な点は、生活上どうしても必要であったこのような原始的集団である群（ホルド）、すなわち原始人群の内部に、動物の群ではどんなに結合の強いものにもなく、またあり得なかったような強い力、すなわち、自然と闘争するための集団的な労働作業が存在していたことである。労働作業が発達するにつれて、祖先である動物から人間が受け継いだ、以前の動物的本能を抑えつける社会的つながりが、原始共同体の内部に発達し強化していった。そして何万年のあいだに新しい人間的なものが、ますます古い動物的なものに打ち勝っていった。このことは、とくに両親とその子供たちとの性的関係が制限を受けた点に現われている」（傍点江守）と。

次いでネアンデルタール人の活動せるムスティエ期に入ると、人間の団結性がさらに向上し、動物的エゴイズムをますます克服していき、それと併行して同母兄妹間の婚姻が制限されるようになり、母系的氏族制度の萌芽が形成される。しかし、このムスティエ期も、あくまで人類の最古の時代から母権氏族共同体への過渡期にすぎず、人類の生成発展が自然的＝生物学的合法則性のもとにあったことに依然変わりはなかったのである。けれども労働作業の漸進的発展により、複雑な社会生活に適応せる新しい人間の種（「新人」）が発生することになり、そしてまさにこの新人こそは、「種をつくる原動力である淘汰の法則のまったく作用しない社会をつくりだした」のであった。

「ホモ・サピエンス（Homo sapiens）の型は、リス氷期から現在までほとんど変わっていない。そして、このように新人の身体の型は変わらなかったにもかかわらず、人間集団の生産力の方は急速なテンポで増大し、生産関係も変化した。ホモ・サピエンスの出現とともに、人間の進化は、動物の群を支配していた法則の残りかすから完全に解放され、人類史上における新しい段階に突入したのである。そして、人類の進歩は、動物界にはない、まったく人間社会だけがもつ特殊な法則性に基づいて行われるようになった」[47]（傍点江守）と。

以上に長々と引用したところからわかるごとく、現在のソヴィエト史学はレーニンの段階規定に従って人類生成史を段階区分しているのである。すなわち要約すれば、まず労働の開始により「棒をにぎった猿の群」から「原始人類群」へ移行するが、この段階での労働が「最初の動物的・本能的な形態」にあることにより、人間の生活は依然動物的本能の支配下にあった。ただ、それにもかかわらず労働作業の発達は、人間をして漸次に動物的本能の抑制を行わしめ、社会的連繋を強めさせていった。そしてホモ・サピエンスの出現と共に、「動物の群を支配していた法則の残りかすから完全に解放され」、まったく新しい社会の原動力が作用し始める。この新しい人類史の段階に登場したのが、母権制的氏族共同体だったのである——と。

かように「原始人類群」なる史的範疇は、労働の開始という点で動物界（猿の群）とは次元を異にするものであるが、しかも自然淘汰の法則が支配しているという点で猿の群と同次元にあるという、過渡的な歴史的段階を表現するものである。その意味では、それは、前述のプレハーノフの「類人的祖先」と同意語と考えられるのである。そしてまた、先に私が集約した原始血縁共同体についての玉城教授の見解が、このソヴィエト史学者の構想せる「原始人類群」に相応するものだということも知られよう。しかしながら、ここで注意せねばならないのは、（レーニンや）現代のソヴィエト史学者たちの考えたこのような「原始人類群」が、「先氏族時代」に位置づけられ、母権制的氏族共同体に先行するものだということであり、この点でソヴィエト史学者の見解は玉城説と決定的に異なっているのである。もちろん、マルキシズム史学の内で学説の対立があっても何ら不思議ではないが、私が玉城説や（玉城教授の支持される）エンゲルスの理論を批判したのは、はたして自然淘汰の法則が、モルガンやエンゲルスの民族学的研究の対象となった未開の諸人種（そのほとんどすべては、モルガン＝エンゲルスの発展図式ではいわゆる対偶婚家族の形成以前ないし形成期に属している）のもとで、実際に支配していたのであろうか、言いかえれば、母権的氏族制度のもとに生活している原始民族のもとでも、自然淘汰の法則が彼らの生活を支配していたのであろうか、更に言いかえて、彼らはまだ「ホモ・サピエンス」にはなっておらないのか、という点である。エンゲルスも玉城教授も、このような事を承知されるはずがなかろう。[48] 然りとすれば、やはり、労働が開始されつつも自然淘汰の法則が支配するがごとき段階は、私が一九六三年の論文で提案したように、「生産様式の一範疇たる『原始共同体的生産様式』の成立以前の段階に位置づけられることになるのではあるまいか」。すなわち、（エンゲルスが試みたような）対偶婚家族の成立の時点に段階区分を行うのではなくて、乱交制が揚棄された時点において、生物学的合法則性から社会的合法則性への転換点が求められるべきではなかろうか——少なくともモルガン゠エンゲルスの発展図式（私はそれには必ずしも従うものではないが）に即して考えるかぎり、このように段階区分を試みることが妥当だと言えるのである。そしてまたそのことによってこそ、原始血縁共同体の社会体制とその歴史的発展を物質的生産の契機によって解明するという、史的唯物論による原始史の研究に途が拓かれるのである。

(36)　玉城「家族集団と社会発展との関係」（前掲）五五頁。

(37)　江守「家族史研究と唯物史観」（前掲）二三六—二三七頁。——本書三三三頁。
なお、ここで引用された私の文章の中で「原始共同体的生産様式」なる術語が使用されたことに対して、玉城教授は疑問を抱かれ、その語を「どのようなものと解釈するのか」との問を私に発せられた（玉城「唯物史観と家族集団」（前掲）二一三頁）。恐らく玉城教授は「原始共産制的生産様式」の術語を使用しなかったことを非難されているのであろうが、しかし多分玉城教授も御存知のごとく、「原始共同体的生産関係」とか「原始共同体的生産様式」なる術語も随分慣用されているのであって、私の手許にある文献をみただけでも、例えば前者については——、「歴史は生産関係の五つの基本的な形式、原始共同体的、奴隷所有者的、封建的、資本主義的、社会主義的な形式を知っている」（スターリン『弁証法的唯物論と史的唯物論』〔石川正三訳、社会主義著作刊行会〕三四頁）とか言われているし、また後者については——、「社会のもっとも初期の発展段階には、原始共同体的生産様式が存在していた」（コンスタンチーノフ『史的唯物論』第一冊一一五頁）とか言われているのである。したがってこの語の定義は一切これらの教科書に譲ってここではふれないことにしたい。

玉城教授は、さらに私が原始共同体的生産様式に関して行った次の説明に対しても異論を提起された。私は旧稿「家族史研究と唯物史観」(前掲、二三七頁)(――本書三三頁)において、「もっとも原始的な放浪種族の狩猟・採集経済のもとでも、彼らが猟具や採集具を使用しているかぎり、すでに労働(=生産)がおこなわれているのであり、またそのかぎりにおいて、労働の前提としての土地占取の関係も成立しているのである」といったが、これに対して玉城教授は、「労働がおこなわれるかぎりは、労働の前提としての『土地占取の関係』も、すでに原始社会において成立しているという断定については、証明がなされなければ、にわかに肯定することができない。『理論的』に、そのような占取がおこなわれるのは当然だというのかも知れないが、理論的にはむしろその逆であって、原始生産の場合には『土地占取が発生していなかった』というのが、私たち経済史家あるいは社会史家の常識なのである」(玉城、同前、二一三―二一四頁)と批判されたのである。しかし、この異論は私にとってまったく衝撃的であった。というのは、マルクスが《土地の共同体的占取と利用――gemeinschaftliche Aneigung und Benutzung des Bodens》と述べているごとく(Marx: Formen, die der kapitalistischen Produktion vorhergehen, Berlin 1952. S. 6)、土地に対する種族(ないし氏族)共同体的占取は、私にとっては経済史上の常識だと考えられていたからである。因みに大塚久雄『共同体の基礎理論』(岩波書店)二三、二六―二八頁を参照せよ。したがって私としてはむしろ玉城教授に対して土地占取が発生していなかったという〝経済史家あるいは社会史家の常識〟の御説明を仰ぎたいと思うのである。

(38)　玉城「唯物史観と家族集団」(前掲)二一三―二一四頁。

この引用文において玉城教授が(『ドイツ・イデオロギー』に拠りながら)、原始血縁共同体を「家族的編成の拡張したもの」と表現されたのは、たとえ教授が「『家族的』という言葉は、もちろん今日のように分立した『家族』をいうのではない」とただし書きされているにしても、不正確たるを免れない。というのは、すでに布村一夫教授が論ぜられたように(マルクス『古代社会ノート』(布村訳、合同出版)二九二頁)、『ドイツ・イデオロギー』の執筆段階はモルガンの『古代社会』(一八七七年)が刊行される以前であり、マルクスやエンゲルスは種族や氏族の本質について科学的に検討する資料を有しなかったのであるが、彼らが『古代社会』を読んだ後では以前の自分達の考え方を訂正したのである。すなわち家族が種族に発達したのではなくて、その逆に種族から家族が分裂したのであると。それ故、今日の時点で原始血縁共同体を、『ドイツ・イデオロギー』で示されたマルクスやエンゲルスの考え方に則って分析することは、モルガンの学問的功績――それはマルクスおよびエンゲルスにより高く評価されている――をすら無視するものと言われねばならない。

因みにここで、この点についてのマルクス＝エンゲルスの見解をあとづけてみると、まず第一に一八四五―一八四六年に書かれた『ドイツ・イデオロギー』の中で次の文章が見出される。「……かかる〔種族的所有の〕段階では、分業はまだきわめてわずかしか発達しておらず、家族内に存在せる自然生的分業のより一層の拡大（eine weitere Ausdehnung der in der Familie gegebenen naturwüchsigen Teilung der Arbeit）にとどまっている。それゆえ、社会的編成は家族の拡大（eine Ausdehnung der Familie）にとどまっている……」(Marx u. Engels: Die Deutsche Ideologie, Marx-Engels Werke, Bd. 3, S. 22.)――と。

次いで一八五七―一八五八年にかかれたマルクスの手稿では、「この土地所有の第一の形態においては、まず何よりも自然発生的な共同組織が第一の前提として現われる。すなわち、家族、および種族にまで拡大せる家族（die im Stamm erweiterte Familie）、ないしは家族間の通婚による〔拡大せる家族〕、ないしは種族の結合である」(Marx: Formen usw., S. 6)――と述べられている。

さらに一八六七年に初版（七三年に第二版）が出た『資本論』第一巻の中でマルクスは、社会的分業の相対立せる二つの出発点の一つについて、こう言っている。「一家族の内部、さらに発展しては一種族の内部に、一つの自然発生的な分業が、性別および年齢別から、かくして純粋に生理学的な基礎の上に、発生する……」(第一巻、八四二頁、〔第三分冊、八二頁〕）と。

ところでマルクスがモルガンの『古代社会』を読んだのは一八八〇―一八八一年であった。そしてマルクスは、例えばモルガンがギリシャの氏族について次のように語るのを知ったのである――「グロート氏は氏族を家族の拡張として、また家族の存在を前提とするものとして語り、家族を第一義的なもの、氏族を第二義的なものとして取扱っている。この意見は、すでに述べた理由から、支持し難い」(『古代社会』〔青山道夫訳、岩波〕上巻三一五頁)。モルガンの側にたったマルクスも、その抄録ノートにおいてグロートを「俗物の学者」と評したのである（布村訳『古代社会ノート』〔前掲〕一九六頁)。

さて、エンゲルスはマルクスの死後（一八八三年三月)、『資本論』第一巻の第三版を編集し、先に引用した自然発生的分業に関するマルクスの記述に、次のような注を付した（八四三頁、第三分冊八三頁)。「人類の原始状態に関するその後の極めて根本的な研究によって著者の到達せる結論によれば、本源的には、家族が種族に発達したのではなくて、その逆に種族こそ、血縁関係に立脚する人類の社会組成の本源的な自然発生的形態だったのであり、かくて、種族的紐帯が弛みはじめたところから、やっと後に至り、非常に相異なった諸々の家族形態が発展したのである」と。そしてこの第三版刊行（一八八三年）の翌年、エンゲルスの『家族、私有財産および国家の起源』が刊行されたのである。

なお、レーニンもまた、ミハイロフスキーが「社会組織の歴史は、まずはじめにあらゆる社会の細胞たる家族があり、ついで家族は種族に成長し、種族は国家に成長した」と述べたのを批判して、次のように論じている。「これは純粋にブルジョア的な観念である。分散的な小家族が支配的となったのは、やっとブルジョア制度のもとである。そのような家族は有史以前の時代には、まったく存在しなかった。現代の制度の特徴をあらゆる時代と、あらゆる国民のうえにひきうつすことほど、ブルジョアの特徴をよく表わすものはない」――と。レーニン「『人民の友』とはなにか」（前掲）一四八―一五〇頁。

(39)　江守「法民族学の基本的課題」（前掲）三四五―三四九頁。

(40)　レーニン「国家と革命」（大月版『レーニン全集』第二五巻所収）、四二〇―四二一頁。

(41)　レーニンは、ゴーリキーが「神とは、種族、民族、人類によって練りあげられた観念、個人を社会と結びつけ、動物的個体主義を抑制することを目的として、社会的感情をめざめさせ、組織せる観念の複合体である」と書いたのを批判し、「実際には、『動物的個体主義』を抑制したのは神の観念ではなく、それを抑制したのは原始的な群団であり、また原始共同体でした」と述べている。レーニンのア・エム・ゴーリキーへの書簡（一九一三年二月）、『レーニン全集』第三五巻一二五頁。

(42)　アー・ゲ・プリゴジンの一九三三年の報告「カール・マルクスと社会・経済的諸構成の問題」（永住道雄訳『社会構成論』、叢文閣）四一頁では次のように述べられている。「古代的構成（体）は、その発展において、原始共産主義的生産様式の成立、その確立、およびその没落の過程に照応する、基本的な三段階を経過した。すなわち、（一）いわゆる前氏族社会あるいは『原始群』（レーニン）の社会、（二）氏族社会あるいは『原始共同体』（レーニン）および（三）「農村共同体」――と。この段階論の「農村（農業）共同体」が私的土地所有の発生期に登場するものであるから、原始社会については、二段階の区分が行われていることになる。

(43)　カー・オストロヴィチャノフの一九三四年の講演「前資本主義的諸構成の発展の合法則性の問題」（永住訳、前掲所収）では、レーニンの三段階説がより一層明白に踏襲された。すなわち彼は、労働の契機にもとづく類人猿から人間社会（原始共産主義社会）への移行に関するエンゲルスの理論を一方でとりいれつつ、他方、原始共産制社会をレーニンの理論に即して二段階に分けている。「原始共産主義社会の発展を二つの基本的な時期に分ける必要がある。その一つは、前氏族時代、あるいは蒙昧時代、あるいはレーニンの表現を使えば、原始群の時代であり、第二の時代は、氏族時代、あるいは野蛮時代、あるいはまたレーニンの表現によれば原始コンミューンの時代である」（一九六頁）と。なお、そのほか、パクロフスキー監修・マトリン編『原始共産社会』（早川二郎訳）六一頁、二九〇頁を参照のこと。

(44) コスヴェン、香山陽坪訳『原始文化史概説』一〇一一一頁、二六一二七頁。

(45) ソヴィエト科学アカデミー編『世界史　古代編』（東京図書）第一巻二二頁、三〇頁。

(46) もっともこの点、コスヴェンの著書（前掲、一〇一一一頁、二七一二八頁）では、極めて漠然たる説明しか付せられていない。

(47) 以上、『世界史』（前掲）第一巻四一一四二頁、五六一五七頁、六八一六九頁。

(48) その意味ではプレハーノフが「類人的祖先」の概念構成によってエンゲルスの理論を支持せんとしたことも、やはり誤謬であったとみられねばならない。

結　語

以上本稿において私は、玉城教授の私への反批判に対し、あるいは回答し、あるいは再批判を行った。もっとも、本稿が玉城教授の反批判論文の一切の主張にふれるものでなく、同教授の主張の最も中核的な点に関してのみ批判的考察を試みたものにすぎない。ただ、本稿を閉じるに当たり、以上において検討されなかった一つの点に関して左にふれておきたいと思う。その一点とは、《種の繁殖》に関するエンゲルスの命題と当時の進化主義民族学の方法との共通性に関する分析である。

すなわち、私は一九六三年の論文において次のように書いた。「エンゲルスの『家族起源論』を論評し、その意義を明らかにせんとするには、彼のこの著書が執筆された当時の民族学の一般的な理論的背景が究明されることが必要であろう。私は、彼が最原始段階の人類の社会的発展を生物学的法則たる《種の繁殖》の原理で説明しようとした立場が、ダーウィンによって多かれ少なかれ影響された当時の進化主義民族学の観方と本質的に共通せるものであると考えるものである」。そして私は一九世紀の進化主義民族学における《自然法》の概念構成を詳述したあと、次のように論じた。「……《種の繁殖》の法則でエンゲルスが解明しようと試みた原始婚姻・家族史の研究方法は、最原始段階の人類の生活を動物的状態と認識してその生活法則に『自然法』という術語をあてた進化主義民族（法）学の理論的立場と相共通せるものと言えるのである。原始家族の歴史的発展を自然淘汰の原理で把握したり、その生活法則を自然法の概念で表示したりするのは、共に、原始社会を生物的次元に据えんとする進化主義民族学に共通な致命的欠陥と言えよう[49]」――と。

ところが、この私の論述に対して玉城教授は驚くべきことに次のように言われるのである。「……エンゲルスやマルクスが、社会およびその発展の説明において、ダーウィンの『自然淘汰ないし適者生存』の『概念』を適用したり『進化論の法則』によって人間社会の発展を説明したりするような『進化主義』的民族学の立場であったというようなあまりにも素朴な見解については、何もいう必要はない[50]」と。しかしながら、私が旧稿のどの箇所でマルクスの理論を批判したであろうか。またエンゲルスの学説についても、『家族起源論』における《種の繁殖》の命題とそれを適用した部分以外に、一体いつ、どこで批判を試みたであろうか。しかも、玉城教授の右の引用文に引き続いて、「エンゲルス自身の言葉によって、簡単にその批判に答えておく」とされて、エンゲルスの『自然弁証法』の一節を引かれているが、皮肉なことにこのエンゲルスの一節こそは、実は私が、玉城説批判の論文において、《種の繁殖》の命題と対置させ、その命題がいかにエンゲルス自身の理論体系全体にとり矛盾をなすものであるかを示すがために、引用した一節なのである。[51] 私はエンゲルスや、ましてマルクスの全理論体系が進化主義的民族学の方法と一致するものだとはまったく言ってはいない。むしろ、エンゲルスの全理論体系にとって、彼の《種の繁殖》の命題が矛盾するものであることを論じたのであり、『自然弁証法』中の一節の引用もそれがためだったのである。

さて、私は自然淘汰の法則が対偶婚家族の生成までの段階に貫くとするエンゲルスの理論には、本稿でもまったく批判的な態度をとったが、原始血縁共同体の成立する以前の段階――レーニンの《原始人類群》――においてその法則が作用することは、私も認めるのにやぶさかではない（そしてその段階に乱交があったと説くことも十分承認されるべきであろう）。実際、現今のソヴィエト民族学も、エンゲルスを克服してその方向にむかっていると私には思えるのである。[52] 私は、自然淘汰の法則がどの段階まで作用するかを論ずることが、玉城教授が嘲笑的に揶揄されるような「幼稚なこと」では決してなく、八〇年以前に執筆されたエンゲルスの『家族起源論』（一八八四年）を積極的に克服しつつ現時点でのマルキシズム民族学を打ち樹てるがために不可欠な前提的な課題をなすと思うのである。私が敢て、玉城教授の反批判論文をさらに批判する本稿を執筆したのも、かかる所以によるのである。

(49)　江守「家族史研究と唯物史観」（前掲）二四一頁、二四八頁――本書三七、四四頁。
(50)　玉城「唯物史観と家族集団」（前掲）二一六頁。
(51)　江守「家族史研究と唯物史観」（前掲）二三六頁――本書三二頁。
(52)　稲子恒夫教授は、ユ・イ・セミョーノフの論文「エンゲルス『家族、私有財産および国家の起源』と現代民族学の成果」（『哲学の諸問題』一九五九年第七号所収）を紹介して次のように言われている。「今日のソ連の人類学は、人類社会の成立を次のように捉えている。人類社会の形成は長期にわたったが、それは二つの飛躍を経験した、第一の飛躍は、人類の先行者（前人類）である動物の群から、道具をつかうピテカントロープスやネアンデルタール人という『形成されつつある人類』の群への移行である。かれらは乱交の状態にあった。第二の飛躍は、『形成されつつある人間』から、ホモ・サピエンスという『完成された人間』への移行であり、それは『真の人類社会』の確立を意味する」。「今日のソ連の民族学は、『真の人類社会の形成は氏族の発生を意味し、氏族社会は真の人類社会の最初の歴史的な存在形態であることを明らかにした』」と。稲子「家族の起源と将来」（『唯物論研究』五号〔一九六一年〕所収）、八五頁。

（付　記）

玉城教授と私との論争を客観的に公平に考察されようとする方々に対して、私は、本稿や玉城教授の反批判論文（「唯物史観と家族集団」）のみならず、それらに先立つ私たち両名の論文をあとづけていただくことを切に期待したい。

〔一九六七・六・五〕

第三章　近親姦禁忌の発生に関する

モルガン＝エンゲルス理論とその批判

序　言

周知のごとく、エンゲルスはその著『家族、私有財産および国家の起源』において、モルガンが提示した原始社会における婚姻・家族の発展図式を踏襲し、それを史的唯物論の立場から再構成せんと試みたが、その際、いわゆる「血縁家族」から「対偶婚家族」に至る婚姻・家族の歴史的発展をば、彼はモルガンに見倣って「自然淘汰の原理の作用のすぐれた例証」とみなした。すなわち自然淘汰という一つの生物学的法則が、対偶婚家族形成以前の歴史的発展の究極的な契機をなすと考えられたのである。けれども、いやしくも人類社会において、たとえ一定の歴史的発展段階にのみ関するものとはいえ、生物学的合法則性が社会の体制やその歴史的発展を規定する究極的要因をなすという考え方は、史的唯物論に違背した歴史的認識というべきではなかろうか――、まさにこの点をめぐって学界でも論議されてきたし、また私も過去五年間にわたり玉城肇教授と論争を続けてきたのであるが、[1]本稿は、私がこの論争において終始とってきたエンゲルスに批判的な見解を更に一層明確にすべく、従来とはいささか異なった視角からの考察を行わんとするものである。すなわち、近親婚を排除する社会規範、「近親姦禁忌」(incest taboo)ないし「外婚制」(exogamy)が、はたしてモルガンやエンゲルスが考えたように、その同種生殖(inbreeding)に伴う遺伝学的弊害を除去せんとする自然淘汰の法則の作用の結果として発生したものであるか否か——という問題が、本稿で取り扱われる。(2)もしこの問題について、モルガンやエンゲルスの理論が史的唯物論において否認されねばならないとすれば、右の論争もおのずから終止符をうつことになると考えられる。けだし、エンゲルスが物質的生活の生産という要因のほかに《種の繁殖》という独自の究極的な歴史的要因を認めたそもそもの理由も、そのことによって消滅してしまうからである。

本稿は、かように近親姦禁忌ないし外婚制の発生史に関して、主としてモルガン＝エンゲルス理論を中心として考察せんとするものであるが、元来この発生史の問題は、多くの対立せる学説を生みだし、いまだ定説をみるに至っていない民族学最大の難問であって、本稿においてたとえ私がモルガン＝エンゲルス理論を否定したとしても、私自身がそれに代わるべき新しい考えを提示することは不可能な現状にある。ただ、史的唯物論の立場から、若干の問題点を指摘し、今後の私自身の研究に一定の見通しを得たく思っている。

(1)　江守五夫「家族史研究と唯物史観——青山・玉城論争を中心として——」(東京大学社会科学研究所創立十五周年論文集『社会科学の基本問題』〔一九六三年〕所収)。江守「いわゆる《種の繁殖》の命題と史的唯物論」(『法律論叢』第四一巻一号〔一九六七年〕所収)。

(2)　この問題について私は簡単なメモをかつて発表したことがある。江守「外婚制の起源に関するモルガン＝エンゲルスの理論とその批判」(『共同体の比較研究』第一輯〔一九六四年〕所収)。本稿はこのメモに若干の学説史的検討を加えて、論文の形式に取りまとめたものである。基本的主張において変化は存しない。

第一節　モルガン=エンゲルスの遺伝弊害=自然淘汰説

モルガンは、『古代社会』において、先に指摘したように「血縁家族」―「プナルア家族」―「対偶婚家族」という各段階を経て家父長制家族に至る全原始家族史の壮大なる発展図式を提示したが、右のうち血縁家族から対偶婚家族までの三段階の発展を、彼は自然淘汰(natural selection)の法則をもって説明したのである。彼はまず血縁家族からプナルア家族への発展について左のごとく論じている。

「血縁家族のプナルア家族への推移は、実の兄弟姉妹を結婚関係から次第に排除することによってもたらされたものであって、このような結婚関係の弊害は永久に人類の注目を免れることはできなかった。……思うに、それ〔兄妹婚の排除〕が始まったのは個々に分離している事例においてである。そしてきわめて長い期間にわたって一つの実験としてとどまったのであり、その利益は徐々に承認されたのである。すなわち、最初は部分的に採り入れられ、次いで一般的となり、そして最後に、なお野蕃状態にとどまっているがこの運動の起源となった進歩的諸部族間に普遍的になったと推測されるであろう。それは自然淘汰の原則の作用のすぐれた例証を提供する(3)」。

なお、この兄妹婚を排除する制度としてモルガンが極度に重視したのは、オーストラリアの特殊な外婚的集団組織たるかのいわゆる「結婚級別」(marriage class)の制度――モルガンはこれを「性にもとづく級別組織」(organization into classes upon sex)ないし「性を基礎とする社会組織」(organization of society upon the basis of sex）とよんだ——であった。この級別組織もハワイのプナルア集団と同様に夫の兄弟たちが一方の配偶集団をなし、妻の姉妹たちが他方の配偶集団をなし、しかも兄妹間の婚姻を排除するものであるが、彼はこの組織をプナルア集団より歴史的に古い段階に発生したと考えたのである。言いかえれば彼は血縁家族よりプナルア家族への発展の媒介的存在としてこの結婚級別制を位置づけたのである。それはあたかも（後述するように）氏族制度がプナルア家族より対偶婚家族への発展の上で重大な役割を演じたと考えられたのと同じ意味を有している。彼は実際こう述べている。

「時の経過につれて、第一の結婚形態〔兄妹婚〕の弊害が認められるようになった。そしてその弊害の認識は、この結婚形態を直接廃止するところまでは導きはしなかったとしても、この親等〔兄妹〕外の妻への好みに導いた。オーストラリア人の間では、その結婚形態は級別組織によって永久に廃止され、また、ツラン系の諸部族の間では氏族組織によってさらに広範囲にわたって永久に廃止された[(4)]」と。あるいは言う。「性に基づく級別組織およびその後に生じた血縁に基づくより高度の氏族組織は、自然淘汰によって無意識にもたらされた大きな社会的動きの結果とみなされねばならない[(5)]」と。

かようにモルガンは、血縁家族からプナルア家族への発展とその発展により仲介的役割を演じた結婚級別組織をば、兄妹婚に伴う弊害を除去せんとする自然淘汰の法則の作用の所産とみたのであった。そして同様の判断は、プナルア家族から対偶婚家族への発展の上で産婆的役割を果たした氏族制度の機能についても与えられたのである。

「氏族組織の構成と原理は、親族関係のない人々の間の結婚の利益が、氏族外の結婚の実施を通して、漸次発見されるにともない、血縁婚〔血族結婚〕に対する嫌悪を生ぜしめるのに役立った。この嫌悪は急速に成長し、遂に公的感情が血縁婚〔血族結婚〕に決定的に対峙するに至り、そしてこの感情は発見当時のアメリカ原住民の間に一般的になっていた[6]」。そしてこの氏族組織が「やがて優秀な人間を産出するのに役立つことを証明」するにおよんで、古代世界にほとんど全般的に普及することになった[7]。「親族関係のない人々を結婚関係に入らしめた新たな慣行の影響は」――と、彼は言う――、「社会に対して顕著な刺激を与えたに違いない。それは肉体的にも精神的にも、より一層力強い種族を生み出すことに寄与したのである。性質の異なる種族の間で結合される時には、合成物が存するのであるが、これは人類の進歩の上に偉大な影響をおよぼした。強い精神的ならびに肉体的性質を有する進歩した二つの部族が未開生活の偶発的な出来事によって結びつき一つの民族に混血される場合に、新たな頭脳は双方の素質の総額まで拡大し、伸長するであろう。かような種族は双方を改善したのであり、そしてこの優越は知力と人口の増加において表われている[8]」。そして「氏族がその太古的形態において十分に発達したとき、それはこのようにして創設された進歩した種族の優れた力によって、広大な地域の上に伝播していったであろう[9]」。かくして「人類のあらゆる種族は、ポリネシア人を除き、氏族組織の下にあったと思われる[10]」と。

そしてこのような氏族組織は、モルガンによると「プナルア集団の大きさを縮小し、ついにはそれを覆滅する結果をきたす傾向をとった」のであって、「対偶婚家族は、氏族組織が古代社会に優越となった後、漸次にプナルア家族のうちにつくられた[11]」と。

以上のごとくモルガンは、近親婚に伴う遺伝的弊害を除去せんとする自然淘汰の法則の作用の結果として近親姦禁忌ないし外婚制が形成され、兄妹間の近親姦に対する禁忌が血縁家族からプナルア家族への発展をもたらし、さらに氏族外婚制の形成がプナルア集団のなかで対偶婚家族を発生させる誘因をなしたと考えたのである。ところで、先にも述べたように、モルガンの原始婚姻・家族の発展図式を継承したエンゲルスは、その家族発展（対偶婚家族の成立まで）の原動力についても、このモルガンの遺伝的弊害＝自然淘汰説を借用したのである。私はかつて原始家族の発展に関するエンゲルスの自然淘汰説の内容を詳しく紹介したことがあるので[12]、ここではその検討を省略するが、彼は近親姦禁忌の成立とその禁忌の範囲の拡大をば、モルガンの言葉を引用して、《自然淘汰の法則がいかに作用するか、ということのすぐれた例証――eine vortreffliche Illustration davon, wie das Prinzip der natürlichen Zuchtwahl wirkt》とすら表現したのであった[13]。

モルガンやエンゲルスは、かように近親婚排除の過程を、あたかも生物が外界との適応性において有害な要素を排除する過程のごとくにみなし、また他方、外婚制の形成過程を、あたかも生物が有利な変異を保存する過程のようなものとして捉え、したがってこの近親婚排除＝外婚制形成の過程をば、《優良なる人間の産出の過程》（モルガン）と認識したのである。このような認識は、モルガンとエンゲルスとの間には基本的に差異は存しなかった。エンゲルスは、モルガンの次の言葉をそのまま引用し、それに何の批判も加えはしなかったのである。「非血縁的な氏族間の婚姻は、肉体的にも精神的にも強力な一人種を産み出した」[14]――と。つまり新たな一変種が形成される生物進化の過程と同様に、《一人種　eine　Rasse》がかかる外婚制の形成過程を通じて創られたというのである。では、このようなモルガン＝エンゲルスの遺伝弊害説ないし自然淘汰説を私たちはいかに評価すべきであろうか。次節でこの問題を検討するが、その前に、異なった見地から出発し究極的には遺伝弊害＝自然淘汰説の立場にたどりついたウェスターマークの学説を「補説」において参照することにしよう。

補説　ウェスターマークの学説について

反進化主義民族学の驍将として事毎にモルガンの主張に楯ついたE・ウェスターマークは、近親姦禁忌の発生の問題について、まずH・エリスの性心理学的理論[15]の上に立って議論を開始する。「一般的に言って」――と彼は言う、「幼少期からきわめて密接に共に暮してきた人々の間には、性愛感情（erotic feelings）は著しく欠如している。否、性的無関心は、この場合には、他の多くの場合にもまして、性行為に想いをはせる際に抱かれる積極的な嫌悪の感情と結びつくのである。これこそが外婚的禁制の根本的原因だと私は思うのである。というのは、幼少期から共に生活を密にしてきた人々は通例、近親者であり、それ故彼らがその相互の間の性関係に対して抱く嫌悪は、近親間の性交渉の禁制として慣習や法制の形をとって現われるからである」[16]と。そしてウェスターマークは、この自説を裏づけるべく、学校の同級生仲間の間では恋愛ないし結婚が著しく少ないという教育者の談話や、《新たに来る者は眼をみはらす――The new comer filleth the eye.》なるアラビア人の諺などを引き合いにだすのである。

ウェスターマークはかように性心理学的に近親姦禁忌の発生を説明したが、この嫌悪の心理が何故に発生したのかという点については、彼は遺伝弊害=自然淘汰の説をもって理由づけようとした。「同種生殖は一般に何らかの形において種に対し多かれ少なかれ有害であると考えざるを得ない。そしてここに私は、幼少期から親密に同居してきた（このことは最近親族の相互関係を特徴づけるものである）人々の間における性交渉の欲求の欠如や、そのような性交渉への積極的な嫌悪感の、充分なる説明を見出すのである。すなわち私たちは、この場合にも他の場合と同様に自然淘汰が作用し、それが破壊的な傾向を除去し有用な変異を保持することによって、種の要求に合致するように性的本能を形作ったのであると仮定してよかろう。……そして一たびその特殊な性的本能が出来上がると、それは当然、幼少期から密接に共に生活してきた遠縁の親族または全く無縁の人々においても現われるであろう。そして諸観念と諸感情の結合をとおして、それは、まったく同居しなかった個々人の間の性交の禁制にまで容易に及び得たであろう」[17]と。

さて、ウェスターマークの右の説明中、性心理学的な分析は一見私たちを首肯させるに足るかのごとくにみえる。けだし永年同居の異性間に性愛感情の稀薄であることは経験的に私たちも体得しうる事柄のように思えるからである。しかし、永年同居の異性間の性愛感情がその永年同居という事実によって稀薄ならしめられるといっても、それが彼らを相互に不能ならしめるものではあり得ない。実際、それ故にこそ、厳密な社会的制裁を伴う禁忌・禁制が設けられるのである。それ故、相互に不能ではない近親者間の性関係を禁ずる理由は、永年同居だけからは説明され得ないわけである。なるほどウェスターマークは、永年同居者（近親者）相互の間には性行為を念頭におくだにけがらわしいとなす性的嫌悪の積極的感情が支配し、この感情こそが近親姦禁忌の定立の源泉であるというのである。けれども近親者に対して性行為を連想するだに不浄であるという観念は、婚姻を禁じられた親族が相互に親しく交際するのを禁ずるのと同じく一種の《近親姦回避 incest avoidance》の現象にほかならず、それ自身近親姦禁忌の派生物であり、近親姦禁忌の存在を前提とするものである。だからこそ永年同居の人々（親族）の間でも、社会的に婚姻が正当と認められる場合には、何の支障もなく——性的嫌悪の感情によって当事者がその婚姻を忌み嫌うこともなく——円満に婚姻がとり行われるのである。[18]したがって何故に、如何なる社会的要求に基づいて、近親姦禁忌が発生し、そしてまた（それに随伴せることだが）近親者同士の間で性行為を連想すること自体を不浄とする観念が派生するに至ったか、という問題は、右の性心理学的分析のみによって解答を得られないのである。ウェスターマークも性心理学説のかかる欠陥を認め、それを補う必要から、やむなく彼の論敵モルガンやエンゲルスの遺伝的弊害＝自然淘汰説に依拠せねばならなかったのである。すなわち、遺伝的有害性を除去すべく、自然淘汰の法則は近親者に対する性的欲求の欠如という自然本能を産みだし、その本能を母胎として近親姦禁忌が発生したのであると。だが、もしこのようにウェスターマークが考え直したとすれば、非親族の永年同居者に対しては性的嫌悪の感情が発生する余地はなくなろう。つまり彼の理論は首尾一貫性を損なうことになろう。けれどもウェスターマークの理論の当否はここでは主要な問題ではない。要は、彼のごとき反モルガン学者ですら最後には認めざるを得なかったモルガン＝エンゲルスの遺伝弊害＝自然淘汰の学説の理論的正当性に関する問題である。かくして次節はこの問題の検討に費やされる。

（3）Morgan, L. H.: Ancient Society, New York 1877, pp. 424-425. 青山道夫訳『古代社会』（岩波文庫）下巻二一一―二二二頁。
（4）Morgan: ibid., p. 409. 青山訳、前掲、下巻一八四頁参照。
（5）Morgan: ibid., p. 50. 青山訳、前掲、上巻八一頁。
（6）Morgan: ibid., p. 458. 青山訳、前掲、下巻二六二頁参照。
（7）Morgan: ibid., pp. 74-75. 青山訳、前掲、上巻一一一頁。
（8）Morgan: ibid., p. 459. 青山訳、前掲、下巻二六三頁。
（9）Morgan: ibid., p. 378. 青山訳、前掲、下巻一四五頁。なお、モルガンが氏族の形成について単一起源＝伝播説を採用したことについては――cf. ibid., pp. 337-339.（青山訳、前掲、下巻一四四頁―一四六頁）。
（10）Morgan: ibid., p. 87. 青山訳、前掲、上巻一二五頁。
（11）Morgan: ibid., p. 434. 青山訳、前掲、下巻二二二頁。

(12) 江守五夫「法民族学の基本的課題——原始血縁共同態の構造原理——」(『今日の法と法学』〔勁草書房、一九五九年〕所収)、一二―一五頁。

(13) Engels, F.: Der Ursprung der Familie, des Privateigentums und des Staats, Marx-Engels Werke, Bd. 21, S. 45.

(14) Engels: ebenda, S. 52.

(15) 近親姦に対する特殊な性心理を分析してエリスはこう言う——、「近親姦の嫌悪の説明は実際極めて容易である。幼児期から一緒に育った兄弟姉妹ないし少年少女において配偶的本能 (pairing instinct) が通常現われないということは、そのような環境のもとでは配偶的衝動を惹きおこさせる条件が不可避的に欠如しているという事実に基づく単なる消極的な現象なのである。……幼少期から一緒に育ってきた人々の間には、視覚・聴覚および触覚の一切の感覚的刺激が、たえざる使用で鈍化され、平静な感情の水準にまで馴らされ、性的腫起をもたらす機能亢進的な興奮を喚びおこす能力を奪われてしまっているのである」と。Ellis, H. H.: Studies in the Psychology of Sex, vol. IV, p. 205 sq. quoted in Briffault, R.: The Mothers, London 1927, vol. I, p. 244.

(16) Westermarck, E.: The History of Human Marriage, Lodon 1925 (5 th ed.), vol. II, p. 192 sq.

(17) Westermarck: ibid., vol. II, p. 236 sq.

(18) 例えばホーズとマクドゥガルはこういっている。「私達は養兄妹 (adopted brother and sister) として一緒に育った二人の若いケンヤー族の間の婚姻の事例を少なくとも一つだけ知っている。もちろんこの事例は、近親姦に反抗的なほとんど普遍的な感情の根拠に関するウェスターマーク教授のかの著名な学説と適合させることは困難である。……近親姦について人々の抱く感情は、ある特殊な本能ないし生得的な性向に基づく個々人の自然発生的な反応たるよりは、むしろ法と伝統によって各時代に生みだされた感情の一例であると思えるのである。兄妹の間での近親姦の発生や、それでいてまた甥と叔母(彼らは屢々異なった共同体の成員である)との間の近親姦に対する海ダヤーク族の強い反感は、ウェスターマーク教授の理論に致命的であるとともに、その感情が純粋に慣例的ないし慣習的な源泉を有するものだという見解を強く指示するものだと、私達には思えるのである」と。Hose, C. and McDougall, W.: The Pagan Tribes of Borneo, vol. II, p. 196 sq. quoted in Briffault: op. cit., vol. I., p. 246.

　またブリフォールトも幼児婚約等の事例を引き合いにだしてウェスターマーク説を批判している。「幼児期以来の友誼ないしは何らかの種類の non-sexual な友誼は、性関係への障壁となるどころか、性関係に至るのがむしろ普通である。ある男子の幼児期以来の女友達は極めて屢々彼の妻となり、また永い間〝プラトニック〟であった友人つきあいはほとんど常に婚姻に至るのである。われわれの社会の従兄妹婚は普通かような交際の結果である。幼少期の朋友間での恋愛は、無数のロマンスのテーマになってきた」と。Briffault: op. cit., vol. I, p. 244 sq.

第二節　原始民族における遺伝学的認識の欠如

モルガン=エンゲルスの遺伝弊害=自然淘汰説の理論的妥当性の可否を論ずる場合、最も重要な点は、原始民族のもとにおいて遺伝学的な認識——同種生殖が弊害をもたらすという認識——が存在していたか否か、という問題である。というのは、同種生殖が有害な結果をもたらし、適者生存の上で除去されねばならない悪い要素であるという事実が遺伝学的に証明され得る正しい事実であるとしても、[19]この事実が一つの生物学的現象（自然現象）である以上、その現象を支配する法則が直接に無媒介的に人間の社会的行為を規制するものではあり得ず、人間はその自然法則の認識を通して〝自然を支配する〟存在であるからである。当のエンゲルス自身も正当にも次のごとく述べている。「動物は外部の自然を利用し、自らが現存することによってこの自然のなかへ変化をもたらすにすぎないが、人間はその変化によって自然を自分の目的に奉仕させ、自然を支配するのである。……〔もっとも〕、われわれは、征服者が異民族を支配するように、また自然の外に立っているなんびとかがやるように、自然を支配しているのではなく、われわれが肉と血と脳髄とを携えて自然に属し自然の真只中に立っているのであり、そして自然に対するわれわれの一切の支配が、他のすべての被創造物にもまして、自然の法則を認識し、それを正しく適用し得る点にあるのである」[20]と。すなわち自然法則の下にたつ人間も、その自然法則を認識し、かつそれを正しく利用し得るという点で逆に自然を支配するのであって、このことは、同種生殖が遺伝的に有害であるという一自然法則についても当然妥当する点である。それ故、仮にモルガンやエンゲルスの説くように同種生殖の遺伝的有害性が近親姦という有害な要素を除去し、外婚制なる有利な要素を人間社会に導きいれる基本的契機をなしていたとみなしても、かかる近親姦に対する禁忌と外婚制の採用という社会的事実（自然支配の行為）が形成される際には、必ずかかる遺伝的法則性に対する人間の認識がその契機をなしておらねばならないのである。逆に言って、このような外婚的規制の採用は、モルガンが考えたように「自然淘汰をとおして無意識的に成就され」（worked out unconsciously through natural selection）た結果ではないのである。[21]かくして、モルガンやエンゲルスの理論において自然淘汰の法則をもって外婚制の形成を説明している部分は一切否定されねばならないのである（――敢て淘汰の語を使用せんと欲すれば、《人為淘汰 artificial selection》とでも表現すべきであろう）。

以上の方法論的反省の上にたって、はたして原始諸民族が遺伝的有害性の認識を有していたか否か、という問題がここに改めて学問上の争点として登場してくるのである。モルガンの『古代社会』が著された後に学界で広く討議されたこの問題について、メーンは肯定説をとってモルガンを支持した。彼は言う、「私がモルガン理論を承認するのは、ただ外婚集団の発生に関する説明にかぎってである。すなわち外婚集団がもともとより大きな共同体の小区分であり、異種生殖〔interbreeding・同種生殖（inbreeding）の誤謬か〕を制限する目的をもってそれが形成されたと同説が考えているかぎりである。この仮説に率直に反省を唱える人々が感じている〔この仮説の〕難点は、原始人はそのような生理学的発見を行いそうもない、という点にあるようだ。異種生殖〔同種生殖の誤り〕が有害であるということがもし真実だとすれば、まさにその真実性こそが、反対論者の眼には、それについての人間の知識の古さと衝突して映るのである。……〔だが〕私は、火の使用を発見し、野生のある種の動物を飼育のために選び、また野生のある種の植物を栽培のために選んだ人々が、不健全な骨格の子供たちが互いに近親の両親から生まれたということを、一体どうして発見しなかったか、理解できないのである」[22]と。だが、メーンの肯定説は学界ではむしろ例外的である。否定説が大勢を占めていた。例えばトーマスは次のように述べている。「文化の低い段階にある人種が、同種生殖が有害であることを発見するなどとは、まったくありそうもないことだ。けだし、その〔有害な〕結果は、たとえ少しでも現われたにせよ、それが同時に現われはしなかったろうから」[23]と。つまり出生児の有害性がいくつも同時に現われて人々の注意をその親たちの婚姻の在り方〔近親婚〕に向けさせるというようなことでも起こらないかぎり、遺伝学的な発見——それは長期にわたる個別的事例の集積とその経験的観察とによって初めて可能である——が、未開の原始民族のもとでなされるはずがないというのである。

しかしながら、民族誌的事実に即して言えば、驚くべきことに、近親婚の有害性の認識を有する未開人の事例は決して少なくないのである。むしろブリフォールトは次のようにさえ言っている。「血族間の結婚が子に対して恐るべき結果をもたらすという教説は、ヨーロッパの非知識階級のみならず、全世界のほとんどすべての未開人の堅く信ずるところである」[24]と。以下にその若干の民族誌的事例をあげてみる。

例えばグリーンランドのエスキモー人の伝説によれば、カカマックの父は、その孫全部が成人期に達する以前に死んだことを知って、その女婿にむかい「恐らくわれわれはあまりに近親なのだ」と示唆したという。[25]またオーストラリアのディエリ族に次のような伝説があるという——、「世界創造の後、父・母・姉妹・兄弟その他の近親者が無差別に結婚し、遂にこれらの結婚の悪い結果が現われるに至った。そこで酋長会議が開かれ、この禍を避けるためにはどうすればよいかを考えた。この協議の結論として、善の精霊であるムラムラに祈願することになった。それに答えてムラムラはこう命じた。すなわち部族を支族に分け、犬・二十日鼠・エミュー鳥・雨等々の生物や無生物によっておのおの異なる名前をつけ、相互に区別しなければならぬ。そしてこの支族の各成員たちは同支族の他の成員と結婚することを禁ぜられねばならぬ——と」[26]。また、「アリューツ人は同種生殖によって片端者が生まれると堅く信じている。すなわち彼らは近親姦的結婚から生まれた子は海象《せいうち》のように牙をもったり、その他怪物的な畸形を具えるのだと主張している」[27]。

さて、もし私たちがこれらの事例で示されている近親婚の有害性についての認識を、未開人が多数の経験的事実の観察に基づいて得た認識とみなすならば、それは早計というべきであろう。この点で私たちが注意すべきことは、近親婚によって弊害をもたらされると考えられている者がそれから生まれる子供ではなくして、結婚の当事者であったり、当事者の周囲の人々（共同体全体）であったりすることである。たとえば「セレベスでは近親婚は凶作をもたらすと信ぜられ、ガレラル族はそのような結婚を地震や火山爆発の原因とみている。そしてミンダナオではそのような結婚は洪水をひき起こすと考えられている」[28]。また近親の度合に関わりなくある種の近親婚のみを排撃する態度も看取される（——例。ボルネオのムルング族では兄妹婚は差支えなく、場合によっては兄妹婚から生まれた子は著しく強健だと確信されているのに、それでいて彼らは従兄妹婚や母の姉妹との婚姻や妻の母との結婚を恐怖の眼をもって見、かかる結婚からは極めて虚弱で不健康な子しか生まれないと信ぜられている）し、同じ従兄妹婚でありながら「交叉的」であるか「平行的」であるかが差別され、通常後者のみが悪い結果を生ずると考えられている（たとえばヘレロ族が然り[29]）。このような事実から判断すると、原始人が近親婚から派生すると考えられている悪い結果とは、その結婚の遺伝学的事実の認識に負うものではなく、むしろ、何らかの理由で社会的に禁ぜられているある種の近親婚を敢て行った者に賦課される超自然的な社会的制裁だということがわかるのである。ウェスターマークの次の言葉はその意味で正鵠を射たものと言われねばならない。「近親姦は、それが非とせられるが故に有害と考えられるのであり、それが有害と考えられたが故に初めてそれが非とせられるのではないのである。このことは、姦通とか〔未婚者の〕密通とかのごとき他の非道な恋愛形態が同じ悲惨な結果をもたらすと考えられていることからも窺われるのである[30]」と。だから実際、ある種の近親姦的関係が特に非とされていない場合には、その近親婚に関して弊害的信仰がないどころか、むしろ時にはそれから幸運がもたらされるという奇妙な信仰さえ看取されるのである。[31]

このようにみるならば、メーンが主張したように原始民族が（火の使用の発見と同様に）近親婚の遺伝的弊害性をすでに発見していたという説は否認されねばならない。否、そもそも原始民族のもとでは生殖行為と妊娠との関係についての生理学的認識すら欠如していたとみる民族学説も有力なのであり[32]、然りとすれば近親婚とその遺伝的影響との間の因果関係の認識そのものが不可能とならざるを得ないのである。かくして近親姦禁忌ないし外婚制規範の発生根拠に関するモルガン=エンゲルスの学説は、その出発点において誤りを犯していたとみなされねばならないのである。

(19)　近親婚がはたして遺伝学的に悪い影響をもたらすものであるかという点について、ブリフォールトは疑問を投げかけ、悪い結果が生じなかった近親婚の事例やその統計的資料を懸命に蒐集し、こう論じている。「同種生殖や血族結婚が悪い結果をもたらすという一般に流布された信仰は、多数の未開人に抱かれた考え方と一致している。その教説は、たとえ科学的方法の興隆と相まって科学的仮説の形式をそなえ、そして生物学者や医学の権威者によって議論され穿鑿されたとしても、しかしその教説はかかる科学的方法のいかなる概念よりも遥かに古いものである。……実際それは、伝統的継承によって文化の最原始段階から受け継がれてきた迷信の遺物であるように思えるのである。……ルイス・モルガンは、当時の医学統計家の報告にきわめて大きな信頼をおいたため、そのような仮説に含まれるユーモラスな点に何一つ気づこうとはしなかった」と。Briffault: op. cit., vol. I, p. 240 sq.

(20) Engels, F.: Dialektik der Natur, Marx-Engels Werke, Bd. 20, Ss. 452-453.

(21) Morgan: op. cit., p. 50.

(22) Maine, Sir H. S.: Dissertations on Early Law and Custom, London 1891 (2nd ed., 1st ed. in 1883), p. 227 sq.

(23) Thomas, N. W.: Kinship Organization and Group Marriage in Australia, Cambridge 1906, p. 70.

(24) Briffault: op. cit., vol. I, p. 240.

(25) Westermarck: op. cit., vol. II, p. 170.

(26) Westermarck: op. cit., vol. II, p. 171 and see also Bebel, A.: Die Frau und der Sozialismus, Berlin 1954, S. 58.

(27) Briffault: op. cit., vol. I, p. 238 sq.

(28) Briffault: op. cit., vol. I, p. 239.

(29) Briffault: op. cit., vol. I, p. 240.

(30) Westermarck: op. cit., vol. II, p. 182.

(31) cf. Briffault: op. cit., vol. I, p. 240.

(32) ただし、この問題については、A・E・イエンゼン著、大林太良・鈴木満男訳『民族学入門――諸民族と諸文化――』(現代教養文庫)一六―一七頁参照。

補節　今西錦司教授の生物社会学的学説をめぐって

以上、モルガン＝エンゲルス理論に対して批判的考察を行ったが、これを要約すれば、およそ人類の歴史的事象に関するかぎりその究極的な発生原因を自然淘汰の法則の作用に帰することは、論理的に成り立つものではないのである。もし何らかの事象が、その発生を自然淘汰の法則に究極的に負うているとすれば、それは前人類史的段階に発生したに違いないのである。このことは近親姦禁忌ないし外婚制規範の発生に関しても言えることであり、もしその発生を自然淘汰の法則の作用の結果とみる立場に立つとすれば、その発生時点はやはり前人類史的な段階に求められねばならないのである。そしてかように発生の時点を前人類史的段階に遡らせて考えることは、外婚制規範に関しては妥当しないにしても、近親姦禁忌については十分に可能な推定だと思われる。というのは、外婚的血縁共同体はある一定段階の原始共同体のもとで初めて形成されたけれども、近親姦禁忌は原始共同体のもっとも原初的な段階において常に何らかの形で見出せるのであり[33]、それ故後者を人類の生成期から人間社会（原始共同体）に受け継がれたものとしてみることはたしかに可能な推定だからである。実際、ソヴィエトの古代史家たちは近親姦禁忌の発生を人類生成段階――レーニンのいう《原始人群》――に遡らせて考えているのである。もっともこの場合、その発生を自然淘汰の法則の作用の結果とはみず、むしろ動物的本能に対する意識的制約の所産とみているのであるが――。

すなわちソヴィエトの学者たちは、親子間や同母兄妹間の近親姦が、シナントロプスやネアンデルタール人の化石人類のもとで既に禁止されはじめたと考えた。ただ彼らのこの見解はあくまで理論的推定であって、その客観的根拠は示されてはいない。たとえば親子間の近親姦禁忌についてこう述べている。「労働作業が発達するにつれて、祖先である動物から人間が受け継いだ、以前の動物的本能をおさえつける社会的つながりが、原始共同体の内部に発達し強化していった。そして何万年のあいだに新しい人間的なものが、ますます古い動物的なものに打ち勝っていった。このことは、とくに両親とその子供たちとの性的関係が制限をうけた点に現われている[34]」と。たしかにこのような推定は成り立つとしても、骨や石器の観察からは、元来この推定を証明する根拠は示され得ないだろう。ところが興味深いことには、化石人類の生活状態に関するこの資料的欠陥を動物生態学的研究によって補おうとする試みがあるのであり、そして注目すべきことに斯界の権威今西錦司教授は、そのいわゆる〝生物社会学〟的研究によって、ニホンザルの群れにおいて近親姦禁忌の萌芽形態を発見されたのである。そこで以下において、今西教授の報告を中心に検討を進めてみることにしよう。

今西教授は『人間家族の起源』という論文（一九六一年）において人間の家族の成立のための必須要件として、(一) 近親姦禁忌の存在、(二) 外婚制の存在、(三) community の存在、(四) 配偶者間の分業（性的分業）の存在——を挙げ、ニホンザルから類人猿（テナガザルやゴリラ）を経て人間社会に至る道程を、これら四つの要件が具備されてゆく過程として捉え、独創的な見解を発表されたが、その論文で教授は、「われわれはニホンザルやアカゲザルのような、人間からははるかに遠いサルの段階において、すでに人間社会における制度としての incest taboo や exogamy に先行する、萌芽的現象をつかんだ」と論ぜられた。[35] この主張は同教授の近著『人間社会の形成』において踏襲された。今西教授によれば、ニホンザルにおいては母子相姦の事例は（絶無ではないが）非常に稀である。そもそもニホンザルの群は、中心部と周辺部に分かれており、前者は群のリーダーたる何匹かのオスと幼少のオスならびに群のすべてのメスから成っており、リーダー以外の成熟したオスが後者を構成している。つまりメスは終生中心部を離れないが、オスは三歳頃になると中心部から周辺部へと移るのである。ところで性的成熟期は四—五歳であるから、中心部に居る間に母子相姦がおこなわれることはないが、周辺部の成熟したオスは発情期に（中心部に居る）メスと関係をもつ。それ故、若オスが母親と関係することもあり得るわけであるが、その場合、実際に母子相姦が行われることはきわめて稀であるという。では、母子相姦の稀有性なるこの現象は一体何故に起こるのであるか。今西教授はこの問題について、若オスの〝周辺落ち〟ないし〝群落ち〟をその一つの理由として認められつつも、しかし、その基本的な理由をニホンザルの性交姿勢に求められたのである。

「サルは大きくなっても母親をおぼえている。母親は彼が赤ん坊のときも子供のときも、終始して彼の保護者であり、彼は母親にいつも従ってきた。これをサルの社会の掟である順位ということで表現するならば、母親は常に優位にあり、彼は常に劣位にあった。そしてこのコンディショニングが、母親をおぼえているかぎり、彼と母親との間に続く。それでも彼は母親に対し、ときとして欲望を感じることがあるかもしれない。しかし、徳田〔喜三郎〕も言っているごとく、サルにおける性交の姿勢は、一方ではまた優位者が劣位者に対し自己の優位を示すときの姿勢である。そうとすれば、母親のヒミコの優位に対し、赤ん坊のときから劣位に甘んじてきたパンダル〔息子〕が、どうしてヒミコの上にマウンティングできるであろうか[36]」。

つまりニホンザルの性交姿勢は順位確認の行動と同じように、オスがメスの後から背中にのる姿勢であり、それ故もし母子相姦が行われる場合には息子が母親を見下すこととなり、かかる姿勢をとることは、今西教授の説明によると、息子に対する母の優位に逆らうこととして、「遠慮があれば到底できる行動ではない[37]」のだと。

かように今西教授はニホンザルの群れにおける母子相姦の稀有性の根拠を、母親に対する子供の遠慮に求められているが、この点こそ私が今西説に対して抱く基本的な疑問点である。けだし人間以前の動物界においては、「一切の発展は、外界への適応のうちに、すなわち生存競争における自然淘汰のうちに存するところの、かのまったく無意識的な発展（völlig unbewußte Entwicklung）であった[38]」のであり、かような《物理的必然性の暗黒の王国》たる動物界では〝遠慮〟という倫理的意識が存在するわけがないからである。また仮に〝遠慮〟という表現を問題外とし、ニホンザルの群における順位制が母子相姦を妨げる原因だと言っても、伊谷純一郎教授が問題提起したように[39]、オスが群のリーダーになった場合（その場合には彼は母親に対して「遠慮を必要としなくなる」）にも、なおかつ母子相姦が避けられるならば、順位制とは無関係な原因がそこに存するはずである。

　母子相姦の稀有性という一般的傾向――それが今西教授の報告どおり証明され得る客観的事実だとして――は、むしろ、母子の生理学的連帯性に伴う何らかの動物的本能として説明されねばならないであろう。そしてその意味では、この一般的傾向に付せられた河合雅雄教授の説明、すなわち「リーダー（父親）の権威や権力、……嫉妬や恐れといったニホンザルでもみられる原初的な感情が大きく作用する」のではないかという問題提起が、重視されねばならない[40]。というのは、父親の性的嫉妬とそれに基づく実力的なメスの専有こそが、母子相姦を稀少ならしめ、また若いオスザルの〝周辺落ち〟ないし〝群落ち〟の現象――それは母子相姦を未然に阻止する――をも派生させたと考えられるからである（Darwin ないし Atkinson の理論を想起せよ）。あるいは伊谷教授の推定される《out-breeding》ないし《mate out》も[41]、かかる父親の性的嫉妬に起因するものではあるまいか。しかしながら、今西教授は性的嫉妬説を極力排撃されようとする。母子相姦が避けられるのは、それが起こることを妨害するような、より強力なオスが存在するためではないとか[42]、オスの〝周辺落ち〟ないし〝群落ち〟現象はリーダーオスの性的嫉妬ではなく、むしろオスがオスを求めて（オスの集まりへ）〝自発的に〟転出してゆく現象であるとか[43]、言われる。そして教授はさらにダーウィンらの性的嫉妬説そのものにも激しく批判されるのである[44]。このように問題は、生物学ないし性心理学の根本問題にまで立ち至るのであって、これ以上議論を進めることは私の能力を超えるものである。

　いずれにせよ今西説への疑問は、今西教授がニホンザルの群における母子相姦の稀有性なる傾向を、動物的本能とは別個の根拠に基づくものとして理解しようと努めておられる点である。今西教授のこのような見地は、経験的観察からおのずから帰結されたものであるというよりは、むしろ教授の立たれている立脚点ないし視角に左右されているように思われる。というのは、今西教授は人間社会における近親姦禁忌――それはもちろん、人間の意識的な産物である――の発生の究極的な源泉を動物界に求め、その形成の過程を動物的次元からの連続的な発展系列において追求されようとし、「どこかで人間は、動物的な本能による行動を、人間的な意志による行動に、切り換えるときがあったに違いない」[45]と考えられ、そしてこの行動の転換の時点をニホンザルの段階にまで遡らせて考えられ、いきおい〝遠慮〟説を主張されることになったとみなされるからである。なるほど、人間の社会的行動を動物界との関連で認識されようとする今西教授のすぐれて唯物論的な視角は理解できるとしても、人間の意識の形成を動物的次元にまで遡及させることは、社会科学の基本的認識（とりわけ史的唯物論）に著しく背馳するものではあるまいか。[46]もちろん、私も人類社会（原始共同体）の登場とともに人間の意識が突如として形成されたなどとは毛頭考えるものではないが、しかしさりとてその形成を動物界にまで遡らせることに疑問を抱くのである。すなわち私は、「動物的な本能による行動」から「人間的な意識による行動」への転換が、人類生成期、つまり動物段階から人間社会への移行の過程、において行われたとみるものである。けだしソヴィエトの歴史家たちも主張したように、原始人群の段階（人類生成期）においてこそ、自然的=生物的合法則性が社会的合法則性にとって代わられたと考えられるからである。[47]

以上の分析を通じて今西教授の説から私たちがひきだし得ることは、結局、ニホンザルの群における母子相姦の稀有性という傾向だけであり、この傾向がいかなる生物学的本能に基づくものであるか、またこの傾向が人間社会の近親姦禁忌の形成の上で直接間接に関連するものであるか、もし仮に関係があるとしてもそれがどのような関連なのであるのか、という一連の問題については、遺憾ながら今西説から私たちは納得のいく説明をひきだし得ないのである。否、そもそも何らかの社会規範が動物的本能を母胎として発生したとみること自体が、その理論的正当性を問われねばなるまい。むしろソヴィエトの歴史学者が、原始人群の段階での近親姦禁忌の形成を主張する場合、既述のごとく、労働作業の進展の結果、人間の意識が〝動物的本能を抑えつける〟〝古い動物的なものに打ち勝っていく〟という過程のなかで、その形成を仮定したのであって、たとえそれが論理的推定の域をでない一つの仮説だとしても、[48]その論理自身には、少なくとも史的唯物論の立場からするかぎり、十分な根拠が存すると言えるのである。けだし、人間の労働が歴史的原動力となるにはまだあまりにも幼稚な段階にとどまっていたにせよ、その次第に発達していく労働作業を基盤として、《意識の黎明》（Morgenrot des Bewußtseins）は、この原始人群（前期旧石器時代）に微かながらも光を発し始め、そしてこの意識の光明が近親姦に対しても徐々にではあるが制限を加えていったということは、論理的に十分成り立つことだと考えられるからである。

もっとも、以上の私の考察は、近親姦禁忌が人間社会以前の段階で発生したと仮定した上で、その仮定を（主に今西教授の所説を素材にしつつ）検証したまでであり、私は決してその発生を原始人群（化石人類）の段階に求めるというソヴィエトの学説に終極的に同意するものではないという点を、ここで明確に断わっておきたく思う。

(33)　人類の最も原初的な採集＝狩猟民のもとでもつねに何らかの近親姦禁忌が存在したが、この段階でのホールド共同体は内婚制的であり、外婚制は未だ形成されてはおらないと考えられる。したがって、たとえ外婚制規範が近親姦禁忌の一特殊形態とみなされ得るとしても、その両者の発生は歴史的に区別して考察されねばならぬ。

(34)　江守「いわゆる《種の繁殖》の命題と史的唯物論」（前掲）七二頁——**本書七五—七六頁。**

(35)　今西錦司「人間家族の起源——プライマトロジーの立場から——」（『民族学研究』第二五巻三号〔一九六一年〕所

収)、六—七頁。

(36) 今西、同前、六頁。

(37) 今西錦司『人間社会の形成』(NHKブックス、昭和四一年) 五三頁。因みに今西教授が、ニホンザルの群れでの母子相姦を避けるこのような傾向を、ただちに近親姦禁忌とは言っておられないことに留意しておく必要がある。ニホンザルのもとでは母子の関係はあくまで当事者間でのみ認識され、群の他の者たちにまで一般に知れわたってはいないので、仮に母子の相姦があっても、その当事者が群から何らかの制裁をうけるわけではない。「だから、それはまだ人間社会における文化現象としてのインセスト・タブー、すなわち社会的制裁をともなうインセスト・タブーまでには至っていない、一種の萌芽的現象であります」。今西『人間社会の形成』(前掲) 五三頁、七八—七九頁。

(38) Plechanow, G. W.: Zur Frage der Entwicklung der monistischen Geschichtsauffassung, Berlin 1956 (Dietz V.), S. 250.

(39) 今西『人間社会の形成』への伊谷純一郎氏の〝コメント〟(同書一四四頁)。

(40) 今西『人間社会の形成』への河合雅雄氏の〝コメント〟(同書一五九頁)。

(41) 今西『人間社会の形成』への伊谷氏の〝コメント〟(同書一四七頁)。

(42) 今西「人間家族の起源」(前掲) 六頁。

(43) 今西「人間家族の起源」(前掲) 七—八頁。一〇頁。この点で今西教授がその論拠とされているのは、「リーダーオスにしたって、周辺落ちする頃のまだ小さな、性的に未成熟な子供に対し、嫉妬心をおこしてこれを追い出すいわれがない」ということである。けれども、性本能が、一—二年後に成熟期に達するオスを未然に追い出すという方向に作用しないものだと断言できるであろうか。生物学に不案内な私であるが一言疑問を提示しておく。

(44) 今西「人間家族の起源」(前掲) 四頁、一六頁。因みに今西教授のこの論文は近親姦禁忌の起源に関する学説史的研究という点でもきわめてすぐれた論文である。

(45) 今西『人間社会の形成』(前掲) 一四八頁。

(46) もっとも、今西教授の理論を私たちが史的唯物論の立場から検討する場合、その理論の構成方法において共鳴すべき点を数多く見出すことができる。そしてこのことは伊藤嘉昭氏も今西教授の『人間社会の形成』の一部分(一一三—一二七頁)について認められ、「かれ〔今西教授〕の二十年を超える生態学的人類学の研究を通して、国家と軍隊の起源にいたる唯物史観とほぼ同一の結論に到達した」と批評された——伊藤嘉昭『人間の起源』(紀伊國屋、一九六六年)

二〇六頁。この伊藤氏の今西理論の評価に対して、水原洋城氏は、伊藤氏の右の著書の批評（『日本読書新聞』一九六六年十一月十四日号）のなかで、「著者、伊藤氏は、今西錦司氏がその近著『人間社会の形成』によって唯物史観とほぼ同一の結論に達していることを、何か特筆すべきことのように書いているが、私は、今西氏の著書を〝生態学者が（意識すると否と問わず）マルキシズムを徹底的に避けて自己の理論体系を完結させたらどういうことになるか、の見本〟だと思っているし、著者が唯物史観の立場に立てば当然、今西氏の立論の過程と真向から対立しなければなるまいと考えている」と反駁された。この伊藤・水原両氏の議論に関して、私はここでは立ち入る余裕を有しないが、私としては、全般的に今西教授の研究は、反進化主義民族学が跳梁跋扈する今日の学界の中にあって、史的唯物論との間に方法的にも架橋し得る数少ない研究に属しており、そして史的唯物論者にその架橋の責務が課せられていると思われるのである。

(47)　江守「いわゆる《種の繁殖》の命題と史的唯物論」（前掲）七一頁以下参照——本書七五頁。

(48)　ソヴィエトの民族学者自身もその「仮説」たることをはっきり承認している。すなわちコスヴェンはこう言っている——、「すでに論じてきた段階〔前期旧石器時代の原始人群〕では、性交の最初の制限が自然に生まれたらしい。すなわち、実の親と子、同様に祖父・祖母とそれらの男女の孫との間の性交が禁止された。しかし、兄弟・姉妹間のそれはまだ可能であった。右に述べたことは仮説であるが、婚姻および家族のその後の諸形態の観察において、確証が見出されれる」と。エム・オ・コスヴェン、香山陽坪訳『原始文化史概説』（理論社、一九五六年）二八頁。因みにコスヴェンによると、後期旧石器時代に氏族が発生したと考えられている。

結　語

以上、本稿は近親姦禁忌ないし外婚制規範の形成に関するモルガン＝エンゲルスの遺伝弊害＝自然淘汰説を批判的に考察し、この理論を支持し得ない点を明らかにした。そして本稿で提示したモルガン＝エンゲルス批判が承認され得るとすれば、モルガン=エンゲルスの理論図式において対偶婚家族に至る全原始家族史の発展を自然淘汰の法則の作用に帰する考え方は成り立たなくなり、エンゲルスのいわゆる《種の繁殖》の命題自体がモルガン理論の史的唯物論的解釈にとり何ら必要なものではなくなるのである。したがって《種の繁殖》の命題についての議論も、唯物論哲学における理論的問題としては存続し得ても、原始家族の社会科学的研究の上では無意味なものとならざるを得ない。

では、近親姦禁忌や外婚制規範の発生について（モルガン=エンゲルス理論とは独自に）いかなる説明がなし得るであろうか。既述のごとくソヴィエトの歴史学者は、近親姦禁忌の発生を原始人群に遡らせ、自然淘汰の法則と関係づけずにむしろ動物的本能を抑制する人間の意識作用の所産として考えているが、しかし何故に原始人群のもとでかかる禁忌が要求されたかについては、私の知るかぎり説明が試みられてはいない。この点と関連して、「どのようにして氏族が発生したかの問題は、納得できる解答が与えられていない」——という一人のソヴィエト民族学者の言明は、[49]マルキシズム民族学の今日の状況をもっとも如実に示すものと言えよう。

(49)　コスヴェン、香山訳『原始文化史概説』（前掲）一一九頁。

第二篇　エンゲルスの『家族起源論』と現代民族学

第一章　『家族起源論』の体系と《家族》の起源

序　言

史的唯物論の立場からすれば、人類の社会は、労働の契機をとおして、《原始人類群》――それは動物界たるいわゆる《棒をにぎった猿の群》から人間社会への経過段階に位置づけられるが――のなかから現われたとみなされている。[1]そしてこのような観方からすれば、人間社会の一制度たる家族の発生についてもこの《原始人類群》にまで遡らせて考察することは、たしかに、理由のあることではある。そしてその意味では、今西錦司教授とその研究グループによって推し進められている動物生態学的研究は、人類社会や人間家族の起源を究明する上で、たしかに、重要な意義をもつものと言わねばならない。

そもそも《原始人類群》では、たとえ自然的・生物学的合法則性が依然として貫徹しているとしても、そこではまた絶えざる労働の発展によって、《猿の群》からうけつがれた動物的本能を抑制する新たな社会的な連繫が人間のあいだに次第に形成されていったのであり、人類社会の最初の段階たる《原始共同体》も、この《原始人類群》のもとで準備された社会的諸制度の萌芽をひきつぎ、それを生育させつつ現われたと考えられるのである。実際、ソヴィエトの原始=古代史学ないし民族学では、親子間や同母兄妹間の近親姦禁忌がこの《原始人類群》の段階で形成され、それが原始氏族共同体に継承されたとみなされているのである。(2)

ただ、《原始人類群》における人間の社会生活の形態は、理論的な推定による以外に、具体的に明らかにされうるものではない。前期旧石器時代の人骨や石器という先史学的な素材からは、社会結合の詳細な在り方を明確に判断することはおよそ不可能なのである。それ故、今西教授らによる動物生態学的な研究がこの欠如せる客観的な証拠を穴埋めするという意義を有するものとすれば、その試みはまことに注目に価するものというべきである。ちなみに今西教授は、近親姦禁忌の形成過程――それはたしかに、人類社会の生成過程をあきらかにする上できわめて重要な指標であるが(3)――について興味ぶかい研究をおこない、人間家族の起源について大胆な仮説を提示されたのである。(4)

しかしながら、たとえ人類社会の生成過程が《原始人類群》にまで遡って明らかにされたとしても、実は、そのことによってただちに人間家族の起源が究明されるわけではないのである。けだし、人間家族は、必ずしも人類社会につねに存在したとはかぎらず、原始社会ではそれが欠如していたとも考えられるからである。実際、一九世紀の進化主義民族学は、このような考え方をとりいれ、原始氏族共同体の解体をまってはじめて《家族》が登場するとみなしたのである。もっとも、一九世紀末から現われる反進化主義民族学はこのような観方を斥け、今日のブルジョア民族学界では、「核家族」理論に象徴的に示されているように、人類の最も原始的な段階から現今と同様の一夫一婦制家族が存在していたという説が一般に認められているのである。民族学界におけるこのような学説史の動向については、本篇第二章や、とりわけ第三篇の第一章で詳しく紹介するので、本章ではいっさい省略することにし、以下では、史的唯物論の立場から《家族》の起源をいかに考えるべきかという問題にかぎって検討することにしたい。

　ところで、まずはじめに断っておかねばならないことは、マルクスやエンゲルスも、モルガンの『古代社会』に接するまでは、家族が人類の最も原始的な段階においてすでに存在していたという一般的な見解をとりいれていたということである。[5] 例えば、一八四五—四六年に執筆された『ドイツ・イデオロギー』のなかで、かれらはこう論じている。「……かかる〔種族的所有の〕段階では、分業はまだきわめて僅かしか発達しておらず、家族内に存在せる自然発生的分業のより一層の拡大にとどまっている。それ故、社会編成は家族の拡大（eine Ausdehnung der Familie）にとどまっている」[6]（傍点江守）と。次いで一八五七—五八年に書かれた手稿「資本制生産に先行せる諸形態」において、マルクスはこう述べている。「この土地所有の第一の形態においては、まず何よりも自然発生的な共同組織が第一の前提として現われる。すなわち家族と種族にまで拡大せる家族（die im Stamm erweiterte Familie）ないしは家族間の通婚による〔拡大せる家族〕、ないしは種族の連合である」[7]（傍点江守）。そして一八六七年に初版が刊行された『資本論』第一巻のなかで、マルクスは次のように述べている——、「一家族の内部で、さらに発展しては一種族の内部で、性と年齢の相違から、したがって純粋に生理的な基礎の上に、自然発生的な分業が発生する」[8]と。

　以上のごとく、一八六〇年代までのマルクス（やエンゲルス）は、家族が原始社会にも存在し、しかもそれが文明社会における家族と同様に（種族）社会の基礎的な単位をなすものだと無造作に考えていたのである。このような考え方は、メーンの『古代法』（一八六一年刊）において原始社会が「家族の聚合体」（an aggregation of families）とみられていたように、[9]当時の一般的な思考様式に従うものであった。しかし、一八八〇年から八一年にかけてモルガンの『古代社会』（一八七七年刊）を読んだマルクスは、彼のこれまでの考え方が誤っていたことに気づくのである。彼は、モルガンの『古代社会』において「グロート氏は氏族を家族の拡張として、また家族の存在を前提とするものとして語り、家族を第一次的なもの、氏族を第二次的なものとして取扱っている。この意見は、すでにのべた理由から、支持し難い[10]」と書かれているのを読み、その抄録メモに（モルガンにならって）グロートを「俗物の学者」と批評したのである。[11]ともあれ、モルガンのこの著作は、原始共同体の構造や家族の起源に関するマルクスの考え方に決定的な影響を与えたのであり、マルクスは彼自身の立場からいずれこの著作をドイツ人に紹介しようとさえ考えていたのである。だが、マルクスの死（一八八三年三月）は、この企画を実行する機会をついに彼から奪い去ったのであり、同志エンゲルスがまさしく「遺言の執行」としてこの仕事をひきついだのである。そしてエンゲルスは、マルクスが亡くなった一八八三年の十一月、『資本論』第一巻の第三版を編集するにあたって、先に引用した自然発生的分業に関するマルクスの記述の箇所に、次のような注釈を付したのである。

「人類の原始状態に関するその後のきわめて根本的な研究は著者をつぎのような結論にみちびいた。すなわち原初的には家族が成熟して種族になったのではなく、逆に、種族が、血族にもとづく人間の社会形成の原初的で自然発生的な形態なのであって、始まりつつある種族紐帯の解体から、のちに初めて、恐らくはさまざまの家族の形態が発展したのである[12]」。

かように補註のなかでマルクスの古い叙述を修正したエンゲルスは、翌一八八四年に、ついに『家族、私有財産および国家の起源』（以下、『家族起源論』と略称する）を著わしたのである。モルガンの民族学説を史的唯物論に基づいて再構成しようというマルクスの遺志は、エンゲルスのこの著述において実現したのである。では、この著述においてエンゲルスはどのような家族起源論を展開したのであろうか。本章はこの問題について考察を試みようとするものである。

（1）労働が開始する段階と労働が人間生活にとって決定的な影響をもち始める段階を基準とした「二段飛躍」に基づく人類生成史の理論については、ユ・イ・セミョーノフ著、中島壽雄ほか共訳『人類社会の形成』上巻（法政大出版局、一九七〇年）、一五頁以下、参照。

（2）この点に関しては、江守五夫「いわゆる《種の繁殖》の命題と史的唯物論」（『法律論叢』四一巻一号）、七二頁、参照。――**本書第一篇第二章・七五―七六頁。**

（3）セミョーノフもいう、「氏族に欠くべからざる最も基本的な指標は外婚制であるから、社会起源論の具体的解決は不可避的に外婚制の起源の問題の解決を、そのうちに内包している」。セミョーノフ、前掲、二九頁。

（4）今西錦司「人間家族の起源」（『民族学研究』二五巻三号）。なお、この論文に対して筆者はかつて批判的検討を試みたことがある。「今西錦司教授の生物社会学的学説をめぐって」（江守「近親姦禁忌の発生に関するモルガン＝エンゲルス理論とその批判」〔『法律論叢』四一巻四―六号、二章補説〕）。――**本書第一篇第三章補節。**

（5）家族の起源に関するマルクス＝エンゲルスの学説上の推移については、すでに布村一夫教授も論ぜられている。K・マルクス、布村訳『古代社会ノート』（合同出版、一九六二年）の訳者解説（同書、二九二頁）。

（6）Marx, K. u. Engels, F.: Die Deutsche Ideologie, Marx-Engels Werke, Bd. 3, S. 22.

（7）Marx, K.: Formen, die der kapitalistischen Produktion vorhergehen, (Dietz V., 1952), S. 6.

（8）Marx, K.: Das Kapital, Marx-Engels Werke, Bd. 23, S. 372.

（9）Maine, Sir H.: Ancient Law, Everyman's Library 1954, p. 74, 76.

（10）Morgan, L. H.: Ancient Society, New York 1877, p. 230.

（11）マルクス、布村訳、前掲、一九六頁。

（12）Marx: Das Kapital, (a. a. O., Bd. 23), S. 372, Anm. 50 a.

第一節　『家族起源論』の体系

まず確認されねばならないことだが、エンゲルスのこの著述において《家族》(Familie)・《私有財産》(Privateigentum) および《国家》(Staat) の三者の発生史的過程の究明が企図されたが、このような問題関心は、モルガンの『古代社会』において「家族」(family)・「財産」(property) および「統治」(government) の〝観念の成長〟をあとづけようとした立場と、基本的に対応しているのである。ところで、モルガンの「財産」が《私有財産》に、「統治」が《国家》にそれぞれ改められたのは、けっしてエンゲルスの恣意によるものではない。モルガンが財産観念と統治観念の成長過程を、野蕃・未開・文明の「人種の諸時期《エスニカル・ピアリアッズ》」をとおしていわば歴史貫通的に分析しようとしたのに対して、エンゲルスにあっては、この両概念に内包されるものが原始社会と文明社会との間で断絶的な転換をとげていることが重大な問題関心をなし、この質的転換の過程の追求と、ひいては《私有財産》や《国家》の歴史的＝社会的本質の究明が基本的な目標に据えられたためとみなされるのである。すなわち原始共産制を基礎とする血縁共同体の体制と、私有財産制を基礎とし、それを保障する権力機構としての国家によって支配された社会体制とを、二大歴史範疇として峻別し、この両者を比較対照し、前者から後者への変革の過程を究明することによって、彼は、現にわれわれがそのなかで生活している「私有財産制」社会の本質と、この私有財産制と不可分離に結びつき、その上に聳えたっている「国家」権力の本質を明らかにしようとしたのである。そしてその意味では、エンゲルスのこの著述は、単に過去におけるこれら諸制度の発生過程の史的追求を試みているだけでなく、このことによって同時に、現代の資本制社会の歴史的位置とその中でこれら諸制度が担っている社会的役割を捉え、さらには社会主義的変革によってこれらの諸制度が蒙る変化についての展望をも与えているのである。

以上のように、《私有財産》と《国家》については、エンゲルスはモルガンの研究成果を史的唯物論の立場で再構成したのであるが、家族についてはどうであったろうか。実は、この点こそがエンゲルスの『家族起源論』を理解する上で最大の問題点の一つなのである。

エンゲルスは、《家族》に関しては、モルガンの「財産」を《私有財産》に、「統治」を《国家》に改めるというような特殊な概念操作を試みなかった。それどころか、モルガンの家族発展の図式が術語もろとも踏襲されたのである。すなわち『家族起源論』第二章では、「無規律性交」（この語はモルガンの「乱交」を改めたものだが）について論ぜられたあと、モルガンとまったく同様に、以下の四段階の家族形態が、順次説明されているのである。(13)

〔一〕　血縁家族（die Blutsverwandtschaftsfamilie）

〔二〕　プナルア家族（die Punaluafamilie）

〔三〕　対偶婚家族（die Paarungsfamilie）

〔四〕　一夫一婦制家族（die monogame Familie）

そしてここで注目すべきことは、エンゲルスがこの「血縁家族」をば「家族の第一段階」（die erste Stufe der Familie）と規定したことである。(14) それ故、このような段階規定だけから考えれば、《家族の起源》が実にこの血縁家族に求められることになるのである。もししかりとすれば、この血縁家族が（母系）氏族の成立以前に位置づけられた原始共同体の一つの歴史的形態とみられているが故に、その《家族の起源》は、母系氏族の解体過程ないし解体後に発生する《私有財産ならびに国家の起源》とはまったく次元を異にする歴史現象と考えられていたことになる。つまり《家族》・《私有財産》および《国家》の三者の発生が、同一の歴史段階の事象——少なくとも相互牽連的に関係せる歴史事象——としてみなされないことになるのである。だが、エンゲルスの『家族起源論』の体系をこのように解釈すれば、彼がその著書の前年に『資本論』第一巻に付した前掲の補註における立場がまったく不可解なものとならざるを得ないのである。「種族的紐帯が弛みはじめたところから、やっと後に至り、……諸々の家族形態が発展した」という説明からは、原始血縁共同体（種族＝氏族）の解体をまって家族が出現するという考えが明らかに読みとれるからである。

エンゲルスの『家族起源論』の体系に関するこの難問は、実は、《種の繁殖》が物質的生産とならんで歴史を規定する究極の要因たり得るかという方法論上の問題とも関連しているのである。この方法論上の問題については、私は青山道夫教授とともにかつて長年にわたり玉城肇教授と論争を経験したことでもあり（本書第一篇参照）、ここではいっさい省略するが、エンゲルスは『家族起源論』第一版序文において、この二重の歴史的要因を論じ、「……社会的諸制度は、二種類の生産によって制約される。一方では労働の発展段階によってであり、他方では家族の発展段階によってである」と記述し、しかもその方法を具体的に適用して以下のごとく論じているのである。すなわち労働が未発達な原始社会では、社会は血縁的紐帯によってより強く支配されるのであり、他方、労働の生産性が発展して私有財産制秩序が発生すると、社会は国家によって包括された地縁的編成物として現われ、かつそこでは「家族秩序がまったく財産秩序によって支配される」のである、と。[15] ところで、ここで使用されている「家族」の概念は、私有財産制社会のみならず原始社会にもいわば歴史貫通的に妥当せるものとして、いな、原始社会ではより一層明確な形をとって現われるものとして、使用されており、そしてその意味するところは、ほぼ「血縁的」な結合体だと解されるであろう。このような「家族」概念は、翻って考えてみれば、モルガンが列挙した原始的な諸家族形態と、ある意味で原理的に相通ずるものなのである。というのは、母系氏族制度のもとでの夫婦の共同生活を指し示す「対偶婚家族」の概念を除けば、「血縁家族」も「プナルア家族」もA・ハルチェフも指摘したように、(16) 実は、「種族的社会構造」を実質上意味するものと考えられるのであり、その「家族」概念は原始血縁共同体を表示せるものと理解されるからである。

しかし、このような意味での「家族」概念の使用こそが、『資本論』の補註では明確に区別された「種族」と「家族」の歴史的発展段階差を、『家族起源論』においてまったく不分明なものとさせたのである。しからば一体、われわれはこのような理論体系上の混乱をどのように積極的に克服し、史的唯物論の立場で《家族の起源》をどのような歴史的現象として捉えるべきか。そしてそれによって『家族起源論』の体系をどのように見直すべきか。いよいよこの問題がわれわれに投げかけられるのである。

(13) もっとも、モルガンは対偶婚家族と一夫一婦制家族との間に「家父長制家族」の第四段階を設けている。ちなみにエンゲルスも『家族起源論』の第四版では、「対偶婚家族」の節のなかでこの「家父長制家族」の説明を挿入したのである。Engels, F: Der Ursprung der Familie, des Privateigentums und des Staats, Marx-Engels Werke, Bd. 21, S. 62 f.

(14) Engels: ebenda, S. 43.

(15) Engels: ebenda, S. 28.

(16) ア・ゲ・ハルチェフ、寺谷弘壬訳『ソ連邦における結婚と家族』(創元新社、一九六七年)二七頁。

第二節　《個別家族》の成立

そもそも史的唯物論からみるかぎり、《家族》は、何よりもまず、独自の経済的意思に基づいて経済的行為に従事し、そのことによって自己の生活を再生産する独立の生計単位なのであり、(エンゲルスが文明社会の個別家族について述べた術語で言い表わすならば)「社会の経済的単位」(die wirtschaftliche Einheit in der Gesellschaft) なのである。そしてこのような家族における独立の生計は、生産手段に対する私的な所有を前提とするものであって、その前提が欠如していて共同体所有が貫徹している原始社会にあっては、生計は個々の婚姻結合体にはなく、氏族その他の血縁共同体を単位として、いわば「合同」せるものとして現われるのである。エンゲルスのいわゆる《原初的な共産主義的合同世帯》(die ursprüngliche kommunistische Gesamthaushaltung) ないしは単に《共産主義的世帯》(die kommunistische Haushaltung) とは、まさにこのような原始血縁共同体的な生計の単位を意味するものである。彼はこの概念によって対偶婚家族までの原始社会の生計の在り方を特徴づけたのである。例えば対偶婚家族の場合について、彼はこう述べたのである。「対偶婚家族はそれ自体あまりにも脆弱であまりにも非恒常的であったため、それ自身の世帯を必要とすることも、また単にそれを望ましいと願うこともなかったのであり、以前の時代からうけついだ共産主義的世帯をけっして解体しはしなかったのである」(17)と。

このように原始氏族共同体のもとでは、氏族ないしその下部組織たる「共産主義的合同世帯」(現今の民族学の術語では「亜氏族《サブ・クラン》」)が一つもしくは幾つかの「長屋《ロング・ハウス》」に共同生活し、生産と消費における経済的活動単位を構成していたのである。そこでは、たとえ「暫時的な個別的配偶関係」が成立していたにせよ、その婚姻結合体が独自の社会的単位とはなり得なかったのである。というのは、原始氏族制社会の婚姻結合体は二つの外婚氏族にまたがって組織されており、氏族の構成要素たり得なかったからである。モルガンは、「氏族はいかなる形態の家族も氏族自身の構成要素たることを認めるものではない。それどころか、原始時代においても後の時代においても、すべての家族は、一部が氏族の内部にあっても、一部が氏族の外部にあった。けだし夫と妻は異なる氏族に属さねばならなかったからである。……氏族は完全に胞族の一部をなし、胞族は完全に種族の一部をなし、種族は完全に民族の一部をなしているが、家族は、夫妻が異なる氏族に属さねばならなかったが故に、完全に氏族の一部をなし得なかったのである」と述べているが[18]、エンゲルスもこのモルガンの指摘を引きつぎ、次のように述べている。

「グロートのみならずニーブールやモンゼンや、古典古代に関する従来の他のすべての歴史家は、氏族に関して失敗を喫した。彼らが氏族の多くの特徴をいかに正確に記述したとしても、彼らは氏族において一群の家族をみたのであり、そしてそのことによって氏族の性格と起源を理解することを不可能たらしめたのである。家族は、氏族制度のもとでは、決して一つの組織単位（Organisationseinheit）ではなかったし、また、かくあり得なかった。けだし夫と妻は必然的に二つの異なる氏族に属していたからである。氏族は完全に胞族の中に入り込み、胞族は種族に入り込んでいたが、家族は、半ば夫の氏族に、半ば妻の氏族に編入されていたのである」[19]と。

このように家族——正確に言えば婚姻結合体——は、原始共同体では基礎的な社会単位たり得ず、氏族やその下部組織たる《共産主義的世帯》が社会の単位をなしていたのである。ところで、このような社会の経済的単位としての特性は、私有財産制の形成過程のなかで個別家族によってとって代わられるのである。エンゲルスは述べる、「往古の共産主義的な家共同体〔世帯〕がこれまで維持されていたところでは、どこでも、個々の家長の財産上の差異がその家共同体を粉砕し、そしてそれとともにこの家共同体の計算にもとづく土地の共同耕作を粉砕する。……〔耕地の〕完全な私有財産への移行は、徐々に、そして対偶婚の一夫一婦制への移行と並行して、なしとげられる。〔かくして〕個別家族は社会の経済的単位となり始めるのである[20]」と。

すなわちエンゲルスは、ここでは明らかに《共産主義的世帯》と《個別家族》(Einzelfamilie)とを対置させ、前者から後者への発展について語っており、しかもその発展の契機を私有財産制の形成に求めているのである。このような理論図式は、エンゲルスの『家族起源論』の体系的な理解にとってきわめて重要な意義を有している。というのは、「家族」概念の曖昧さから生じた前述のような《家族の起源》に関するエンゲルスの混乱せる立場は、この《共産主義的世帯》から《個別家族》への発展の図式によって積極的に克服されるからである。《家族の起源》を〝個別家族の起源〟という意味で理解するならば、「種族的紐帯が弛みはじめたところから諸々の家族形態が発展する」という『資本論』への補註の立場は、『家族起源論』でも依然として貫かれていたと解されるわけである。そしてそれとともにまた、《家族の起源》が《私有財産および国家の起源》と歴史的にコロラリーな現象として把握されることも可能になるのである。実際、エンゲルスは、『家族起源論』のなかで、私有財産制の成立を論じたあとで次のように論じているのである。

「……文明に照応し、文明とともに決定的に支配的なものとなる家族形態は、一夫一婦制であり、男性の婦人にたいする支配であり、そして社会の経済的単位としての個別家族である。文明社会を総括するものは国家であり、それは……例外なく支配階級のものであり、あらゆる場合に本質上、被抑圧＝被搾取階級の抑圧のための機関である[21]」(傍点江守)。

かくして《家族》は、まさに《私有財産》および《国家》と、同じ歴史的因果関係のもとに発生したと理解されるのであり、エンゲルスの『家族起源論』もまさにこのような立場において積極的に解釈されねばならないのである。ただ、ここで最後に断っておかねばならないことだが、本章における《家族》の発生に関する考察は、あくまでモルガン=エンゲルスの家族発展図式を前提とするものであり、その家族発展図式を私が認めているわけではないのである。モルガン=エンゲルスの家族発展図式の内容に対しては、私はむしろ消極的な見解をとっており、この点については次章において検討することにしたい。

(17) Engels: Der Ursprung der Familie usw., S. 53.
(18) Morgan: op. cit., p. 227 (cf. p. 469).
(19) Engels: Der Ursprung der Familie usw., Ss. 90-100.
(20) Engels: ebenda, S. 159.
(21) Engels: ebenda, Ss. 170-171.

第二章　原始乱交＝集団婚説の批判的検討

序　言

周知のごとく、エンゲルスは基本的にモルガンの家族発展の図式を踏襲したのであり、それ故、モルガンの発展図式にむけられた現代民族学の批判はそのままエンゲルスの家族発展理論にもあてはまるのである。このような意味から、本章ではまず第一に、モルガンの家族発展図式――とりわけ原始乱交＝集団婚説――に対する批判的検討が試みられる。

しかし、また同時に注意されねばならないことは、エンゲルスが「無規律性交」(乱交)や集団婚に関して分析した際に「暫時的な個別的配偶」という独自の概念構成が試みられたことである。もしこの概念構成を敷衍すれば、モルガン＝エンゲルスの原始乱交＝集団婚説の理論的難点を克服する途もひらかれるであろう。そのような観点から、本章は第二にエンゲルスのこの概念構成について検討を試みるものである。

第一節　モルガンの原始乱交＝集団婚説とその批判

そもそも、モルガンの原始乱交＝集団婚説は、いわゆる「類別的」な親族名称に関する彼の集団婚的解釈の上に基礎づけられていた。すなわちモルガンは、例えば、叔母と母の区別、叔父と父の区別、甥と息子の区別、姪と娘の区別が設けられていない特殊な親族名称法が未開民族のもとで存在することに気づき、このような親族名称法を「類別的」(classificatory) な体系と呼び（――ちなみに、私たちのもとでのように、これらを区別する親族名称法を「記述的」(descriptive) と称した)、この類別的親族名称が発生した理由を、彼は、これらの親族関係の識別を不可能とするような生殖的な条件、つまり集団婚の存在に求めたのである。そしてこの集団婚に先行せるものとして、社会の全男女が互いに性的共有の状況にあるような乱交の存在を推定したのである。以下、この点を中心として、モルガンの家族発展図式をごく簡単に紹介してみたい。

まずモルガンがハワイ原住民のもとで見出し、「マレー体系」と命名した類別的親族名称法は、すべての親族を、「祖父母」・「父母」・「兄弟姉妹」・「子」・「孫」のいずれかによって言い表わすものであった。すなわち同世代の親族は従兄弟姉妹であれ再従兄弟姉妹であれ、すべて「兄弟姉妹」の語で表示され、この兄弟姉妹の語で示される人々の子供は、直系傍系を問わず、みな「子」と呼ばれ、その次の世代の者はすべて「孫」と称され、また兄弟姉妹の語で示される同世代者の父母や祖父母はやはり一様に「父母」・「祖父母」の語で言い表わされるのである。では、類別的親族名称のこのような体系は何故に発生したのであろうか。モルガンはこの問題について次のように考えたのである。すなわちある男子からみて、自分の子供のみならず兄弟や従兄弟などの子供をも「子」と呼ぶのは、兄弟や従兄弟の妻がその兄弟ないし従兄弟の妻であると同時に、彼自身にとっても妻であったからである。言い換えれば、兄弟たちないし従兄弟たちがそれぞれの妻を共有にしていたからにほかならない。というのは、そのような兄弟たち（従兄弟たち）の間の妻の共有、つまり集団婚が行われているところでは、自分自身の子供と兄弟（従兄弟）の子供を区別することができないため、一様に「子」と呼ぶより仕方がないからである。このようにモルガンは、生まれた子供がどの男子の子供であるかがわからないというような婚姻の在り方、つまり集団婚に、類別的親族名称の原因があるとみたのであり、そしてこのマレー体系のように五つの世代名称ですべての親族を表示する場合には、各世代内部で集団婚が営まれていたが、異なる世代相互の間には婚姻が禁忌されていたと考えたのである。そしてこのような同じ世代の間で集団婚を営んでいた家族を、モルガンは《血縁家族》と名づけ、それが人類最初の家族形態とみなしたのである。

ところで、血縁家族のもとでのこのような同世代者間の集団婚とは、「限られた範囲内での乱交を是認したもの」にほかならないのであり、もし異世代間の婚姻の禁忌が取り除かれれば、社会の全男女の間の乱交状態が措定されるのであり、「考えられ得る最低の野蕃段階」――「その周囲のもの言わぬ動物とほとんど区別できない」状態――のもとでは、この乱交制が人々を支配していたと、モルガンは想定したのである。[1] ともかく彼は、血縁家族から「論理的直截さをもって」、それに先行せる「乱交状態」の段階を推定したのである。[2]

モルガンは、かように血縁家族に先行せる段階として《乱交》を推定したが、血縁家族に続く段階としては《プナルア家族》なる段階を設定した。この家族形態は、マレー制とは異なる形の類別的親族名称の体系、すなわち彼が「ツラン制」と名づけた親族名称法から想定されたのである。アメリカ・インディアンの間に見出されたこの親族名称法では、父方と母方の祖父母が区別され、父の姉妹ないし従姉妹は（マレー制のように「母」と呼ばれず）「叔母」と呼ばれ、母の兄弟ないし従兄弟は（「父」と呼ばれず）「叔父」と称せられ、自分が男子の場合に、姉妹の子は（「子」と呼ばれず）「甥姪」と言い表わされ、自分が女子の場合、兄弟の子供は（「子」と呼ばれず）「甥姪」と称されるのである。この体系のもとでは、兄（ないし弟）が弟（ないし兄）の子供を依然として「子」と称し、姉（ないし妹）が妹（ないし姉）の子供を「子」と言い表わしているが、（マレー制と異なって）兄弟が姉妹の子供を、また姉妹が兄弟の子を、それぞれ「甥姪」と呼んでいる点が重要なのである。すなわちモルガンによれば、兄弟たちとそのそれぞれの妻たちの間や、姉妹たちとそのそれぞれの夫たちの間には、集団婚が行われているが、兄弟と姉妹との間には婚姻が禁忌されている——というのである。つまり兄弟姉妹間の近親姦禁忌が発生することによって、親族体系がマレー制からツラン制へと、また家族形態が血縁家族からプナルア家族へと発展したとみなされたのである。

右のようにして出現したプナルア家族とは、兄弟が夫の集団を、姉妹が妻の集団を形づくる特殊な集団婚——プナルア婚——を基礎として構成されたものであるが、このプナルア婚にあっては、すでに一人の男子と一人の女子との間の「対偶婚」的関係が芽生えていた。「男子はめいめい、数多くの妻たちのうちに一人の主要な妻（a principal wife）をもち、女子はそれぞれ、多くの夫たちのうちに一人の主要な夫（a principal husband）を有しており、それ故、プナルア家族の中には、最初から、対偶婚家族へ向かおうという傾向があったのである」[3]。ここで《対偶婚家族》とは、プナルア的な集団婚が解体し、一男一女の間の婚姻を基礎とするものであるが、この対偶婚は「当事者の気の向く間」（during the pleasure of the parties）だけ続くものであり、この点に一夫一婦制と異なる主要な特徴が見出されたのである。また、この対偶婚段階では、数個の家族が通常、一家屋に住み、共同の世帯を構成し、そこでは「共産主義の原則が生活上、実行されていた」のである[4]。その点にも、対偶婚家族が、一夫一婦制家族と区別され、その前段階に位置づけられるゆえんがあったのである。

以上、モルガンの家族発展図式を極めて簡単に紹介したが、この発展図式は集団婚を機軸として構成されており、そしてこの集団婚理論は類別的親族名称を論拠とするものであった。原始期の乱交制もこの集団婚から論理的に推定されたものにほかならなかった。この原始乱交=集団婚説を中核とした家族発展図式は、モルガン以後の多くの民族学者の採用するところとなり、進化主義学派が形成され、この学派の民族学者たちは、原始乱交=集団婚説を支持しようとして、未開民族や文明民族のもとでの乱雑な性習俗——例えば〝宗教的売淫の習俗〟、〝祭礼の際の性的無礼講〟、〝初夜権に似た習俗〟、〝婚前交渉の習俗〟等——を蒐集したのであり、かつてバッハオーフェンもそれらをば原始期の娼婦制の遺制とみたように、彼らもそれらを乱交ないし集団婚の残滓と主張したのである。

だが、一九世紀末以来、この原始乱交=集団婚説に真っ向から対峙し、原始期から一夫一婦制家族が存在したと主張する民族学者が現われ始めた。一八九一年に『人類婚姻史』の初版本を著わしたウェスターマークはこの原始単婚制説の先駆者であった。爾来、原始乱交=集団婚論争が民族学界で闘わされ、漸次、原始単婚制説が優勢となり、一九三一年のマリノウスキー対ブリフォールトの論争（第三篇 第一章参照）を境として、資本主義国家の民族学界では原始単婚制説が支配的となったのである。このように原始集団婚論争が単婚制説の勝利に帰したことによって、モルガンの家族発展理論が民族学界で否認せられたのみならず、それを踏襲したエンゲルスの学説も否認される結果となったのである。それ故、ここで、この論争においてモルガン等の原始集団婚説が破れた根拠について検討しておくことは、エンゲルスの学説が今日置かれている状況を知る上で必要な作業と言えよう。

まず第一に、原始期の乱交や集団婚の遺制としてあげられた右のもろもろの性習俗については、その後の民族学において、別の意義をもったものとして解釈されているのである。たとえば、その一つ、〝婚前交渉の習俗〟については、乱交遺制説の立場をとる民族法学者のコーラーは、「集団的な性交渉は原始時代には原則であったが、今では単婚によって制限が課せられている。というのは、以前には集団全体に帰属していた婦人が今や一人の男子に捕捉されているからである。だが、結婚するまでは無羈束な混交〔=乱交〕がなお存続しているのである」[5]と述べたが、シュミットはこのような原始乱交遺制説を批判して次のように述べるのである。「婚姻前にかなりの程度の〔性的〕自由が存在している原始民族のもとでも、その自由は、婚姻締結とともにたちどころに完全に終焉する。しかも——進化主義者たちがまったく顧慮しなかったことだが——、すべての人々にとって、その自由が終焉する。すなわち何人も一生涯このような自由を持続したり、あるいはまた未婚にとどまっているということもないのである。このことから明らかにされるように、この〔未婚者の性的〕無拘束性が存在する場合、そこでは……求婚のいささか自由な形態が婚姻に導いているにすぎないのである。だから、婚姻前の自由は、特定人に対する強烈な愛着が生じた場合、あるいはまた娘が妊娠した場合には、たちどころに終焉するのである」[6]。このシュミットの理論のように、婚前交渉の習俗は、今日、配偶者の選択と求婚の意義をもった習俗と解釈されているのであり、この立場からすると、その習俗は婚姻制度を前提とするものであっても、無婚姻（ehelos）の乱交制とは何ら関わりないものと考えられるのである。[7]

第二は、モルガンが集団婚の所産と解釈した類別的親族名称についても、今日その解釈の妥当性が否認されている。モルガンの集団婚説は、親族名称が生殖的関係を表示するものだという認識の上にたつものであるが、このような認識に対して、彼以後の民族学者たちはさまざまの立場から反論を提起した。すなわち第一に、親族名称が空虚なる「挨拶形式」（Ansprachsformen）にすぎないとみるJ・F・マクレナンの《儀礼表現説》、第二に、「年齢階梯制」（Altersklassen）が類別的親族名称の基礎をなすとするH・クノーの《年齢階梯制説》（——W・H・R・リヴアース、F・ミュラー＝リャーおよびH・フェーリンガー等がこれを承継した）、第三に、親族名称が社会的な「地位と義務」

を表示せるものとみるアンドリュー・ラングやN・W・トーマスの《ステータス理論》、第四に、親族名称が本源的に家族内の親族を表示することから発生し、それが家族外の者に適用されることになって類別化現象が派生したと考えるW・シュミット等の《家族内発生説》ないし《社会的拡大説》——等が、しかりである。これらのいずれの学説も、「父」名称や「母」名称で指示される者と「子」名称で呼ばれる者との間に生殖的な関係を認めていない点で一致しているのであり、まさにその点でモルガン学説はこれら諸説から等しく批判されたのである。すなわち未開民族の親族名称がわれわれ近代人のもとでのそれとは異なり、決して生殖的関係を表示するものではないのであり、この点における誤解がモルガン等の集団婚の推論を導いたのである。クノーはこう論じている——「モルガンの推論が陥っている誤りは、民族学的著作の習俗叙述がしばしばそうであるように、近代的な親族観念から出発し、その観念から自然民族の結婚関係や家族関係を判断することによって、自然民族に対して現今の文化世界の諸観念を単純にもなすりつけるという点にある。例えば彼は、現代の文化人が親族名称に結びつけた意味を、無造作に自然民族に移すのである。すなわち彼は、自然民族の親族名称にあっても、われわれのそれと同じ生殖的観念が基礎をなしているということを、まったく自明なこととして仮定しているのである[8]」。要するに、類別的な親族名称に関するモルガンの集団婚説は、今日では支持され得なくなっているのである。

以上のようにモルガンの原始乱交=集団婚説は、その論拠とするところを否認し去られたのであり、このことはエンゲルスの著作『家族、私有財産および国家の起源』(以下、『家族起源論』と略称)を客観的に評価する上で留意さるべき事柄なのである。ただ、それだからといって、私は原始単婚制説を無条件に支持するものでもないのであり、原始的な一男一女間の婚姻結合には集団的な性の原理が潜在していると考えるのであり、この点については後に論述したい。

(1) Morgan, L. H.: Ancient Society, New York 1877, pp. 500-501.
(2) ibid., pp. 417-418.
(3) ibid., p. 457.
(4) ibid., pp. 453-454.
(5) Kohler, Josef: Zur Urgeschichte der Ehe, Zeitschrift für vergleichende Rechtswissenschaft, Bd. 12 (1897), S. 326.
(6) Schmidt, W. u. Koppers, W.: Völker und Kulturen, Rogensberg 1924, S. 167 f.
(7) 江守五夫「《前婚姻的自由交渉》慣行について」(日本法社会学会編『家族制度の研究』下巻〔有斐閣、一九五七年〕)参照。
(8) Cunow, Heinrich: Die Marxsche Geschichts-, Gesellschafts- und Staatstheorie, Berlin 1923, Bd. II, S. 109.

第二節　《暫時的な個別的配偶》の概念構成

――エンゲルスの原始婚姻論の再構築のために――

モルガンの原始乱交=集団婚説が、前節で検討したように、今日ではもはや理論的妥当性を失っているとすれば、その学説をほとんどそのまま継承したエンゲルスの学説が妥当性を保持し得ないことは、論を俟たない。ただ、エンゲルスの『家族起源論』において従来見逭されてきた重要な事柄は、先にふれたように乱交や集団婚の分析において《暫時的な個別的配偶》という独自の概念構成が試みられたということである。この概念は、実は、モルガンの原始乱交=集団婚説において想定されていた性共有の状況とは著しく異なり、原始的な婚姻の在り方として今日考えられているもの——少なくとも私が考えているもの——と少なからず共通しており、それ故、モルガン学説から引き継がれた理論的難点を克服し、エンゲルスの新しい家族史学説を積極的に再構築するためにも、この概念構成の検討が要求されるのである。

ところで、エンゲルスの原始乱交制に関する考え方は、『家族起源論』一八九二年版で示されたものと、その以前のものと、決して同じではなかった。以前には、動物界から受け継がれた文字通りの乱交状態と理解されていた。『家族起源論』の刊行の一年前、一八八三年に、エンゲルスはK・カウツキーに書簡をおくり、彼の論文「婚姻と家族の形成」を批判してこう述べた——

「何よりもまず私が絶対に許せないと思うのは、貴方が原始的なものとして否定したはずの婦女共有制を、第二次的なものとして再び持ち込もうとされていることです。土地の共有であれ、婦人の共有であれ、それ以外の物の共有であれ、およそ共有が存在するところでは、それは必然的に原始的であり、動物界から受け継がれたものです。それ以後のすべての発展は、この原始的共有の漸次的な解体にあるのであって、原初的な個別所有から第二次的に共有が発展したというような事例は決して何処にも見出されたことがありません(9)」。

この書簡で、エンゲルスは、カウツキーが第二次的に現われたとみた《婦女共有制》(Weibergemeinschaft)——それは当時のドイツの進化主義民族学において乱交制を表示する術語であるが——が「原始的なもの」であり、「動物界から受け継がれたもの」と語ったのである。そしてこの《婦女共有制》の内容は、『家族起源論』第一版で叙述された次のようなものであった。「モルガンがこのように遡りながら家族の歴史を構成することによって、彼のコレーゲたちと一致して到達した原始状態とは、種族内部で無制限の性交が支配し、すべての婦人がすべての男性に、すべての男性がすべての婦人に、一様に属するというものであった」[10]。すなわちモルガンが想定した原始乱交制そのものが叙述されているのである。

しかし、動物界の性生活の観察結果がこのような乱交制とは違ったものであることに気づいたエンゲルスは、一八九二年版において、「近時、人間の性生活のこの端緒段階〔乱交段階〕を否認しようとすることが流行になっている。人類からこの〝恥辱〟を免れさせようというのである。しかし証拠として引き合いにだされるのは、……とりわけ他の動物界の事例なのである」と述べ、ルトゥルノ、ジロー＝トゥーロン、ウェスターマークの所説を紹介するのである。すなわち高等脊椎動物やとくに類人猿では、雄同士の嫉妬のため乱交――雌の共有――という状態が現われ得ないのであり、そこでは一夫一婦制か一夫多妻制の家族が形成されているという所説である。このような動物生態学的見解に直面して、人類原始の乱交制を動物界の性生活から直接に類推することが許されなくなったため、エンゲルスは次のような論理を構成したのである。すなわち動物界から人類が出現するためには、「個体に欠けている防衛能力をホールドの結合せる力と協同作業で補うこと」が不可欠であり、そしてそのためには「比較的に大きな持続的な集団」が形成されねばならないが、「成熟せる雄たちの相互の忍耐、つまり嫉妬からの解放こそが、このような集団の形成のための第一の前提であった」と論ずるのである[11]。かくしてエンゲルスは、原始期の乱交状態を「動物界から受け継いだもの」としてではなくして、むしろ動物界の「嫉妬からの解放」として、つまり動物状態を克服せるものとして、考え直したのである。

だが、まさにそれ故に、乱交状態の内容もごたまぜの性的乱雑さとは異質のものとして捉える必要に迫られたのである。エンゲルスは、《無規律性交》(regelloser Geschlechtsverkehr)――乱交に代えてエンゲルスが採用した術語であるが――について、『家族起源論』一八九二年版で次のように論じた。

「無規律性交とは、一体何をいうのか？　それは、現に行われている、あるいは以前に行われていた禁制が何ら設けられていなかったことをいう。……しかし、だからといって、日常的な実生活において、ごたまぜの乱雑さが行われていたというのではない。暫時的な個別的配偶（Einzelpaarung auf Zeit）は決して排斥されてはおらないのであり、実際、集団婚でも現に大多数の場合がこの暫時的な個別的配偶を形づくっているのである。そしてこのような原始状態の最新の否認者たるウェスターマークが子の出産まで両性が連れ添っている状態をすべて婚姻と名付けるというのであれば、この種の婚姻は、無規律の交渉の状態でも、その無規律性、つまり習俗によって設けられる性交に対する制約の不存在と、何ら矛盾せずに、十分現われ得たと言ってよかろう[12]」と。

ここでエンゲルスが《無規律性交》の状態において暫時的な個別的配偶の存在を認めたことはきわめて重要であるが、だが、彼がはたしてバッハオーフェンの《娼婦制》やモルガンの《乱交制》とまったく異なった内容のものとして、つまり単に近親姦禁忌等の婚姻障害の不存在の状態という内容でのみ、この《無規律性交》を考えていたかどうかは、実は疑問とされるのである。というのは、彼は、バッハオーフェン以来の進化主義民族学の一般的な主張をうけいれ、乱雑な性習俗を集団婚の遺制とみる考え方を採用したからである。彼は対偶婚を分析する箇所でこう述べている。「ここでわれわれはバッハオーフェンの第四の偉大な発見に到達する。すなわち広汎に分布している、集団婚から対偶婚への移行形態の発見である。バッハオーフェンが古い神々の掟の侵害に対する贖罪、つまり婦人が貞操の権利を購いとるための贖罪として叙述しているものは、実際には、婦人が古い男子の共有制から自らを身請けし、ただ一人の夫にのみ身を献げる権利を獲得するための贖罪をあらわす神秘的な表現にすぎないのである」[13]。そしてエンゲルスは、このような集団婚的遺制として次の諸習俗を列挙するのである。

（一）　宗教的売淫ないし神淫制の習俗[14]

（二）　祭礼の際の性的無礼講の習俗[15]

（三）　初夜権に似た習俗[16]

（四）　婚前交渉の習俗[17]

もしこれらの乱雑な性習俗が集団婚の遺制とみなされるとすれば、集団婚がやはり「ごたまぜの乱雑さ」であり、「暫時的な個別的配偶」とは必ずしも言えなくなるのであり、ここにエンゲルスの《無規律性交》ないし《集団婚》に、依然としてモルガン等の進化主義民族学の影響が看取されるのである。

この意味では、エンゲルスの《無規律性交》や《集団婚》の学説が必ずしもモルガン的な原始乱交=集団婚説をすべて払拭しているわけではないのである。だが、それにもかかわらず《個別的配偶》の概念構成の独自性は注目に価するのであり、しかも彼はこの概念構成を《集団婚》についてもとりいれていたのである。「期間の長短はあれ、ある程度の配偶関係（Paarung）は、すでに集団婚のもとでも、あるいはさらにそれ以前においても、生起していた。夫は多くの妻たちのうちに（愛妻とはまだいえないにせよ）一人の主要な妻（Hauptfrau）をもっており、彼はまた彼女にとって他の夫たちに抜きんでたもっとも主要な夫（hauptsächlichster Ehemann）であった。このような状態は宣教師たちのもとで稀ならず混乱を惹きおこしたのであり、彼らは集団婚を、あるときは無規律な婦女共有制とみたり、あるときは気まぐれな姦通とみたのである」[18]。

このようにエンゲルスが《集団婚》において「主要な夫」と「主要な妻」の関係、つまり「個別的配偶」の成立をみ、「皮相な観察者にとっては、それは放縦な単婚と見えた」とも述べているのであり(19)、たとえモルガンが同様のことをプナルア婚について述べていたにせよ、「個別的配偶」はエンゲルスの場合にモルガン以上に強調されていたのである。実際、エンゲルスは、この「暫時的な個別的配偶」という観点から、彼の《無規律性交》の考え方とウェスターマークの原始単婚制理論との整合性すら語っているのである。このことは、エンゲルスの『家族起源論』について考察する上で見逃してはならぬ重要な点だと考えられるのである。

(9) Brief von Engels an Karl Kautsky, 2. März 1883, Marx-Engels Werke, Bd. 35, S. 447.
(10) Engels, F.: Der Ursprung der Familie, des Privateigentums und des Staats, Marx-Engels Werke, Bd. 21, Ss. 38–39.
(11) Engels: ebenda, Ss. 41–42.
(12) Engels: ebenda, Ss. 42–43.
(13) Engels: ebenda, S. 55.
(14) Engels: ebenda, S. 55, 69.
(15) Engels: ebenda, Ss. 54–55.
(16) Engels: ebenda, S. 56.
(17) Engels: ebenda, S. 56, 69.
(18) Engels: ebenda, Ss. 51–52.
(19) Engels: ebenda, S. 50.

結　語

以上において、モルガン＝エンゲルスの原始乱交＝集団婚説を批判的に考察した。モルガンが考えた無婚姻の状態としての《乱交》や彼の血縁家族ないしはプナルア家族のもとでの《集団婚》は、いずれも実証され得ぬ架空の構想物であることが認められ、それ故このモルガン理論を継承したエンゲルスの学説も、そのかぎりにおいて批判を免れ得ないことが判明した。しかし、同時にまたここで顧みられねばならないことは、そのエンゲルスが《暫時的な個別的配偶》を《無規律性交》や《集団婚》において承認するという独自の立場をとったことである。このことはマルクス主義民族学の構築の上で積極的な意義を有していると思えるのである。

そもそも今日の民族学界で一般に採り入れられている見解にしたがえば、もっとも原始的な段階から一夫一婦制が成立しており、またたとえ各種の複婚の形態——一夫多妻制、一妻多夫制、集団婚——が見出されている場合にも、その妻たちや夫たちの間に〝主たる妻〟ないし〝主たる夫〟が識別されていて、この主たる夫と主たる妻との一男一女の関係がこの複婚の中核をなしているというのである。たしかに、これらの事実は承認されねばならないのである。だが、この事実をもって文明時代の一夫一婦制が原始社会に淵源すると主張するならば、真実の他の一面を隠蔽してしまうであろう。原始社会における一男一女間の婚姻結合は、文明社会の《一夫一婦制》とは異なり、集団的な性の原理が内包しているのであり、先にあげた《祭礼の際の性的無礼講》や《初夜権的な習俗》などや、またエンゲルスがオーストラリア原住民の習俗として記述している《妻貸しの習俗》[20]やギリヤーク族のもとでの特権的な婚姻外性関係の習俗などにおいて[21]、夫婦の性は婚姻外の第三者に開放されているのである。たとえ〝主たる夫〃と〃主たる妻〃が複婚の中核的な地位を占めているとしても、むしろ文明時代の《一夫一婦制》との対照点として重視さるべきことは、〃副次的な夫〃や〃副次的な妻〃が婚姻関係に加わり、それによって各種の複婚を構成しているという点である。このような集団的な性の原理を理解する上で、ブリフォールトの学説はきわめて示唆的である（――詳しくは、第三篇第一章を参照せよ）。

ブリフォールトは、「夫」と「妻」という二つの配偶者名称の類別化現象が未開民族に広く見出されることに注目し、この名称が《性的接近の権利》（right of sexual access）を内包するものであることを発見した。すなわちこれらの語で表示される男女は、現実に婚姻を締結しておらなくとも、互いに性的に接近することが認められているのであり、貸妻や性的款待の習俗、レヴィレート婚やソロレート婚などが「夫妻」呼称者の間でみられるのであり、また種々の複婚――兄弟型一妻多夫制、姉妹型一夫多妻制[22]、これらが結合した特殊な集団婚――もこの「夫妻」名称と結びついているというのである。このブリフォールトの見地にたてば、本来、「夫」名称で呼ばれる男性たちと「妻」名称で呼ばれる女性たちとの間の《性的接近の権利》を有する集団が存在し、そのうちの一男性と一女性とが「主たる夫」と「主たる妻」として婚姻を締結するともみなされ得るのであり、それ故、原始時代の婚姻には必然的に集団的な性の原理が内在しているわけである。

私は原始時代の婚姻の一般的特質を以上のようなものとみているのであるが、エンゲルスが《無規律性交》ないし《集団婚》において《暫時的な個別的配偶》の成立を認めたことは、〃主たる夫〃と〃主たる妻〃との個別的な配偶関係が集団的な性関係と併存しているという意味で、私の右の見解と共通性を有するともみなされるのである。そして実際、モルガンの乱交=集団婚説をきびしく批判したH・クノーも、同様の観点からエンゲルスのこの《暫時的な個別的配偶》の説に共鳴を覚えたのである。「エンゲルスは」――と、クノーは述べている、「その著書

『家族、私有財産および国家の起源』のなかで詳述しているように、乱交は、決して『日常的な実生活において、ごたまぜの乱雑さが行われていた』ということを意味してはいない。暫時的な個別的配偶が決して閉めだされていなかった。無規律性交とは、単に、ホールドの成熟せる男子成員と女子成員が親族関係を顧慮することなしに互いに性交するのを妨げる習俗上の禁制が何ら存在していないということを指しているにすぎない[23]」と。

このようにエンゲルスの「個別的配偶」説に賛意を表したクノーは、最原始段階の婚姻の在り方を叙述する際、エンゲルスときわめて似た見解を呈示したのである。彼の《特定婚》(Sonderehe)――これは本来、ミュラー＝リャーから借用された術語であるが――に関する見解がそうである。すなわち「当初、小さなホールドにおいて、血族関係についての顧慮をともなわない自由で無規律の性交が支配的であった。それだからといって、男子がその小集団の内部で、今日は一人の婦人と、明日は別の婦人と性交していたというのではない。おおよそ同年輩の男女が、暫時的な同棲(zeitweiliges geschlechtliches Zusammenleben)のために一緒になるということが、恐らくはもっとも初期の段階においてすでに行われていたであろう。気儘な、交替の頻繁な性交の機会は一切欠けていた。……だからといって、今日の一夫一婦制がもっとも古いものだったと、決して主張されてはならない。……原始時代の『特定婚』は、むしろ、モルガンによって対偶婚と名づけられた、弛緩せる性的結合に似ている。それは、男女二人が狭小な生活共同体をつくるための暫時的な結合にすぎなかったのである[24]」。

もちろん、一切の近親姦禁忌の欠如という特質は、エンゲルスの《無規律性交》の場合であれクノーの《特定婚》の場合であれ、今日の民族学では到底首肯しがたいところである。しかし、クノーが高く評価したように、エンゲルスの「暫時的な個別的配偶」の所説は、モルガンの原始乱交＝集団婚説の踏襲によって暗い淵に沈まんとしていた『家族起源論』を再び浮かび上がらせる理論的拠点として注目されねばならないのである。

(20) Engels: Der Ursprung der Familie usw., S. 51.

(21) Engels, F.: Ein neuentdeckter Fall von Gruppenehe, Marx-Engels Werke, Bd. 22, S. 352.

(22) エンゲルスも北米インディアンにおける姉妹型一夫多妻制についてふれている。「北アメリカの少なくとも四〇の種族では長姉と結婚した男子は彼女のすべての妹を同様に妻とする権利を有している」。Engels: Der Ursprung der Familie usw., S. 54.

(23) Cunow: a. a. O., Bd. II, S. 104.

(24) Cunow: a. a. O., Bd. II, Ss. 113-114.

第三章　母系制の物質的基礎と一夫一婦制の形成過程

第一節　母系制の物質的基礎

母系制がいかにして形成されたかという問題は、モルガン等の進化主義民族学においては、きわめて容易に解決されていた。けだし進化主義学派によって仮想されていた原始期の乱交や集団婚のもとでは父子関係が確認され得ないため、血縁関係がもっぱら母子関係によってたどられねばならないとみられていたからである。そしてエンゲルスもまたこの立場をとった。彼は次のように述べている。

「集団婚家族のいかなる形態のもとでも、誰が子供の父親であるかは不確かであるが、誰が彼の母親であるかは確実である。たとえ彼女が合同家族《ゲザムトフアミリエ》のすべての子供を自分の子供とよび、彼らにたいして母親としての義務を負うとしても、彼女はやはり自分の実の子供を他の子供と識別している。したがって集団婚が存在するかぎり、出自がただ母方でのみ確認され、それ故女系（weibliche Linie）のみが認知されることは、明白である。このことは、実際、あらゆる野蛮民族や低級未開段階に属する民族のもとでみられるところであり、そしてこのことを初めて発見したことが、バッハオーフェンの第二の偉大な功績である。彼は、この母方出自の排他的な認知と、時とともにそれから生じた相続関係を、母権(Mutterrecht)の名称でよんだのである」[1]。

しかし、モルガン等がとなえた原始乱交=集団婚説は、前章で考察されたように、その後の民族学の研究によって否認されたのであり、母系制がいかにして形成されたかという問題は改めて検討されねばならなくなったのである。しかも、この原始乱交=集団婚説を否認する一方で、反進化主義民族学は、〝母系制から父系制へ〟という進化主義的発展図式をも否定するに至った。人類の最原始段階の親族組織は母系的ではなくして双系的に構成されていたとか、人類はつねに母系制の段階を経て父系制に到達したとはかぎらないとか、主張されるに至ったのであり[2]、このような見地から、母系制を産みだした要因の解明がますます必要とされるに至ったのである。H・クノーやW・シュミットが、後に述べるように、バッハオーフェンやモルガンとは独自な立場で母権制の形成過程について考察を試みた所以も、この点にあると言えよう。

さて、血縁関係を母方という一方だけの出自――単系出自――によって構成しようとする要因は何であるか。その要因は、決して親族関係そのもののうちには存在しないはずである。というのは、R・H・ロウィーも述べたように、「親族の要素は、父方の親族にも母方の親族にも同等に作用するであろうからだ」[3]。では、単系出自をうみだす親族外の要因は一体何であるか――、それは、この問題を投げかけたロウィーも指摘したように、婚姻居住規制の特殊な形式、つまり母系出自について言えば(訪婚という少数の事例を除けば)妻方居住制、なのである。そもそも親族組織に対する婚姻居住規制の能動的な役割は、前世紀末にクノーが明らかにして以来、最近のG・P・マードックの体系的な研究に至るまで、多くの民族学者が論じてきたところであり、今日の民族学界においては、いわば公理に属する事柄である。[4]

このようにして母系制の形成要因を究めようとする問題は、結局、妻方居住婚がいかにして形成されたかという問題に帰着するのである。そしてこの妻方居住婚の要因としてクノーやシュミットが重視したのが、原始的な「性的分業」における女性労働の高い意義であった。ところで、この原始的な性的分業については、エンゲルスもすでに考察を試みていた。すなわち彼はこう述べている、「分業は純粋に自然発生的である。それはただ両性の間にのみ存在する。男性は戦争を行い、狩猟と漁撈におもむき、食物の原料を調達し、かつそれに必要な道具を調達する。女性は家事を行い、衣食を調製し、料理し、織物や縫物をする。男女おのおのが自分の領域で主人公なのである。――男性は森林において、女性は家庭においてである」。[5] 要するに純粋に生産的な労働は男性に属し、女性は家政に従事するというのが、エンゲルスの考えた原始的な性的分業であった。ただ、この「女性に委ねられていた家政の処理」は、多くの夫婦と子供を包摂していた「共産主義的世帯」においては、「男性による食糧の調達とまったく同様に、公的な産業、社会的に必要な産業」という性格をおびていたとみなされ、それが女性の社会的地位を保障していたと考えられたのである。[6]

だが、エンゲルスがこう書いてから十数年後、女性が純生産的労働に従事していることが明らかとなった。例えば北アメリカのカリフォルニア原住民のもとでは、クノーが述べたところによれば、性的分業は次のようなものであった。

「両性の間には、完全な分業がおこなわれていた。男性は小屋やカヌーを建造し、狩猟や漁撈を行い、網・武器および猟具を調製する。女性にはすべての固有の家事があたえられる。さらに女性は薪をとりに行き、根菜を掘り、漿果・槲果・栗および果実を探しもとめ、そしてすべての容器と着物をこしらえる。海岸地方では、女性はそのほかに、しばしば、産卵期の際に鮭を漁猟し運搬し乾燥するのを手つだう」(7)。

この事例から認められるように、一般に性的分業のもとでは、男性は狩猟や漁撈にでかけ、小屋やカヌーを作り、網や猟具や武器を調製し、また戦闘に従事した。一方、女性は根菜・葉菜・球根ならびに果実を採集し、一切の容器や衣服をつくり、薪木をあつめ、また家事に必要なすべての仕事（料理・織物・裁縫）にあたった。純生産的労働からみれば、男性は動物性食糧を供給し、女性は植物性食糧を調達するという建前がとられていたのである。

このように原始期の性的分業体系のもとでは女性は純生産的労働に寄与するところ多大だったのであり、この女性労働の価値はとりわけ農耕が開始された後に一段と高まったとみなされるのである。というのは、植物性食糧の供給という女性の労働分担は、植物採集段階から植物栽培の農耕段階でも当然ひきつがれたが、クノーによれば、「農耕がつねに大凡一定した収穫物をもたらすのにたいして、〔男性が従事する〕狩猟や漁撈の成果は偶然性に依拠し、つねに変動する」からである。そしてこの女性労働の価値の向上は、婚姻居住形式にも影響を及ぼす。「女性の経済活動の意義が高まるにつれ、女性が結婚式の後も自分の家族共同体のもとに滞留することが次第に頻繁となる。遂には、夫婦双方が完全に自己の家共同体にとどまり、夫婦の共同生活《エーエゲマインシャフト》が、妻のもとへの多かれ少なかれ頻繁な夫の訪問にのみ存するようになる」(8)。つまり女性労働の意義が向上するにともなって、娘の労働力を失うことをおそれる共同体は、彼女が他の共同体に婚嫁するのを拒み、ここに《訪婚》が現われるようになったというのである。クノーのこのような観方は、方法論的にはまったく対蹠的なシュミットの採り入れるところとなった。彼は、右の訪婚の段階に次いで《妻方居住婚》の段階が現われ、《母権の完全な古典的な形態》が成立すると論じたが、その発展の契機は、「男性が女性の経済的優位性をみとめるようになる」ということに求められたのである。[9]私も、以上のようなクノー＝シュミット理論を踏襲するものであり、母権制的な居住方式（訪婚および妻方居住婚）を採用する社会的要因が、性的分業下の女性労働の高い意義にあると考えるものである。[10]

さて、このようにして妻方居住婚が採りいれられると、婚入してきた男性を除けば、聚落のすべての共同居住者は母系的に連なった者から成る。ウェスターマークの表現法を用いるならば、このような「近接的共同居住」(close living together)こそが、原始共同体の「血縁」観念を規定している要因なのであり、[11]それ故、妻方居住婚のもとで母系的に連なった者が近接して共同居住することによって、ほかならぬ母系制も派生することになるのである。エンゲルスは「共産主義的世帯――そのなかでは、女性の大部分もしくは全部が同一の氏族に属しているのにたいして、男性がさまざまの氏族にわかれている――は、原始時代に一般的に拡がっている女性優位の物的基礎である」と述べたが、[12]この言葉は、もし母系出自を産みだす妻方居住婚の右のような作用を表現するものとして解釈されるならば、そのかぎりにおいて、妥当性を保持し得るであろう。母系制の物質的基礎は、妻方居住婚の採用を導いた女性労働の高い意義だったのである。

（1）Engels, F.: Der Ursprung der Familie, des Privateigentums und des Staats, Marx-Engels Werke, Bd. 21, Ss. 47–48.

（2）例えばW・シュミットは、人類最古の文化段階を「原文化」と名付けたが、彼は、この原文化のもとでの親族構造が双系的に構成されていると想定した。そしてこの段階から次の「第一次文化」へと進む場合、性的分業における男子労働（動物性食糧の獲得）と女子労働（植物性食糧の獲得）の間の不均衡にともない、発展経路が異なる方向へ分化したと考えた。すなわち一つには女子労働の進展による母権制的な〝農耕文化〟への発展という途であり、二つには男子労働の進展に基づく父権制的な〝牧畜文化〟（ないし〝大狩猟文化〟）への発展という途である。そしてその後の段階（「第二次文化」）においてこの両文化が混合する場合があったにしても、基本的には人類文化はこの二つの潮流にそって発展したとみなされたのである。それ故、この理論にたてば、後者の方向がたどられた場合には、民族は母権制を経過しないで古代文化へたどりついたことになるわけである。

（３）Lowie, R. H.: The Origin of the State, New York 1927, p. 67.

（４）江守五夫「原始血縁共同体の親族構造」（『講座家族』第六巻（弘文堂、一九七四年））三一頁以下。――本書一九一頁以下。

（５）Engels: a. a. O., S. 155.

（６）Engels: a. a. O., S. 75.

（７）Cunow, H.: Die ökonomischen Grundlagen der Mutterherrschaft, in Die Neue Zeit, Bd. I (1897/8), S. 134.

（８）ebenda, Ss. 240–241.

（９）Schmidt, W.: Das Mutterrecht, Wien-Mödling 1955, Ss. 27–29.

（10）江守五夫『母権と父権――婚姻にみる女性の地位――』（弘文堂、一九七三年）六八―八二頁。

（11）Westermarck, E.: The History of Human Marriage, London 1925, vol. II, p. 205.

（12）Engels: a. a. O., S. 54.

第二節　一夫一婦制の形成過程
――家父長制家族の理論をめぐって――

モルガン＝エンゲルスの家族発展図式について検討を要する一つの重要な問題点は、「家父長制家族」に関する彼らの見解が果たして正鵠を射たものであるかということである。このことを明らかにすることは、一夫一婦制の成立過程を究明するための必須の課題でもある。

まず、この「家父長制家族」は、彼らの発展図式においては、「対偶婚家族」から「一夫一婦制家族」に至る過渡的段階に位置づけられているが、対偶婚家族の段階までは母権制が支配していたと考えられていたので、この家父長制家族は、この母権制を止揚し、父権制を初めて確立させる家族形態として捉えられたのである。このように歴史的に位置づけられた家父長制家族について、モルガンは「非自由民や自由民の多数の人々を、土地を保有し羊や牛を世話するために、家父の権力のもとに一家族として組織することが、この家族の本質的特徴であった」と述べたが[13]、エンゲルスもこの見解を踏襲して、「〔家父長制家族にとって〕本質的なことは、非自由民の吸収と家父の権力である」と論ずるのである[14]。

エンゲルスによれば、当時すでに、家畜や労働手段について氏族的所有から私的所有への移行が始まっており、また家族の成員として〝吸収〟された家内奴隷の形態としてではあれ、非自由民たる奴隷もすでに現われつつあった。そして当時きわめて重要な私有財産であったこの家畜や奴隷という富は、性的分業の形態（前節参照）にしたがって、「食糧の調達と、それに必要な労働手段の調達」に携わる夫の所有に帰したというのである[15]。ところで、このような富が増大するにつれて、「それは一方において、夫にたいし、家族内で妻よりも重要な地位を与えたし、また他方では、この強化された地位を利用して、伝来の相続順位を子供に有利なものにくつがえそうとする衝動を生じさせた」[16]。この父子相続への衝動は「母権制の顚覆」を志向するものにほかならなかったが、やがてこの衝動は現実化し、女性は「世界史的敗北」（weltgeschichtliche Niederlage）を喫し、父権制の確立をみたのである[17]。ちなみにこの場合、かつて母系氏族の共産主義的世帯のもとで女性の高い地位を保障していた女性の家事労働は質的変化を蒙るのであり、以前には「社会的に必要な産業」として「公的」な性格をおびていた〝家政の処理〟は、いまや

「その公的な性格を失い、もはや社会とは何ら関わるものではなくなり、私的な労役となったのである」[18]。皮肉な言い方をすれば、「妻にたいして以前に家内部の彼女の支配を保障していた同じ原因、すなわち家事労働の範囲への女性の限定という同じ原因が、いまや家内部の夫の支配を保障するものとなったのである」[19]。このような過程を経て、「家父長制家族」が形成されたと言うのである。

ところで、問題なのは、このような家父長制家族と一夫多妻制との関係である。モルガンは一方では、家父長制家族が「一人の男性と数人の妻たちとの婚姻に基礎をおいている」と記述し、[20]一夫多妻制が家父長制家族のもとでの支配的な婚姻形態であるかのごとく論じながら、他方、（セム族の家父長制について述べる際）「少なくとも首長は一夫多妻制のもとで生活していたが、このことは家父長的制度の重大な原則ではなかった。……一夫多妻制よりも、それ以前には知られなかった奴隷的、隷属的な関係の人々を編入したことが、家父長制家族に独創的な制度という属性を刻印したのである」と論じ、[21]また一般的にも、「一夫多妻制がこの〔家父長制〕家族の本質的な特徴ではなかった」と主張しているのである。[22]つまり古代の家父長制家族のもとにおける一夫多妻制の存在を認めながらも、モルガンはそれを家父長制家族の本質的特徴と規定することに強く抵抗しているのである。では、経験的事実をあえて無視しようとするモルガンのこの不可解な態度はいかなる理由によるものであろうか。その謎を解く鍵は、彼の家族発展図式のうちに存する。というのは、彼が概念構成した対偶婚家族と一夫一婦制家族との相違点は、「排他的同棲」（exclusive cohabitation）を前者が伴わぬのに対して後者が伴うという点と、前者では「当事者の気のむく間だけ持続する」という特質がある点だけで、「一組の男女間の婚姻（marriage between single pairs）に基礎をおく」という点では両者が共通しているとみなされたからである。[23]家父長制家族は前述のごとくこの両家族形態をつなぐ移行段階に位置しているが、家父長制家族に本質的な婚姻形態として一夫多妻制を承認することは、「一組の男女間の婚姻」という共通性の認められた対偶婚家族と一夫一婦制家族との間の歴史的発展系列に亀裂をもたらすものと危惧されたからであろう。つまり一夫多妻制が家父長制家族にとりあくまで非本質的なものとみなされようとしたのは、このような配慮によるものと考えられるのである。

エンゲルスもまた一夫多妻制が家父長制家族の本質的特徴でないとみなした。彼はいう、「家父長制家族を主に特徴づけるものは多妻制（Vielweiberei）ではない」[24]と。そもそもエンゲルスは、一夫多妻制が社会の一般的な婚姻形態をなすということは、男女数がほぼ同数であるかぎり、不可能なことだと論ずるのである。「実際、一人の男性の多妻制は、明らかに奴隷制の産物であって、少数の例外的地位に限られていた。セム族的な家父長制家族では、多妻制のもとに生活するのは単に家長自身と、そのほかせいぜい彼の息子のうちの二、三人であり、他の者たちは一人の妻で満足せねばならないのである」[25]。このようにエンゲルスは、一夫多妻制が社会の少数の特権階層の婚姻形態であるかぎり、それを一定の発展段階の家族を特徴づける婚姻制度とみなしてはならないとの立場をとるのである。

もちろん、一夫多妻制が特権階層や富裕な階級にかぎられ、花嫁代償の調達に苦労する貧困な階層は一夫一婦制に甘んぜねばならないのであり、F・ミュラー＝リャーの表現を用いれば、《能力にもとづく一夫多妻制》（fakultative Polygynie）と《窮乏ゆえの一夫一婦制》（Monogamie der Notdurft, od., Einehe aus Notdurft）とは現実に併存して現われるのである[26]。このことは、エンゲルスが指摘するまでもなく、民族学者が十分承知しているところである。しかしそれにもかかわらず、社会が複数の妻をもつことを許容し、あるいはさらにそのことを好ましい事柄とみなす場合には、やはりその社会の婚姻制度を一夫多妻制として認めるべきである。G・P・マードックも同様の立場をとっている。「男性が一人以上の妻を同時にもつことを文化が許容し、世論がそれを助長する場合には、そのような婚姻が一般的であるか比較的稀であるかを問わず、またそれが傑出せる名望家に制限されているか、それともそれをなしうるいかなる人にも許されているかをとわず、その社会は一夫多妻制的な社会と分類されよう」[27]。このような一夫多妻制が、たとえ母系氏族制のもとで、いわゆる〝社会的職務の独立化〟の現象として首長階層の間に行われたとしても、それが最も隆盛をみるのは、父系的氏族制度の社会、とりわけ古代アジア的な家父長制家族のもとであったとみなされる。モルガンが家父長制家族を、前述のように、「一人の男性と数人の妻たちとの婚姻に基礎をおいている」と述べたのも、この事実を認めたからであろう。

いずれにせよ、モルガンもエンゲルスも、対偶婚における一男一女間の婚姻がそのまま一夫一婦制の成立の基礎をなしたとみようとしたため、家父長制家族のもとでの一夫多妻制の事実を家族史学の考察対象からあえて除外したのである。このような観方を合理化しようとして、エンゲルスは、それが特権階層でのみ例外的に行われ、「いわば歴史上の贅沢な産物でしかありえない」という口実をも考案したのであった[28]。そしてエンゲルスが家父長制家族の婚姻の在り方について強調したことは、父子相続への要求から妻の姦通に厳罰を科する規範が誕生したということであった。「妻の貞節、したがって子供の父性を確保するために、妻は無条件に夫の権力にゆだねられ、たとえ彼が彼女を殺害しようとも、それは単に彼が自分の権利を行使しただけのことである」[29]。そしてこの父子相続への要求、その前提としての父子関係確認の要求は、「婚姻紐帯のより一層の緊密性」を確立すべく、文明時代に一夫一婦制を出現させたというのである。「一夫一婦制は、父子関係について争う余地のない子供を生むという明確な目的をもって、夫の支配の上に基礎づけられたのであり、そしてこの父子関係が要求されたのは、これらの子供が将来、肉親の相続人として父の財産を継承すべきものだからである」[30]と。

一夫一婦制が父子相続の要求に基づいて発生したとする説は、モルガンもすでに唱えていたのである。彼は述べる、「財産の発達と、財産を子供につがせようという要求は、実際、一夫一婦制――嫡出の相続人を確実にし、相続人の数を夫婦の実子に限ろうとする一夫一婦制――をもたらした原動力であった」[31]と。だが、このように真に血のつながった子供に相続させたいという要求だけからは、一夫一婦制が形成される必然性がなかったのではあるまいか。モルガンがギリシャの慣行としてあげている《妻の隔離》(seclusion of wives)だけでも、その目的のために十分だったと言えよう。妻が家の奥の閨房に隔離されているかぎり、彼女が産む子供はこの閨房に入れる唯一の男性〔彼女の夫〕の子供に限られるからである。それ故、ここに、一夫一婦制の形成に関するモルガン＝エンゲルス学説への疑問が生まれるのである。マックス・ウェーバーは次のようにエンゲルスを批判した。「この〔一夫一婦制形成の〕発展のために道を拓いたのは、社会主義理論が仮定したように、財産のために嫡出の相続人を得たいとする男性の利害関心ではなかった。嫡出の相続人を得ようということであれば、どのような任意な方法によっても達成されたことであろう」と。かくしてウェーバーは、一夫一婦制の形成について、エンゲルスとは独自な見解を採用するのである。

そもそもウェーバーによれば、家父長制が純粋に貫徹したところでは、「女奴隷と妻、妻と妾の間に区別がなく、また認知された子と奴隷との間にも区別がなかった」のである。《嫁女売買《カウフ・デア・フラウ》》によって婚家に帰した妻は、妾や女奴隷と区別されない形の一夫多妻制のもとで、まさしく女奴隷と同様に《労働家畜》(Arbeitstier)として遇されたのである。そこで、このような劣悪な状況のもとへ娘を婚嫁させるのを嫌った名望家は、「娘の人格の保障と引きかえに、また彼女の子供が他の妻や女奴隷たちの子供にたいして優越的地位が与えられることと引きかえに、娘を他家へ与えたのであり、その代わりに、〔娘を売るどころか、逆に〕引渡しの際、娘に持参財を付けてやったのであり、こうして嫡妻と嫡出子、つまり正統な婚姻の法的メルクマールが成立したのである」。だが、このようにして一夫多妻制の真只中に成立した一夫一婦制は、あくまで嫡妻と嫡出子の身分的保障の上に基づいているが故に、夫がその契約を果たしているかぎり、この嫡妻のほかに次妻ないし妾をもつことを否認されたわけではない。実際、「主妻のほかに次妻が囲われたのであり」、一夫一婦制の名目が掲げられながらも、その実、一夫多妻制的な状況——ウェーバーの語法によれば《不完全な一夫多妻制》(halbe Polygamie)[32]——が展開することとなったのである。

このように一夫一婦制が《不完全な一夫多妻制》という特質をもって出現したことは、エンゲルスもまた認めているところである。彼の《姦通と売淫によって補足された一夫一婦制》の表現がしかりである。[33]ただ、エンゲルスの場合、この一夫多妻制的な特質は、一夫一婦制が相続人確保という物質的契機で形成されたこと、一夫一婦制が物質的な利害関心に基づいて結ばれる「便宜婚」的な性格をおびていて、「決して個人的性愛の所産ではなかった」こと、[34]に負うものとみなされているのである。そして妻の姦通に対する抑制が父系相続人確保のための一夫一婦制に本来的な要求であるが故に、右の姦通と売淫という「補足物」はただ男性に対してのみ許容されたのであり、それ故、一夫一婦制は、「妻にとってのみの一夫一婦制で、夫にとっての一夫一婦制ではない、という特殊な性格」を元来おびて現われ、その点では今日もかわりがないというのである。[35]かくして文明時代の一夫一婦制は、かたや夫の支配の上に基礎づけられ、かたや夫の性的自由を伴うものとして存在してきたのであり、そのような意味では、それは、「妻の公然もしくは隠然たる家内奴隷制」と「夫の公然もしくは隠然たる一夫多妻制」という二大特質をそなえる婚姻制度だったとみなされたのである。[36]エンゲルスが真に《個人的性愛》(individuelle Geschlechtsliebe)に基づく婚姻を希求したのも、まさにその故であった。

以上のエンゲルスによる一夫一婦制の分析は、一夫一婦制の社会的本質を浮き彫りにしている点で、たしかにすぐれた見解である。ただ、私が問題としているのは、家父長制家族の中から一夫一婦制が形成される過程に関するエンゲルスの考え方についてである。私は、この点でエンゲルスを批判したウェーバーの学説を支持するものであり、私自身次のように考えるのである。すなわち古代アジア的な段階において一夫多妻制が売買婚というすぐれて家父長制的な婚姻形態の所産として隆盛をきわめ、古典古代の段階で成立をみる一夫一婦制もこの古代アジア的な一夫多妻制を母胎として誕生し、まさにそれ故に、「夫の公然もしくは隠然たる一夫多妻制」という一夫一婦制に付随せる特質がほかならぬ一夫多妻制からの母斑としてひきつがれたものである――というのである。この立場から、エンゲルスの理論を再検討する必要があるのではなかろうか。

(13) Morgan, L. H.: Ancient Society, NewYork 1877, pp. 465–466.
(14) Engels: a. a. O., S. 61.
(15) Engels: a. a. O., Ss. 58–59.
(16) Engels: a. a. O., S. 60.
(17) Engels: a. a. O., S. 61.
(18) Engels: a. a. O., S. 75.
(19) Engels: a. a. O., Ss. 157–158.
(20) Morgan: op. cit., p. 384.
(21) Morgan: op. cit., pp. 465–466.
(22) Morgan: op. cit., p. 504.
(23) Morgan: op. cit., p. 384.
(24) Engels: a. a. O., S. 61.
(25) Engels: a. a. O., S. 64.
(26) Müller-Lyer, F.: Die Familie, München 1924, S. 83.
(27) Murdock, G. P.: Social Structure, New York 1949, p. 28.

(28) Engels: a. a. O., S. 64.
(29) Engels: a. a. O., Ss. 61–62.
(30) Engels: a. a. O., S. 65.
(31) Morgan: op. cit., p. 477.
(32) Weber, Max: Wirtschaft und Gesellschaft, Tübingen 1956 (1ste Aufl. in 1921), S. 428. 小野木常編訳『法社会学』(日本評論社) 上巻一六七頁参照。do: Abriss der universalen Sozial- und Wirtschaftsgeschichte, München u. Leipzig 1924, Ss. 58–59. 黒正巌・青山秀夫訳『一般社会経済史要論』(岩波書店) 上巻一三三—一三五頁。
(33) Engels: a. a. O., S. 76.
(34) Engels: a. a. O., S. 67.
(35) Engels: a. a. O., S. 66.
(36) Engels: a. a. O., S. 75, S. 77.

第四章　原始血縁共同体の親族構造

第一節　原始「血縁」共同体論の形成

「古代諸国家の諸種族は」――と、マルクスは、一八五七―五八年に書いた遺稿『資本制生産に先行する諸形態』のなかで述べている、「二種の方法で基礎づけられていた。すなわち血縁（Geschlecht）によるか、それともまた地域（Ort）によってである。血縁種族は、古さにおいて地域種族に先行しており、ほとんどいたるところで地域種族によって駆逐される。……地域種族は、当初、ガウ（Gau）および村落への地方住民の区分に対応していた」[1]。かようにマルクスは、この遺稿執筆の時期においてすでに《血縁から地縁へ》という社会凝聚原理の発展図式をとりいれていたのであるが、ただ当時民族学がまだ成立をみていない時期であったことから、この発展図式も古代史学の史実――具体的にはクレイステネスによって試みられたアッティカの行政改革――に基礎をおくものにほかならなかったのである。ここに用いられている《血縁種族》(Geschlechterstamm)や《地域種族》(Ortsstamm)という術語は、今日の民族学からみればきわめて奇異な用語とみなされるが、実は、クレイステネスの改革に基づく新旧の行政区画の特質を表現するものとして当時一般に使われていた用語法をとりいれたものであり、のちにモルガンも新行政区画の《デーモス》に関して、「それが、旧氏族制度の用語のある部分を保持していたため、地域種族（local tribe）とよばれた」(2) と指摘し、旧来の血縁種族（consanguine tribe）と対照させているのである。ちなみに、エンゲルスも『家族起源論』においてギリシャのデーモスを論ずる際、この用語法を踏襲したのである（一六九頁参照）。

ところで、一般に《血縁から地縁へ》の発展図式の最初の提唱者とみられているメーンも、古代ギリシャ＝ローマの行政機構の発展に基づいてこの図式を論じたのであって、一八六一年の『古代法』において彼は次のように述べているのである。

「ギリシャの大多数の国家〔都市国家〕やローマにおいては、国家がそれからはじめて建設されたところの上昇系列をなせる諸集団の痕跡が、永らく保持されていた。ローマ人の家族《ファミリー》、氏族《ハウス》および種族《トライブ》は、かような上昇系列の諸集団の型とみなされるだろう。……その基礎的な集団は家族である。家族の聚合は氏族（Gens or House）を形づくる。氏族《ハウス》の聚合は種族を形づくる。種族の聚合は国家《コモンウエルス》を構成する。われわれはこのような例証から推して、国家が、一宗家の始祖からの共通の出自によって結合された人々の聚合体であると規定して差支えないのではなかろうか。この点について、少なくとも確実にいえることは、すべての古代社会が自らを一人の創始祖から発したものとみなしており、そしてこのこと以外に、自分たちを政治的統合に結びつけているいかなる理由も理解できないことに悩んでさえいたということである。実際、政治観念の歴史は、血族こそが政治的諸機能における共同体のただ一つ可能な基礎であるという仮説をもって始まるのである。また、ある別個の原理——たとえば地域的近接性の原理——が共同の政治的活動の基礎として最初に自らを確立したときにともなった変化ほど、驚異的で徹底的なものは、およそわれわれが強調的に革命とよぶような感情の顚覆のうちでも、何ひとつないのである。かくして初期の国家について確認されうることは、市民たちが、自分たちの成員権を主張するすべての集団を、共通の出自に基礎づけられたものとしてみていたということである」[3]。

かようにメーンは、家族=氏族=種族=国家（種族国家）という一連の血縁的構成物によって古代初期の社会が編成されていたとみなし、この血縁的な社会原理を地縁的な原理――彼のいわゆる《地域的近接性の原理》(principle of local contiguity)――の前段階に歴史的に位置づけたのである。ただ、古代史学を根拠としていただけに、彼は血縁的構成物の「基礎的な集団」として家族を据えたのであった（――マルクスもこの点では同じ誤謬をおかしていた)[4]。このような古代史学を基礎とする代わりに民族学の文献に基づいて《血縁から地縁へ》の発展図式を最初に唱えたのは、ドイツの民族法学者ポストであった。彼はバッハオーフェンの『母権論』（一八六一年刊）以降の民族学的文献に依拠しつつ、一八七五年に『原始血縁共同体論』を著わしたのである。彼はその中でこう論じている――、「原始時代には、今日の意味でのいかなる種類の国家も、いかなる種類の国家的諸制度も存在していない。全人類種属の生活は、むしろ、きわめて特徴的な性格をもった小さな攻守協同体（Schutz- und Trutzgenossenschaft）のなかに閉じこめられていた。そしてこの協同体は、当初、血縁に、のちに定住が開始されたあとでは、同じ地域の居住に、基礎づけられていた。われわれは前者を血縁協同体（Geschlechtsgenossenschaft）という名称で、後者をガウ=ディンク協同体（Gau- oder Dinggenossenschaft）という名称でそれぞれよび、その両者をあわせて平和協同体（Friedensgenossenschaft）なる名称でよぶことができよう」[5]。ポストはかように《血縁協同体》から地縁的な《ガウ=ディンク協同体》への発展を論じたが、この《血縁協同体》の最も原初的な形態は「ホールド」(Hord)

で、のちに「種族」(Stamm)＝「胞族」(Geschlechtsverband)＝「氏族」(Geschlecht) という一連の上下的な血縁的編成がとられたとみたのである。このポストの考え方は、家族を種族社会の基礎単位とみる認識を克服している点で、民族学的に注目に値すると言えるのである。

さて、これらの文献学的な研究のあと[6]、原始氏族共同体の存在を自らの調査によって明確に実証したモルガンの『古代社会』が著わされた。婚姻と家族の原史について体系的な理論を展開した一八七七年のこの著作において、モルガンは《血縁から地縁へ》の図式を具体的資料をもとに論証したのである。モルガンは統治形態を二つに区分し、「人および純粋に人的な関係に基礎をおくもの」を《社会的組織》(social organization) と称し、「地域と財産に基礎をおくもの」を《政治的組織》(political organization) と呼び、前者には、「氏族」(gens) とそれを単位とする「胞族」(phratry)・「種族」(tribe)・「種族連合」(confederacy of tribes) という一連の継次的構成物を含ましめ、後者には、その基礎単位たる「町区」(township or ward) をはじめとして「州」(county or province) ならびに「国家」(a body politic) を包括せしめた[7]。そしてこの両組織のもとで編成された社会体制を、モルガンはそれぞれ「氏族制社会」(gentile society)・「政治的社会」(political society) と称し、ラテン語によって前者を《societas》、後者を《civitas》とも表現したのである。

ところで、このような意味での氏族制社会は、モルガンによれば、「人類の最も古い、そして最も広汎に普及せる制度の一つ」であった。「それは、アジア、ヨーロッパ、アフリカ、アメリカおよびオーストラリアの古代〔＝原始〕社会のほとんど普遍的な統治方式を提供している。……それは野蕃に発し、未開の三つの時期をつうじて継続し、政治的社会が確立されるまで維持したのである。ちなみに政治的社会がはじめて現われたのは、文明が開始したのちであった[8]」。そしてこの氏族制社会の例証として、モルガンは、自ら実地調査したアメリカ・インディアンの統治制度を挙げるのである。

「アメリカ原住民の統治方式は、氏族をもって出発し、種族連合をもって終っており、この連合はかれらの統治制度が到達した頂点である。それは、つぎのような有機的な一系列の例証を与えている。第一に氏族、すなわち共通の氏族名を佩用する血族の団体。第二に胞族、すなわちある共通の目的のために高次の組織に結合した近親の諸氏族の合議体。第三に種族、すなわち通常、胞族に組織され、その全成員が同じ方言を話すところの氏族の合議体。そして第四に、その成員が同じ母語の方言をそれぞれ話すところの諸種族の連合体。それは、結局、政治的社会ないしは国家(civitas)と区別された氏族制社会(societas)に帰着するのである。……発見された当時、アメリカでは、政治的社会もなかったし、市民《シティズン》もおらなかったし、国家もなかったし、いかなる文明もなかった。アメリカ・インディアンの最も高度な種族と、文明――その語が正当に理解されるかぎりでの――の開始期との間には、人種の時期《エスニカル・ピアリアッド》からいってまるまる一時期〔未開時代〕が介在していたのである」[9]。

かようにモルガンは、血縁的な種族制社会が地域的原理に依拠せる政治的社会に先行せるものであることを実際の民族誌資料によって論証したのである。彼は、「氏族制度がゆきわたっていたところや、政治的社会が確立される以前には、われわれはどこでも氏族制社会のもとに生存している民族《ピープル・オア・ネーション》を見出すのであって、それ以外の何ものをも見出しはしないのである。すなわち国家は存在しなかったのである」[10]と論ずるのである。しからば、文明時代に入って、政治的組織のもとに社会が編成される時点を、彼はどの時期に求めたのであろうか。彼はこの問題に関して、古代ギリシャ＝ローマ人の場合をこう述べている。「ギリシャ人やローマ人が文明時代に到達したのち、彼らの全能力をつくすべく彼らに課せられたことは、ディーム（deme）すなわち町区《ダウンシップ》、市区《シティ・ワード》を考案し、しかして現時の文明国民の間になおも保持されている第二の偉大な統治方式の開始を宣することであった」[11]。すなわちギリシャに関してはソロンの改革（紀元前五九四年）を経て最終的にはクレイステネスの立法（紀元前五〇九年）において[12]、またローマに関してはセルヴィウス・トゥリウス（紀元前五七六―五三三年）による変革において[13]、それぞれ氏族制社会より政治的社会への画期点が看取されたのである。このような考えは、先にみたように、すでにマルクスの一八五七―五八年の遺稿において示されているところである。（――ちなみに、モルガンの「氏族制社会」のなかにこの古代ローマの氏族が包括されている点で、バッハオーフェンとの間に論議が交わされたことは、興味ぶかいところである[14]）。

以上のごとく、モルガンが氏族制社会から政治的社会への統治方式の変化をあとづけたことからわかるように、《血縁から地縁へ》の進化図式は、実にモルガンの原始＝古代史の構想において一つの大きな支柱をなしていたのである。

ところで、モルガンの『古代社会』が刊行されたちょうど一八七七年に、帝政ロシアのコヴァレフスキー[15]がアメリカに渡ってこの書物を手に入れ、帰国後一八七九年にモスクワで『共同体的土地所有――その分解の原因・過程・結果――』（第一部）を出版した。もっとも、この著書がどの程度モルガンの影響を受けたかは明らかでないが、布村一夫教授によれば「コヴァレフスキーは『古代社会』を知っていたが、それをよみこなしていないとみるべきである」との評言を披瀝されている[16]。いずれにせよ、和田春樹教授が紹介しておられるところによると、原始共同体の解体過程についての彼の基本的な考え方は、おおよそ次のようなものであるという[17]。

（一）「自然との闘争における全体的努力の必要」から、人間は、まず「群的結合体」として、動産・不動産を取得する。

（二）この群的結合体の中における緩慢かつ自生的な分化過程は、氏族的団体の析出と氏族共同体的所有の発生を同時に導く。

（三）ついで、氏族が征服地の住民や別の氏族からの脱退者を受けいれるにつれ、土地所有共同体は氏族的性格を喪失し、村落的性格をおびる。

（四）共同体の土地の分割により、農村共同体は家族共同体に変わる。

このコヴァレフスキーの研究において氏族共同体から農村共同体への発展が明らかにされたことは、注目に値する事柄と言えよう。この著作は、この刊行年（一八七九年）の八月末から九月初めにロンドンを訪れた著者自身の手によってマルクスに贈呈されたのであり、そしておそらくはこの際、彼はまたマルクスにモルガンの『古代社会』を貸し与えたと推測されているのである。このような過程を経てコヴァレフスキーとモルガンの両著作に接するに至ったマルクスが、原始血縁共同体に関する自らの認識を飛躍的に高めたことは、疑い得ないところである。福冨正実教授が述べられているところだが、ザスリッチへのマルクスの書簡（後述）で示された農業共同体論が「コヴァレフスキーのこの労作の影響を強く受けているようにみえる[18]」し、また和田教授が指摘されているように、「コヴァレフスキーが氏族共同体の分解の結果として複合家族が生まれたとする点は、モルガンの『古代社会』の分析とも合致して、これまでのマルクスの見解を逆転させるのに貢献した[19]」のである。

マルクスは一八七九年十月から翌八〇年十月にかけてコヴァレフスキーの『共同体的土地所有』を読み、

詳細なノート（――いわゆる『コヴァレフスキー・ノート』）を作成し、[20]また次いで八〇年十一月から翌八一年三月にかけてモルガンの『古代社会』をよみ、同様に詳細なメモ『古代社会ノート』を残したのである。[21]そしてこれらの研究の結果が、一八八一年三月のマルクスの「ヴェラ・ザスリッチへの書簡」（草稿）のなかで示されたのである。

マルクスはこのザスリッチへの書簡の第三草稿においてこう論じた。「他のすべての共同社会〔＝原始共同体〕は、その構成員間の血族関係のうえにたっている。うまれながらの血族または養子とされないかぎり、だれもこの共同体のなかにはいれない。この共同体の構造は樹枝状系統図のそれである。『農業共同体』は、血縁関係によって拘束されない、最初の、自由人の社会的集団であった」と。この《農業共同体》（Ackerbaugemeinde）は、土地占取の関係からみれば、

（一）「家屋とその付属物たる庭園とが、それぞれ耕作民に属する」、

（二）「譲渡しえない共有財産としての耕地が、定期的に農業共同体の構成員のあいだに割替され、そうすることによって、自分にあてがわれた耕地を各人が自分の計算で経営し、その成果をそれぞれ自分のものにする」

――という土地の所有＝利用形態の上に成り立った共同体である。すなわちそれは、第一の点では「共同家屋と集団住居」の形態をとる原始共同体と異なり、また第二の点では「労働が共同でおこなわれ」、生計が共産主義的に営まれる原始共同体と対比させられたのである。[22]つまり農業共同体は、（大塚久雄教授の説明によれば）「『ヘレディウム』の私的占取をすでにその内部にはらむに至った共同組織」なのであるが、[23]それはまさにヘレディウムを内包す

るという意味で、「共有から私有への」過渡的な段階——原始共同体の「最新の型」——として位置づけられているのである。[24] いずれにしても、《血縁》的な社会構成原理の止揚という点に、マルクスが原始共同体の終焉と新しい第二次的な共同体の開始を特徴づけたことはたしかなことである。

　さて、モルガンとマルクスの理論を踏襲して著わされたエンゲルスの『家族起源論』では、《血縁から地縁へ》の社会凝聚原理の転換が、原始共産制社会と私有財産制社会の二大範疇を画期づける歴史現象として捉えられたのである。すなわち彼は同書の序文において、「血縁的結合体に基礎をおく古い社会は、新たに発展せる社会的諸階級の衝突のなかで粉砕され、それに代って、国家に集中された新しい社会が現われるのであり、その国家の下部単位はもはや血縁的結合体ではなくて地域的結合体である」[25] と述べ、私有財産制の成立と私有財産制（＝階級制）社会の政治的構成物たる国家制度の出現を起点として、社会編成の原理が《血縁から地縁へ》移行すると考えたのである。そしてこのような《血縁から地縁へ》の移行の具体例を、彼はマルクスの遺稿（一八五七—五八年）やモルガンの『古代社会』と同様に、ヨーロッパ古代民族の史実のうちに求めたのである。すなわちギリシャでは、かのクレイステネスの改革が例証されたのであって、彼はこう論じているのである。「クレイステネスは、彼の新しい制度において、氏族と胞族に基礎をおく四つの古い種族を否定したのである。その代りに、……単なる居住地による市民の区分にもとづくまったく新しい組織があらわれたのである。もはや血縁的結合体への帰属ではなくて住所のみが決定的となり、区分せられたのは人民《フォルク》ではなくて領域《ゲビート》となり、住民たちは政治的には領域の単なる附属物となったのである。……十箇のかかる単位たるデーモス（Demos）が一種族を構成したが、その種族は、しかしながら、古い血縁種族（Geschlechtsstamm）とは区別されて、いまや地域種族（Ortsstamm）とよばれるのである」[26] と。なお、同様のことはローマでは王政廃止以前にすでにおこなわれ、[27] またドイツではゲルマン族のローマ征服にともなって生起したとされた(28)。

以上、血縁結合の先行性に関する理論を学説史的にたどってみた。この学説史的回顧から認められ得るように、一八六〇年代までの学説では古代文明民族（ギリシャ人・ローマ人）の行政組織の中に残存する血縁的編成物を根拠として、《血縁から地縁へ》の社会原理の転換が理論的に推定されていたのに対して、一八七〇年代以降、モルガン等の研究によって原始的な未開民族における血縁共同体の遍在性が明らかにされて以来、これまでの理論的推定が確認されるとともに、古代文明民族の氏族＝胞族＝種族の組織が原始民族に広くみられる同様の血縁共同体的組織の後裔であることが確証されるに至ったのである。その意味では、アメリカ・インディアンのもとでのモルガンによる「氏族制社会」の発見は、学説史的に画期的な意味をもつものと言えるのである。エンゲルスはこの点について次のように述べたのである。「母権的に組織されたこの氏族〔アメリカ・インディアンの氏族〕において、彼は、後期の、父権的に組織された氏族――古代の文化民族のもとで見出されるような氏族――が〔それから〕発展したところの原型を発見したのである。ギリシャやローマの氏族はこれまでのすべての歴史家にとって一つの謎であったが、それはインディアンの氏族から説明されたのであり、そしてそれによって全原始史にとって新しい基礎が見出されたのである。文化民族の父権制的氏族の前段階としての原始母権制的氏族の再発見は、原始史にとって、生物学にとってのダーウィンの進化論の意義や経済学にとってのマルクスの剰余価値学説の意義と同じ意味を有するものである(29)」と。

かように、モルガンによって北米インディアンの中で発見された（母系）氏族制度は、原始的な社会凝集原理が血縁的であることを実証し、地縁結合に対する血縁結合の先行性に関する理論に確固とした根拠を付与したのである。だが、モルガンによって確立をみ、マルクス＝エンゲルスによって受けいれられたこの血縁結合先行性の理論は、二〇世紀初頭以来、若干の民族学者によって批判されるようになるのである。原始社会が必ずしも血縁原理によってのみ編成されてはいないという疑問が投げかけられたのである。この問題は、原始共同体の構造を一層詳密に分析する上で重要な手懸りを提供するので、次節ではこの問題を考察することにしたい。

（1）Marx, Karl: Formen, die der kapitalistischen Produktion vorhergehen, Berlin 1952, S. 14.
（2）Morgan, L. H.: Ancient Society, New York 1877, p. 271.
（3）Maine, Sir Henry: Ancient Law, London 1954 (Everyman's Library), pp. 75–76.
（4）この点について、江守五夫「史的唯物論からみた家族の起源」（『講座家族』第一巻、弘文堂、一九七三年）、一九一二〇頁参照。
（5）Post, A. H.: Die Geschlechtsgenossenschaft der Urzeit und die Entstehung der Ehe, Oldenburg 1875, Ss. 3–4.
（6）もっとも、モルガンはすでに一八五〇年代からアメリカ・インディアンに関する実証的な研究成果を発表している。とりわけ七一年刊行の『人類家族の血族と姻族の体系』(System of Consanguinity and Affinity of the Human Family) は、出版直後すでにヨーロッパの学界でも注目を浴びていたようであり、ポストも前記の著書の序文で「この題目〔原始血縁共同体論〕にとっておそらくは最も有益なる業績」としてモルガンのこの著作をあげ、ただ同書を入手することができなかったことを遺憾に思う旨断りがきしているほどである。
（7）Morgan: op. cit., pp. 6–7.
（8）Morgan: op. cit., pp. 62–63.
（9）Morgan: op. cit., p. 66.
（10）Morgan: op. cit., p. 67.
（11）Morgan: op. cit., p. 7.
（12）Morgan: op. cit., pp. 216–218, p. 214 et seq., p. 270 et seq.
（13）Morgan: op. cit., pp. 300–301, p. 331 et seq.
（14）バッハオーフェンは、モルガンに宛てた一八七九年二月二十四日付の書簡において、「ローマの氏族は都市国家創建のまさに最初の日から政治的制度としての重要性をおびており」、その結果、「血縁関係の単位という自然的生長物とはおよそかけ離れたもの」であること、つまり「血縁紐帯で結ばれていない家族の人為的な集塊（an artificial agglomeration of families）」であると書き送り、ローマの氏族を血縁的な「自然的生成物」(a natural growth) とみなしたモルガンの『古代社会』(Morgan: op. cit., p. 279) の叙述を批判したのである。つまりバッハオーフェンは「この点においてローマ人とアメリカ・インディアンの間に基本的な相違が存する」とみたのである。これに対してモルガンは、同年三月一日付のバッハオーフェン宛書簡で、ローマの氏族には、「イロクオイ氏族の中で私が発見した同じ制度」——つまり血縁に基礎をおく社会組織——がみられると答え、この主張を翌八〇年十月二十九日の書簡でも繰り返し、さらに同年十一月十二日付ではセルヴィウス・トゥリウスまでのローマではインディアン諸種族と同様の氏族制社会であったとの見解を表明しているのである。もっとも、このように古代ローマの発展段階についてバッハオーフェンとモルガンは意見を異にしていたが、この議論の前提として、血縁的な氏族制社会が政治制度に先行する段階であるという発展図式そのものは、二人に共通せるところであった。Johann Jakob Bachofens Gesammelte Werke, Bd. 10, S. 489, S. 492, Ss. 505—506. 布村一夫編訳『モルガン『古代社会』資料』(共同体社、一九七七年) 二六一頁、二七一頁、二七九頁参照。

(15) コヴァレフスキーとマルクスとの交友関係については、布村一夫「家族共同体理論への批判——M・コワレフスキーの生涯と業績について——」(『思想』一九五〇年十二月号)、布村一夫「老マルクス——遺稿『共同体的土地所有ノート』をめぐって——」(『歴史評論』一九六八年十二月号)、和田春樹「マルクス・エンゲルスと革命ロシア (三の上)」(『思想』一九七三年十月号) 等、参照。

(16) 布村、「老マルクス」(前掲) 六二頁。

(17) 和田、前掲、一二八—一二九頁。

(18) 福冨正実編訳『アジア的生産様式論争の復活』(未来社、一九五九年) への解説論文 (同書、三九六頁)。

(19) 和田、前掲、一三〇頁。

(20) このいわゆる「コヴァレフスキー・ノート」の一部は、上杉聡彦教授によって訳出された——「フランスによる征服時におけるアルジェリアの土地制度」(『思想』一九七二年五月号)。なお、福冨正実教授は、このノートに関するガマユーノフの論文を邦訳されている——福冨訳「マルクスのインド共同体研究ノートについて」(『現代の理論』一九七二年一月号)。

(21) これには布村一夫教授の邦訳がある――マルクス、布村訳『古代社会ノート』(合同出版、一九六二年)。
(22) マルクス「ヴェラ・ザスリッチへの手紙　草稿」(『マルクス=エンゲルス選集』第一三巻、大月書店、一九五〇年)、二〇九頁。
(23) 大塚久雄『共同体の基礎理論』(岩波書店、一九五五年)、三二頁。
(24) マルクス「ヴェラ・ザスリッチへの手紙　草稿」(前掲)一八八頁。
(25) Engels, F.: Der Ursprung der Familie, des Privateigentums und des Staats, Marx-Engels Werke, Bd. 21, S. 28.
(26) Engels: ebenda, Ss. 114-115.
(27) Engels: ebenda, S. 125.
(28) Engels: ebenda, S. 146.
(29) Engels, F.: Vorwort zum „Ursprung der Familie usw.“ (vierte Auflage 1891), Marx-Engels Werke, Bd. 21, S. 481.

第二節　原始社会における非血縁的な結合

――シュルツ=ロウィー理論の批判的考察――

前節でみた諸学説に共通せる点は、原始共同体をもっぱら血縁的な構成物として捉えるということにある。これに対してドイツの民族学者シュルツ (Schurtz, H.) がまず一九〇二年に『年齢階梯制と男子結社』(Altersklassen und Männerbünde) において批判を試み、アメリカでは一九二〇年代にロウィーが再度この点を問題にしたのである。以下ではまず最初にシュルツの理論から考察することにしよう。(30)

シュルツが右の著作で試みたのは、「集合体の原型の叙述」（同書副題）であった。彼によれば、原始社会において血縁紐帯以外の原理に基づく人的結合体があるのであり、このような非血縁的な結合体の諸態様——すなわち《年齢階梯制》（Altersklassen）とその派生物たる《クラブ的結合体》（klubartige Verbindungen）および《秘密結社》（Geheimbünde）——を、彼は同書において体系的に叙述したのである。では、彼はこれらの集合体形式が原始社会においていかなる原理の上に成りたったものとみていたのであろうか。

シュルツによれば、人間のうちに本質的に内在せるものとして二つのたがいに対立する傾向があるという。その一つは「性的衝動」（Geschlechtstrieb）であり、他の一つは「集合性衝動」（Geselligkeitstrieb）である。そしてこの両衝動がそれぞれ集合体を基礎づけているのであって、彼のいわゆる「自然的」（natürlich）な集合体は前者に根ざし、「人為的」（künstlich）な集合体は後者の所産であるとされる。言い換えれば、自然的集合体は「血族に、したがって窮極的には生殖に根ざしていて、個々人の意識的な選択にもとづかないところの人間集合体」をいい、人為的集合体とは「個々人が多かれ少なかれ自発的に仲間になる人間集合体」である。ところで、シュルツはこの人為的集合体が原始社会に存在したとは言わないまでも、集合性衝動それ自体は、性的衝動とともに原始社会にも——（性的衝動の所産たる）自然的集合体の内部においても——作用を営んでいたとみなすのである。「純粋にゲゼーリッヒな衝動は、自然的集団においても効果的で、一般にその凝聚にとり有益である」。すなわち自発的に仲間を形成しようとする集合性衝動は、自然的集合体の内部でもゲゼーリッヒな結合を派生するのであって、彼はこれを《自然的結合体内部のシンパティッシな集団》（sympatische Gruppe innerhalb der natürlichen Verbände）と呼んだのである。

ところで、かような自然的集合体内部での人々のゲゼーリッヒないしは「シンパティッシ」な結合は、シュルツによると、その構成員の間の自然的な相違ないし対立を基軸として成立する。すなわち性的な対立や年齢の対立を基礎として、同性者や同齢者をたがいに結びつける「シンパティッシ」な集団が成立するというのである。年齢階梯制やそのもろもろの派生物は、かように自然的集団の構成員の間の性の相違や年齢差を基礎に成りたったものとして捉えられたわけである。

このような集合体の理論において彼が強調したことは、原始社会の集合体を「性的衝動」（血縁原理）においてのみ見てきた従来の学説の傾向を斥けて、原始社会においても「性的衝動」とは独自に「集合性衝動」が作用しており、その衝動から派生したものとして「シンパティッシ」な集団が形成されていたという点である。つまり「集合性衝動」は決して血縁的な「性的衝動」の衰退した時点においてそれに代わってはじめて現われるものではなくて、後者とともに原始社会にも存在し、独自の作用を営んでいたのであって、年齢階梯制も実にそのことの結果にほかならないというのである。シュルツはこう述べている──、「血縁関係にもとづく集団化と年齢階梯にもとづく集団化のいずれが、より端緒的でより古いものであるかという議論は、何らの意味のないものであろう。というのは、親子間の根本的で、つねにくりかえされる対立のうちに、すでに両種の区分が根ざしているからである。そして両者の発展形成は、順次におこなわれるものではなくて、並列的におこなわれるのである。無制限な乱交をともなう原始時代の血縁協同体〔ポストの前掲の著作名〕──その存在自体が疑わしいが──ですらも、生殖能力のない子供と成熟せる大人との両集団に、したがって二つの自然的な年齢階梯に分裂していたであろうし、他方、すくなくとも個々の母がその子供とともに密接な血縁共同体を構成していただろう」と。

以上のごときシュルツの理論は、氏族などの血縁集団の研究にもっぱら没頭していたそれまでの民族学者に対して年齢階梯制の重要性を認識させる上で大きな意味をもつばかりでなく、《血縁から地縁へ》という発展図式、ないしは原始共同体を血縁共同体と決めつける考え方に対して、再検討を要求するものであった。そして実際、この発展図式に問題を投げかけようとしたロウィーも、シュルツの理論的意義を高く評価し、それを継承しつつ自説を展開したのである。ロウィーはシュルツを評価して次のように述べている。「私は親族的要因に基礎をおかない社会単位を結社《アソシエーション》とよぶことを提案するが、このすべての結社《アソシエーション》に関する体系的な論文を、われわれは実に故シュルツ博士に負うているのである。ややおくれてハットン・ウェブスター博士がすぐれた資料集〔『原始秘密結社論』、一九〇八年〕において同じ範囲の素材を叙述したことは事実だが、氏族組織への熱中から民族学者を救い、彼らをうながして、その曇った眼の視覚からはとかく逸しがちな諸現象への考察にむかわしめたという栄誉は、ほかならぬシュルツに帰するのである。たとえ彼が、他の先駆者と同様に、多くの解釈において誤謬をくりかえしたとしても、結社《アソシエーション》の理論上の意義に関する彼の強調は、原始社会学《プリミチブ・ソシオロジー》の研究におけるもっとも重要な出発点の一つとして評価されねばならない[31]」と。

さて、ロウィーは一九二一年の『原始社会』と二七年の『国家の起源』において、《血縁から地縁へ》という理論図式に対して疑問を投げかけた。もっとも、血縁と地縁という両結合原理の区分それ自体については、彼もすぐれた構想としてこれを評価しているのであって、疑問は偏えにその発展図式にむけられたのである。「疑惑をよびおこすのは」——と、ロウィーはいう、「その理論の論理的局面ではなくて、歴史的局面である。すなわち血縁紐帯に基礎をおく行政機構《ガバメント》のもとで数千年間、満足せる生活をおくったあとで、何故、世界の民族は、全く新たな、地域的な人の配列を代用するという、メーンの表現では驚異的な革命に、従ったのであるか、という疑惑である。どの著者も、〔この問に〕適切な解答を与えてはいない。……もし紀元前五〇七年〔正確には五〇九年。クレイステネスの改革の年〕ないし五九四年〔ソロンの改革の年〕が過去の伝統からの突然の離脱を刻印づけていないとすれば、それ以前のより単純な社会は、血縁的紐帯とならんで地域的な羈絆を示していたにちがいない。言いかえれば、その二つの原理は、たとえ相反するものであるとしても、必ずしもたがいに排他的なものではないのである。……われわれが直面することがらは、もはや自然発生（spontaneous generation）という奇蹟ではなく、原初的には微弱ながらもその存在を識別できる地域的な感情が、当初は血縁紐帯に従属せるものであったのに、いかにして支配的な役割を得るまでに強化するにいたったかという科学的な問題なのである(32)」と。

たしかに、メーンやモルガンは単に血縁から地縁への発展を叙述するのみで、そのような発展が行われねばならなかった根拠について何の理論的な説明をも付してはいないのであり、そのかぎりこの発展について疑問をいだくことは十分根拠のあることである。文明社会と原始社会とを「連続性の原理」(principle of continuity) によって考察しようとするロウィーの基本的な立場からすれば、血縁・地縁の両凝聚原理が原始社会にも文明社会にもひとしく存在していたのではないかという疑問が、当然、生まれることになるのである。すなわち文明社会には地縁紐帯のみならず血縁紐帯も、そして原始社会には血縁紐帯のみならず地縁紐帯も、社会的な凝聚作用を営んでいたのではないかと考えられたのである。ただ、その両者の作用の優劣は、原始社会と文明社会とでは逆になっており、原始社会における血縁の優位と地縁の劣位という対応関係が文明社会では地縁の優位と血縁の劣位という関係に変化したのだ、という独自の発展図式が提示されたのである。かくしてロウィーは、彼の「この解釈が正当とみなされるかどうかは、もちろん、経験的事実によって吟味せられるべき問題である」として、民族誌的資料の検討を試みるのである。

ロウィーが提示したこのような主張にとってその論拠とされた点は、具体的には次の三点に集約される。その第一は、原始社会にも血縁以外の原理に基礎づけられた社会結合が存在したという点である。このことから彼は、原始的な社会凝聚原理をただ血縁的とのみみたメーン＝モルガン理論は修正されるべきであると主張するのである。第二は、原始社会においても、人々は血縁的な諸集団を超えて地域的に連繫して行動する場合があるという点である。つまり、たとえ血縁紐帯が優勢であるとしても、地縁的な結合をまったく無視することは許されないと説かれるのである。そして第三に、血縁的集団の構造原理を分析すると、それには地域的な要因が内在していて、それが重大な作用を演じていることが認められるという点である。この第三の問題点は、窮極的には、血縁とは何かというきわめて根本的な問題をわれわれに投げかけるものとして、次節において検討されることとし、以下では右の第一と第二の論拠、すなわち原始社会においても血縁によらない集団が形成されたり、血縁を超えて地域的な結束が図られることがあるという点について、ロウィーの見解を考察してみることにしよう。

まず、第一の、血縁的原理によらない社会集団の存在について、ロウィーは『原始社会』において二章をさき、『国家の起源』でも一章を設けて詳細に分析したが、彼はこの血縁によらない社会集団を≪結社≫(association)と称したのである。ただ、厳密にみると、右の両著作の間には、この概念規定について次のような相違が認められるのである。すなわち一九二一年の『原始社会』では、≪結社《アソシエーション》≫の術語は「親族的要因に基礎をおかない社会的単位[33]」と規定されていたが、二七年の『国家の起源』では、単に血縁的要因に基づかないばかりでなく、地縁的要因にも依拠しない集団として説明されたのである[34]。

この概念規定の相違は、≪結社《アソシエーション》≫がはたす社会的作用についてのロウィーの理論的認識の変化にもとづくものである。後に再びふれるが、彼は前著では、≪結社《アソシエーション》≫に血縁集団を超えて人々を地域的に凝聚せしめる作用を認めていたのにたいして、[35]後著では、それが必ずしも地域的凝聚作用をもつのではないと考え直したのである。後著で≪結社《アソシエーション》≫が血縁的要因のみならず地縁的要因にも基づかないものとしてとくに新たな限定をつけて説明されたのは、右の点を強調せんがためだったのである。

その点はともかくとして、この血縁原理によらない社会集団としての≪結社《アソシエーション》≫がロウィーの人類学においてとりわけ重視されたのは、この≪結社《アソシエーション》≫の存在が、原始社会を単に氏族の聚合体としてのみみるモルガン学派の見解を否定することになると考えられたからである。「モルガンやその継承者たちによって描かれた原始社会は」――と、ロウィーはいっている、「一つの原子的聚合体《アトミック・アグレゲート》である。種族は、氏族観念という単一の型でつくられた単位から成りたっているのだとされる。……もしもモルガンが正しいとすれば、低級文化の個々人が相互に社会的に区別されるのは、ただ、どの氏族の成員であるかということによってだけだということになる。……〔だが〕、このような図式は、双系的家族を無視するが故に不適切であると同時に、さらに、親族関係――単系であれ双系であれ――にけっして依拠していない区分の原理を考慮にいれていない点でもひとしく決定的な欠陥を有するものである」[36]。彼のいわゆる≪結社《アソシエーション》≫こそは、実に、この「親族関係に依拠していない区分の原理」にもとづく集団なのである。

さて、ロウィーは、ちょうどシュルツが自然的集合体の構成員の自然的な対立――性別や年齢差――に即して≪シンパティッシな結合体≫がつくられるとみたように、血縁原理によらない社会的区分の原理として、「年齢差」「性別」ならびに既婚未婚の別たる「婚姻上の地位《マトリモニアル・ステータス》」をあげ、これらの区分原理によって、「年齢階梯制」(age classes)、「性的両分制」(sex dichotomy)的な諸現象(――彼はこれを「性的半族」(sex moieties)とも称した)、はては友誼的・儀礼的ないし秘儀的・軍事的等の団体としての「クラブ」(clubs) や「秘密結社」(secret societies) が派生したとみなしたのである。そしてこれらの結合体――《結社《アソシエーション》》とはその総称であるが――の社会的作用の特質を、ロウィーは、血縁的諸集団を断ちきって人々を横断的に統合する作用として捉えたのである。彼は『原始社会』においてこの統合作用をこう述べている。「ブイン族の首長は集会所を建て、男子クラブに加入せる聚落の男たちを自分のまわりに集めるが、彼はそのかぎりにおいて家族ないし氏族の紐帯を断ちきっているのであり、あるいはむしろ、その存在それ自体によって親族的なモチーフの支配を制限する新たな結合を創りだしているのである[37]」。

ところで、《結社《アソシエーション》》に固有なこの凝聚原理を、すでに述べたように、当初、ロウィーは地縁的なものとみなしていたのであり、右の引用箇所でもその文にひきつづき、こう述べているのである。「この結合の性格は、それが同じ地方の、異なる出自の男たちを統合しているが故に、地縁的である」と。そして実際、彼は「地縁的集団は、まさしく結社《アソシエーション》の特殊な形態と考えられてよい」とさえ述べているのである。だが、『国家の起源』では、この地縁的な要因は《結社《アソシエーション》》の属性から排除されたのである。なるほど、ロウィーは『国家の起源』においても、血縁結合に否定的に作用する凝聚力を《結社《アッシエーション》》に認めてはいるが、それにもかかわらず、この凝聚の原理を〝地縁的〟なものと無造作に考えるわけにはいかないという新しい立場をとったのである。この新しい立場は、次のような認識に依拠している。第一に、《結社《アソシエーション》》が、種族の首長権力を制限（縮小）する作用を演ずる場合があるが、首長が種族生活を統合する存在であるかぎり、彼の権力へのこのような制限は種族境界内の地域的統合を弱める役割を果たすという点[38]、第二に、《結社《アソシエーション》》は、それが一地域の全成員から成っている場合には、地域的統合の作用を演ずるが、一種族に同種の《結社《アソシエーション》》がいくつも併存し、またその間に対立関係が存在する場合には、地域的な統合を翬化するどころか、むしろ「家族的＝氏族的紐帯と同様に、実に分裂的な要因」となることもあり得るし、(39) また年齢階梯制が共同体成員を多くの年齢階梯に区別する場合――同時に成人式をうけた者たちを小集団とするときはとくにしかりだが――には、「この多様な年齢階梯の発生それ自体が種族的凝聚に寄与しないことはたしかである」という点である。(40) したがって、ロウィーは《結社《アソシエーション》》の社会的凝聚作用に関してこう結論するのである。「なるほど、〔親族的紐帯にたいする〕結社《アソシエーション》の破壊的な効力について述べられた主張は、疑いもなく正当である。結社《アソシエーション》は、ただそれが存在するという事実によって、親族的紐帯の全能性を侵食するように強いられた新しい羈絆をつくりだしたのである。しかしながら、その積極的な働きは、はなはだ疑わしいのであり、統合のための補完的な諸要因が付加されたときにのみ、それは地域集団全体の連帯をなしとげるのである。言いかえれば、結社《アソシエーション》の活動は、元来、分裂主義者的（separatistic）な活動なのであり、それは諸親族集団へ社会を分裂していることとかわりないのである」(41) と。

しかし、地域的凝聚力を《結社《アソシエーション》》の固有の作用とみなしてよいかいなかはともかくとして、血縁的な紐帯を分断する作用は、ロウィーが終始認めてきたことであり、しかも、そのような作用を具えた《結社《アソシエーション》》への帰属が、原始社会では、「ときには、氏族の成員であることよりもはるかに強力な影響を個人の生活におよぼす」(42) として、その存在意義を彼は殊のほか強調したのである。

さて、ロウィーは第二に、原始社会においても氏族を超えた地域的結束が図られる場合があるという点を、モルガン等の原始社会血縁紐帯説への反証としてあげている。ロウィーは『国家の起源』において、まず、北カリフォルニアのユーロック族、アッサムとビルマの中間の丘陵に住むアンガミ・ナガ族、ルソン島北部のイフガオ族の民族誌的資料を検討し、これらの種族にあっても地域的な紐帯が血縁的なそれと両立していることを摘示しようと試みるのである。(43)

たとえば、イフガオ族では、この種族の領域全体にわたって慣習法が承認されているが、この慣習法では同じ村民仲間であるかいなかという点が刑事責任においても民事責任においても重要な基準をなしているのであって、「村人仲間によって犯された窃盗には伝統的な罰金が科せられるが、掠奪した他所者はほとんどきまって殺される」し、また「債権者が債務の弁済をうけない場合、彼は、しぶとい債務者の水牛やその血族の水牛ばかりか、彼と同じ村落の住民――住民なら誰でもよい――の水牛をも、わが物となしうる」という具合に、「集団責任の原理」が血族の範囲を超えて村落全体に及んでいるのである。また、他の地域集団に比して弱体化するという危惧から、共倒れの争いをやめようという黙契が異なる血族集団の間に存在している。

またユーロック族については、外敵の脅威に対して地域的に結合するという報告が引用され、このような地域的な紐帯は、少なくとも『政治的組織』がそれから発達する胚種を供するものだと説明される。ちなみに、この種族ではまた、蒸し風呂を中心に聚落の男子によって営まれる一種の寝宿的なクラブや、儀式的な活動が、地域的紐帯を強める要因としてあげられる。

アンガミ族にあっても、事態は右記二種族と酷似している。なるほど、復讐（ないし血讐）は、たとえ他村落との間においても、当事者の氏族によっておこなわれるのが原則だが、しかし、「いったん社会規範の重大なる破棄がおこなわれると、ほとんどいかなる村落にあっても、諸氏族が呼応するのが見出され、このようなものとしての〔氏族をうって一丸とした〕村民によって軍事力が行使されるのがつねである」。

ロウィーは、以上の三種族の分析のあと、こう論じている――、「それらの種族は、同じ居住地を占める血縁集団の間に行政的な協調が欠けている点ではおよそ考えうるかぎり最も極端な事例であるが、このような種族においてさえも、血縁紐帯の排他性という伝統的な理論が破棄された以上、〔血族集団間の行政的協調の欠如が〕それほど極端でない場合においても、地域的羈絆の存在は承認されねばならぬはずである」(44)と。

以上、ロウィーは、原始社会において血縁的な構成物のほかに、それ以外の諸原理――年齢差・性別・未既婚の別――に依拠せる結合体としての《結社《アソシエーション》》が存在しているということ、そしてまた人々が血縁を超えて地域的に結合する場合があるということを指摘し、原始社会をもっぱら血縁集団の聚合物とみてきたメーン＝モルガン等の伝統的理論を斥けようとしたのである。このようなロウィーの考え方は、基本的にシュルツの問題意識をうけつぎ、その問題点をより具体的に明確にしたものとみることができよう。その意味で、以下においてはこのロウィーの提起した問題を中心に考察をすすめることにしよう。そしてこのロウィー説を検討する際、私がとりいれようとする視点は、そもそもロウィーのこのような異議の提起によって、原始共同体を「血縁的」共同体としてみる観方が修正を余儀なくされるであろうか、という点におかれる。

まず第一に、ロウィーのいわゆる《結社《アソシエーション》》がモルガン等の研究において欠けていたこと、そしてまた原始社会組織の研究の上でその存在が無視されえないことは、事実として認められねばならない。だが、それだからといって原始共同体を「血縁」共同体として捉えることが誤りだということには決してならない。というのは、共同体理論からすれば、血縁か地縁かという問題は、単に人間集団一般の結合原理についての論議ではないからである。共同体そこにおいて考察の対象とされているのはあくまで「共同体」――つまり、それに加わっていることによってはじめて人々が労働の客観的な諸条件を占取することができるところの集団――なのであり、そしてこのようなものとしての共同体が、血縁的に構成されているか、それとも地縁的な編成物であるかが、問われているのである。この点については、すでに石川栄吉教授は、次のように正しく論ぜられているのである。「マルクスの共同体論は、……たんなる社会組織の問題としてではなく、明らかにつねに『共同体的土地所有の形態』として問題提起されている……。すなわち上記のマルクスの規定は、一般的社会結合の原理として血縁、地縁の先後関係を問題としているのではなく、共同体の成員の土地占取の原理として、血縁か地縁かを問うているのである」[45]と。したがって、このような立場からすれば、たとえ≪結社《アソシエーション》≫が何らかの生活分野で重要な機能を演ずるものであるにしても、それがこの意味での共同体――すなわちそれへの加入によってはじめてその成員が土地その他の労働の客観的諸条件を占取しうるような団体――ではない以上、その存在が決して原始「血縁」共同体論を否定する根拠とはなり得ないのである。土地その他の労働の客観的な諸条件は、原始社会では、すべて氏族その他の血縁的な構成物によって所有されているのであり、したがって原始共同体はやはり「血縁共同体」だと言うことができるのである。

　また、いわゆる≪結社《アソシエーション》≫の少なからぬものが氏族その他の血縁共同体を分断して編成されているとしても、そのことが、ロウィーの主張するごとく、氏族等の結束力を弱体化するとは必ずしも言えないのである。氏族が原始社会の基礎的な経済単位だとしても、それは決してロウィーの表現した atomistic な自己完結的な単位ではなく、むしろ他の氏族と有機的に結合し、種族共同体の一分肢として存在しているものである。それ故、種族的規模に編成されたある種の≪結社《アソシエーション》≫が一定の生活分野において氏族とは異なった機能を演じているとしても、それは氏族の存在意義を低下させるよりは、むしろ氏族の機能を補完し、それ故強化することにもなり得るのである。

そもそも氏族は、（大多数の場合）外婚制をとりいれているが故に、氏族の存続の条件たる生殖は実に他の氏族との協業によっておこなわれているのであり、その結果、氏族にとっての種の保持は、（諸氏族を包含した）種族共同体全体にとっての種の保持の一環にほかならないのである。実際、レヴィ＝ストロースは、周知のごとく、近親姦禁忌ないし外婚制を、一定の婚姻の禁止という消極的な意味においてではなく、積極的に〝配偶者の交換〟として捉えたのであり、それが、財貨の交換や言語とおなじく、個体（もしくは集団）相互間のコミュニケーションの役割を果たすことによって、個体（もしくは集団）間の社会的な統合を期するものであると理解したが、[46]発生史的にはこの理論に問題があるとしても、氏族外婚制が血縁集団たる氏族相互の間に姻族関係の網の目をはらすことによって、[47]各氏族を種族により強力に統合させるという役割が、認められてしかるべきであろう。

しかも、外婚制をとおしてのこのような氏族間の連帯と協業は、けっして単に人間種属の再生産において現われるばかりではなく、物質的再生産の過程でも現われる。そもそも原始社会においては、労働は性的分業においていとなまれていることの結果として、婚姻は〝社会生活の基本的な必要物〟とみなされるのである。たとえばブラジルのボロロ族では、「労働が男女によりはっきりと分業化され、結婚した男だけが女性労働の成果、すなわち菜食や料理（女が土地を耕し、土器を作るので）、並びにシラミとり、身体装飾、毛抜きなどの恩恵にあずかりうるのであって、独身者は文字通り半人間にすぎないのであった」[48]。このような性的分業にもとづく相互依存の関係は、ただ単に夫婦の間だけでなく、夫婦がそれぞれ属する氏族共同体相互の間でも当然成りたつわけである。原始的な性的分業の一般的な形態によれば、男子は狩猟に従事し女性は農耕に携わるのであるが、結婚に際して男子が妻の氏族のもとにおもむく妻方居住婚のもとでは、婚姻における〝配偶者の交換〟

は同時に（夫の従事する）狩猟労働の交換という意味をもち、妻が夫の氏族へ婚嫁する夫方居住婚にあっては（妻の従事する）農耕労働の交換という意味を有するわけである。したがって外婚制は、氏族間におけるかような労働の交換を派生させつつ、種族共同体全体の再生産を確保するという役割を演ずるのである。

このように氏族生活の再生産は、人的にも物的にも、種族共同体そのものの再生産の一環を形づくっているのであり、社会生活の面で一氏族の成員が他氏族の成員と連繫することは、むしろ避けられないことだといわれねばならず、それ故、氏族を超えて〈結社《アソシエーション》〉が形成されるとしても、それは氏族制社会においてもなんら奇異なことではないと言えるのである。具体的にブラジルのボロロ族の事例を検討してみよう。[49] 母系的なこの種族は二つの半族に分かれ、そのおのおのが四氏族から成立っている。図1に示されているように、二つの半族が東西の線を境に南北に明確に区分され、円周上に氏族ごとに家族家屋が並んでおり、円の中心部に独身男子の住居であり既婚男子の集会所でもある男子家屋が建てられており、その北側に舞踊場が設けられている。しかもこの男子家屋では独身男女の婚前交渉も営まれるという。この聚落の配置からも窺われるように、ボロロ族の男子は、母系的な八氏族ないし二半族への帰属にかかわりなく男子家屋に結集しているのであり、種族的規模での男子の結合体が成立していると言えるのである。そしてこの種族の中心部たる男子家屋で各氏族の未婚男女間に性的交渉が営まれ、

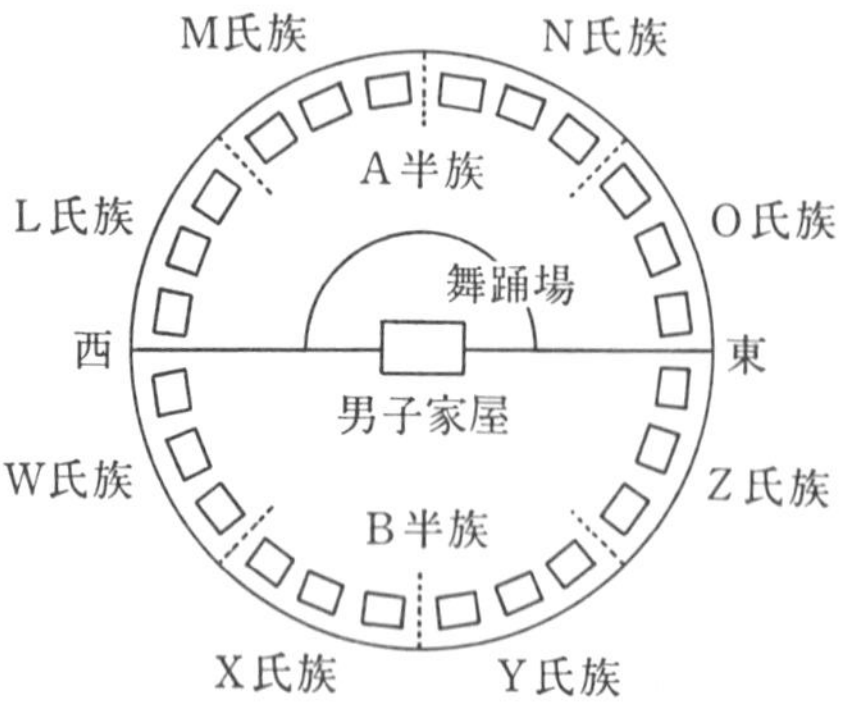

図1　ボロロ族の村落平面図

それをとおしておそらく婚姻の成立にまで至るとすれば、種族共同体にとり、この男子家屋のもつ意義はきわめて大きいものと言えよう。

一般的にいって、氏族=胞族（半族）=種族という血縁的な構成をとった共同体にあっても、氏族や胞族を超えて種属的規模で年齢集団（階梯）や各種の結合関係が成立することは、その血縁的な構成原理となんら矛盾するものではないのである。なるほど抽象的にみれば性や年齢や未婚既婚の区別に基づく社会的凝聚の原理は血縁の原理と相異なるものだとしても、原始的種族社会においては、それらの原理は、氏族の生活の再生産を保障すべく作用しているという意味で、現実には血縁原理を補完し補強するものだと言えるのである。

ところで、一地域に共同に生活する諸血縁集団が他の地域に対抗して軍事的に提携するというロウィーのあげた事例は、たしかに注目に値する。戦争は、原始的には共同体にとって一つの「労働」という意義を有しており[50]、それ故、いくつかの血縁集団が軍制的な組織を形成したり、それが軍事的行動で連繫したりする場合には、その包摂的単位には、生産活動の共通の担い手としての意義が認められてしかるべきである。したがってロウィーが報告したアンガミ族やユーロック族において、協同に軍事行動にしたがう諸血縁集団の単位を一つの共同体として捉えることも可能となるのである。だがしかし、それだからといって、ロウィーの主張するごとく、この諸血縁集団を超えた「地域的」な集団の存在が実証されるわけではない。けだし、同一地域（村落）を共同に占拠する諸血縁集団の結合体が必ずしも地域的な共同体だとはいえないからである。種族もまた同一地域を占拠する諸血縁集団（氏族）の結合体にほかならないのである。したがって、この結合体が血縁的なものか地縁的なものかを論ずるためには、その各血縁集団相互の結合の態様を検討する必要があるのであり、そしてこの点に関してロウィーの報告は遺憾ながら分明なものとは言えないのである。

以上、シュルツとりわけロウィーが提起したメーン＝モルガンの血縁結合先行説にたいする批判について、共同体理論の立場から検討を試みたが、その結果、かれらの問題提起が原始「血縁」共同体論を否認し去るものではないということが認められたのである。ただ、ロウィーの主張の第三の点、すなわち血縁的紐帯それ自身のうちに地域的な要因が内在しているという主張は、原始血縁共同体における「血縁」原理の本質的特性を究明する上で無視しえない重要な意義を有しているのであり、次節ではこの問題の検討を試みることにしよう。

(30) 以下のシュルツの理論については、江守五夫「年齢階梯制ならびに自由恋愛に関するH・シュルツの学説について」（『社会科学研究』第四巻四号、一九五四年）参照。なお、シュルツの民族学説はマックス・ウェーバーに大きな影響を与えたが、この点に関してはいずれ稿を改めて論ずることとして、ここではいっさい省略される。

(31) Lowie, R. H.: Primitive Society, London 1953, pp. 245-246. 河村只雄・河村望共訳『原始社会』（未来社、一九七九年）二五九―二六〇頁参照。

(32) Lowie, R. H.: The Origin of the State, New York 1927, pp. 53-54.

(33) Lowie: Primitive Society, p. 246. 河村訳、前掲二五九頁参照。

(34) Lowie: The Origin of the State, p. 74.

(35) ロウィーはいう。「シュルツによって議論された結社《アソシエーション》のうちの若干の型は、一定地域内の住民を、かれらの他のいかなる社会的帰属にもかかわりなく一定の単位として機能する一凝聚体に統合することによって、国家の形成をうながす潜勢的な動因である」と。Lowie: Primitive Society, p. 381. 河村訳、前掲三八九頁参照。

(36) ibid., p. 245. 河村訳、前掲二五九頁参照。

(37) ibid., p. 380. 河村訳、前掲三八八頁参照。

(38) ロウィーは、種族的境界内の地域的統合作用の最も有力な要因の一つとして種族首長の特権的権力を措定したが、このような立場から、≪結社《アソシエーション》≫が首長の権力とどのように関連するかという問題を考察した。彼はこの両者の関係について、「男子結社に真の権力の座があり、それが王〔首長〕の権力を矮小ならしめているか、それともまた、王が自分自身のために秘密結社の組織を利用しているか、そのいずれかである」と述べ、後の場合に≪結社《アソシエーション》≫は地域的な政治的統合に役立つが、前者の場合にはむしろその反対の作用を演ずると考えたのである。Lowie: The Origin of the State, p. 91 et seq.

(39) 例えば北米の平原インディアンにおける男子の軍事的な結社がしかりである。ibid., p. 98.

(40) ibid., pp. 108–110.

(41) ibid., p. 108. 同様にまたこうも言う、「たとえ結社《アソシエーション》が相異なる家族や氏族の人々を結集することによって、血族集団の分裂主義を克服することに成功したとしても、それはまた、共同体を結社《アソシエーション》に即して区分することも、同様になしうるのであって、地域的な紐帯を確立するためには付加的な諸要因が必要とされるのである」(ibid., p. 101)。なお、この結論は、「地理学的な分布」の状況によっても支持されるとする。ロウィーは言う。「もしも結社《アソシエーション》と地域的凝集との間に単純な因果関係があるとすれば、結社《アソシエーション》が欠けているところや、あるいはまたそれが微弱にしか発達していないところでは、どこでも政治的統合は微弱なはずである。だが、資料の示すところは、かように仮定された相関関係とあきらかに矛盾しているのである。……アジアの牧畜遊牧民の間では結社《アソシエーション》の活動は稀有であり、または欠如しているのであるが、実にこのアジアの遊放民こそは、有史以来最も広大な領土を擁し最も団結力のつよい王国のいくつかを建設したとみなされるべきなのである」(ibid., p. 111)。

(42) Lowie: Primitive Society, p. 245. 河村訳、前掲二五九頁参照。

(43) Lowie: The Origin of the State, p. 58 et seq.

(44) ibid., p. 62.

(45) 石川栄吉「メラネシアにおける『共同体的土地所有』について」(『民族学研究』第二一巻三号、一九五七年)。

(46) 大林太良教授の『東南アジア大陸諸民族の親族組織』――それはレヴィ＝ストロースの民族学説をわが国に紹介した最初の文献であるが――には、この点について次のように要領よく紹介されている。「それら諸法則〔近親婚禁止と外婚制〕は、単なる禁止というよりも、むしろ積極的な命令と考えて然るべきである。つまり、それらは、一人の男が一組の女と結婚するのを禁止する一方において、社会が彼に他の女を支配する権利を与えるように義務づける諸法則なのだ。……禁婚は、財貨と奉仕の交換という稀少価値の分配の最も基本的な方法の一つの例にほかならない。女は最高の財貨である。かくて、総ての人間の結婚は、二群間の交換であって、この交換は、二群をば社会を構成しているより広い網の目に結びつける。」大林『東南アジア大陸諸民族の親族組織』(学術振興会、一九五五年)、三五頁。

(47) レヴィ＝ストロースはいう。「これらの規則〔近親姦禁忌や優先婚〕は、いずれも、社会集団内での女性の循環を確保するための手段、すなわち、生物学的な起源をもつ血族関係の体系を、姻族という社会学的な体系に置き換えるための手段である」。荒川幾男他共訳『構造人類学』（みすず書房、一九七二年）、六六—六七頁。

(48)　レヴィ＝ストロース、原ひろ子訳「家族」（祖父江孝男訳編『文化人類学リーディングス』誠信書房、一九六八年）、一一頁、一六頁参照。

(49)　以下の資料は、レヴィ＝ストロース、荒川他共訳、前掲一四二頁、一五七—一五八頁より参照した。図面はわかりやすくするため筆者によって若干修正されたことを断っておく。

(50)　マルクスは述べている。「共同組織が自己のものとしての自然的生産諸条件——大地——に対する関係において見出しうる唯一の制限は、自然的生産諸条件をもともと自己の非有機的関係として要求している他の共同組織である。戦争(Krieg)は、それ故、所有を確保するためにも、また所有を新たに獲得するためにも、かかる自然発生的共同組織のおのおのにとっての、もっとも原初的な労働のうちの一つたるものである」と。Marx, K.: Formen usw., S. 27, und vgl. dasselbe, S. 9.

第三節　《血縁》の社会学的構造

さて、原始的な社会結合をただ血縁的原理によってのみ考察したメーン＝モルガン理論に対するロウィーの批判の第三の論拠は、すでに述べたごとく、血縁紐帯に地域的な要因が内在するとする点であった。すなわち彼は、「生物学的概念よりもむしろ社会学的概念で定義される場合に、親族関係の羈絆は、それ自身すくなからぬ程度において、地域的近接性（local contiguity）の一派生物であると主張され得る」(51)——と、述べるのである。この点に関するロウィーの主張は、要約すれば次のとおりである。

そもそも親族関係を考察してみると、生物学的な血縁関係が存在するからといって、社会的にもただちにその人人の間柄が親族であるとみなされるわけではない。生物学的にはひとしく親族関係にある人々でも、社会的に親族関係として認められる場合と、そうでない場合がある。では、一体何が、一定の人々が社会的に親族関係として認められる基礎をなすのであろうか。単系的親族について、彼はこう言っている――、「何故に、人々はつねに家族の一方にたいする以上に他方にたいして特別の連繫を覚えるのであろうか。親族の要素がその異なった関係を何ら説明するものではあり得ない。というのは、その要素は、父方の親族にも母方の親族にも同等に作用するであろうからだ」。では一体、この単系的な親族関係を形成させる要因は何であるか。ロウィーはアリゾナのホピ族に関するタイラーの研究に依拠しつつ、その要因を婚姻居住規制に求めたのである。ホピ族における母系制がその種族における妻方居住の婚姻形態に基づいているというのである。というのは、こうである――、この婚姻居住形態のもとでは、ひとしく叔母にあたる人でも、母の姉妹は自己と一緒に住むが父の姉妹は自己と一緒に住まないが故に、母方の叔母に対するのと父方の叔母に対するのとでは、親密度におのずから差異が生ずるのであり、このような親密度の差異こそが、自己と母方の叔母との間に社会的に緊密な関係――親族関係――を派生させ、他方、父方の叔母との間にこのような関係を生じさせない理由なのであり、ここに母方の血縁のみを親族として構成する母系制が形成されることになるというのである。そしてまったく同様の理由から、夫方居住のもとでは父系的な親族関係が現われると考えられたのである。かくしてロウィーは、「空間的隔離（spatial segregation）は、氏族的組織の種族においてみられる親族の編成を、大部分説明してくれるのだ」[52]とも、またさらに「血族の羈絆それ自体を分析すれば、空間的な因素（spatial determinant）がそれを基底づける感情として背後に潜んでいるのが見出されるであろう」[53]とも、論ずるのである。

ところで、このロウィーの主張を別の表現で言いかえれば、それは、婚姻居住規制が親族組織一般に対して基底的な要因をなしているということにほかならないのである。そしてこのような考え方は、実はロウィーに始まるものではなく、ドイツでは一九世紀末にすでにクノーによって発表されており、[54]二〇世紀にはいってからはこのクノーの理論的影響のもとに、ミュラー＝リャーや、[55]さらにウィーン学派の創始者たるシュミットにもうけいれられ、[56]またイギリスではブリフォールトもまた妻方居住婚が母系氏族にとっての必須の条件であることを論じているのである。[57]アメリカにおいても、クローバーが一九一七年のズニ・インディアンに関する研究において、「ズニ族の母系的慣習は、婦人たちが自分の住居を永久に占拠していることに依拠している」[58]と述べ、妻方居住婚が母系制の基本的要因であることを示唆し、また一九四九年にはマードックが、親族組織の変化発展が婚姻居住規制の変化によって誘発されるという理論を発表したのである。[59]このような民族学説の系譜からみて、婚姻居住規制が親族組織全体（とりわけ血縁的な出自規制）に対して有する能動的な役割は、今日の民族学界において異論のないところだと言えるのである。

かように血縁関係は、原始社会では、決して生物学的要因にのみ基づくものではなくて、むしろ空間という要素、すなわち社会的な婚姻居住規制に基づいているのである。もしこの点を無視して、それを生物学的にのみ理解するならば、モルガンやエンゲルスが試みたように親族名称をば生殖関係を反映するものとして単純に解釈し、それから集団婚説をみちびくという誤りをも犯すことになるのである。

そもそも原始的な「血縁」観念は、文明社会――とくに近代社会――におけるそれとは違って、生殖関係に直接に依拠するものではないのである。このことは、単系的な出自規制をとりいれている共同体のもとで、もっとも明確に表われる。すなわち、いかなる共同体のもとでもそれが存続する以上、つねに生殖が営まれているわけであるが、それにもかかわらず、母系制的な共同体にあっては父や父方の血族に対しては血縁関係は認められず、また父系制をとる共同体では母子の間柄は血縁性を否認されるのである。そこでは「血縁」観念は生殖関係に基礎づけられていないのであり、ときには生殖関係において一方の性が果たす役割をことさら軽視ないし無視することさえあった。[60] したがって、もしこの点の認識を欠き、「父」や「母」という親族名称がそのまま生理学的な関係を現わすものと解釈されると、類別的親族名称に関するモルガン＝エンゲルスの誤った集団婚理論も提示されることになるのである。要するに、親族関係を分析する場合、生理学的な親族と社会（学）的な親族とが厳密に区別されることが必要とされるのである。

マリノウスキーは、この点についてかつて次のように述べた。「概括的にいえば、親族という語によって一連の家族関係（親子、兄弟、姉妹等々の関係）が表示されるが、その一切の家族関係は一組の極端に複合的な現象から成り立っている。それは次のようなもっとも異質的な要素からできあがっている。すなわち、生理学的要素（physiological element）（出産、生殖、授乳等々）、社会的要素（social element）（居住の共同、利害の共同、社会規範等々）ならびに心理学的要素（psychological element）（上述の諸関係が知覚せられる種々の方法、種々の道徳観念、および種々の感情類型）である」[61]と。そしてこれらの三要素のうち、彼はとくに生理学的要素と社会的要素の作用を重視し、親族関係の人類学的分析を試みたのである。ここではマリノウスキーの分析を詳しく紹介することは断念するが、私が強調したいことは、前近代的な社会――とりわけ原始社会――では、生殖という生理学的な事実がそのままただちに社会的に親族として承認されるのではなく、まず第一に生理学的な事実が認識されえない状況（集団婚的関係、一妻多夫制等々）のもとでも、一定の者たちが親族として社会的に認められたり――たとえば妊婦に小さな弓矢を渡すという儀式を執行した者や、産婆に支払いをなした者や、（兄弟型一妻多夫制の場合に）長兄に、父性が認められたりする――、また生理学的な事実が認識され得る場合でも、その生理学的な関係がそのまま社会的に親族と認められなかったり(右にのべた単系的な出自制度)、さらにまた逆に、生理学的には血縁関係にたたない者が社会的に親族の間柄として認められたり(いわゆる擬制的親族関係)するということである。そしてまさにこの点において、ロウィーが『国家の起源』のなかであげているニューギニアのバナロ族の「父性」観念は、注目に値するのである。

「バナロ族の花嫁が性生活の秘儀をはじめて授けられるのは」——と、ロウィーはトゥルンヴァルトの研究を引用して述べている、「彼女の夫によってではなく、夫の父の友人によってであり、次いで彼女の舅によってである。これらの儀式は村のいわゆる精霊館《スピリット・ホール》でおこなわれ、その男たちは霊魂を化身せる者だといわれている。聟についていえば、彼が自分の妻と接することがはじめて許されるのは、『霊魂の子』(Geisterkind)と称せられ、彼によって養子とされる子供が出生したときである。……しかし、われわれの権威〔トゥルンヴァルト〕が再三確言しているように、このこと〔父性〕は原住民にとって完全に無関心な事柄なのである。『夫が子供の真の父であるかどうかは、この体系のもとでは考慮されないのである』。父性(fatherhood)の概念は、子供を設けた父(procreator)という概念とむすびついているのではなく、教育者(educator)、扶養者(provider)ならびに保護者(protector)のそれとむすびついているのである」[62]と。

ちなみに、ブリフォールトもまた母親にたいする子供の感情(filial sentiment)について同様の分析を試みている。「……年少者の母親にたいする愛着が、本来、依頼心から成り立っている以上、子としての感情《フイリアル・センチメント》は、いつでも身代りの者〔母親以外の者〕を迎えいれようとするのである。年少者が要求しているのは、本来、母親それ自身ではなくて、保護者、指導者、彼が頼りとすることのできる個人なのである」[63]と。

さて、以上の検討によって、「血縁」の観念が原始社会においては決して生殖という生理学的事実を基礎とするものではないということが判明したであろう。そこで再び最初の問題にたち帰り、一体いかなる要因が原始人の「血縁」観念の基底をなしていたかという問題を考察することにしよう。すでに述べたように、ロウィーは「血縁」観念の基底的要因として《空間的》な要因をあげた。たしかに、このような見解は当時の他の民族学者のうちにも見出せるのであり、ウェスターマークもその『人類婚姻史』において同趣旨の主張を試みているのである。

ウェスターマークはいう。「母性感情や父性感情は血縁関係の認識にもとづくものであり得ず、他の事情、とりわけ無力な年少者との近接性（proximity）――つまり子供がその誕生以来、親との間におかれている外的な関係――から派生した刺激に応ずるものである。いわゆる子の親への愛情《フィリアル・ラブ》も、第一に親族関係の考慮にもとづいているのではない。それは本質的に互酬的であって、愛顧をうけてもたらされる快い感情が、その当人をして、喜びと親しさをもってその施し主を仰ぎ見させるのである。この場合もまた情愛は究極的に近接的共同居住（close living together）に負うているのであり、またそれによってさらに強められているのである。このことは、子供と親との永い別居の冷ややかな結果に徴して明らかである。同様に兄弟愛とそこから発する権利義務もまた、第一には、共同の血統という観念とは別箇の事情に依拠しているのである。そして同じことは、さらに遠縁の親族を相互に結びつけている紐帯についても言えよう。すなわちその社会的な力は、終極的には、近親者の共同居住の習慣から派生しているのである。人間はその生れおちたサークルの中にふみとどまっていることによって群居的となったのであり、もし自分の親族と一緒に住もうとせず、それから孤立し、他所者と一緒になるのを選んだとすれば、そこには血縁関係は全く存在しないことになろう。相互的な接触と、この群居的な条件からもたらされる社会的な権利義務は、集団の成員が相互にたいしてたっている関係――共同の名前によって表現される親族関係――と結びついたのであって、その結びつきは、地域的紐帯が破棄されたのちにも、共通の名前を維持することによって存続することもあり得たのである。ここに、われわれは、究極的には近接的共同居住に依拠しつつも親族の語で説明されてきたおびただしい数の事実を有しているわけである……。[64]」（傍点江守）と。

ここでウェスターマークが、共同に「群居的」な生活を営むという点に社会的な血縁観念の源泉を求めたが、このことは、ロウィーが「地域的近接性」を血縁観念の基底的要因として説明したところと一致しているのである。そしてこのような「群居的」な生活関係こそが原始共同体における「血縁」観念を規定していたのである。すなわち、共同体所有地において群居的な共同生活を一生涯――婚姻後も――営む血族がどのような範囲の者であるかということが、その共同体における血縁観念の在り方を規定するのである。例えば、最も単純な事例として、「訪婚」――夫妻が別居していて、夫の訪問によって結婚生活が営まれるという婚姻形態――をとりいれている共同体についてみてみると、一生涯、共同体所有地にとどまって共同生活を営む血族は、図2で明らかなようにすべて母系的な

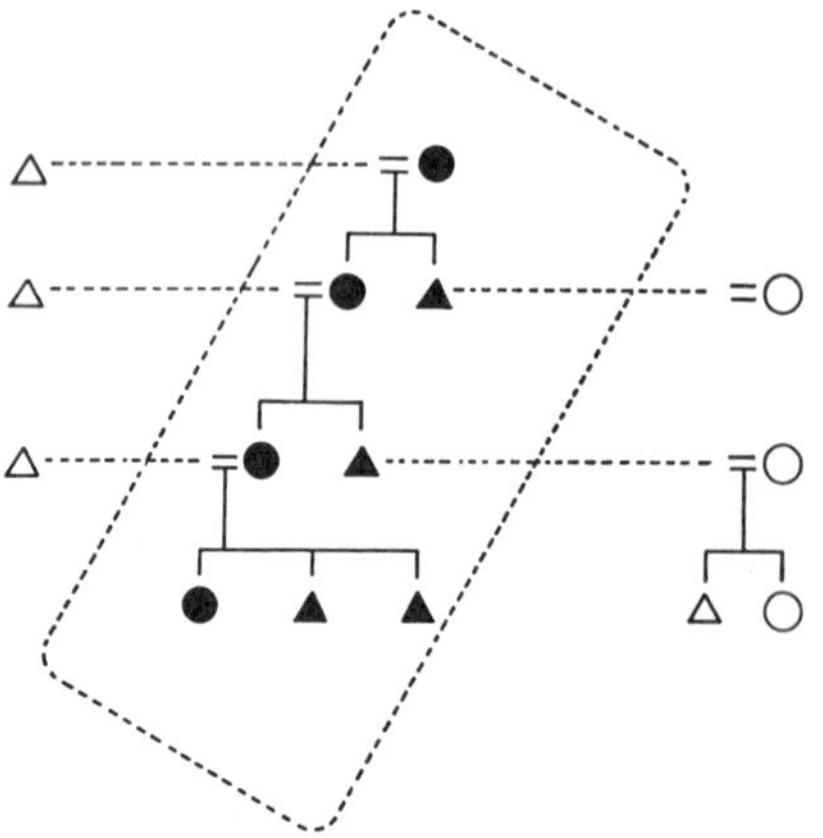
図2　訪婚と母系氏族の構成

出自でたどられるのであって、このような母系的な構成に即して、この共同体における血縁観念も母系制的な構造をとるのである。夫が結婚に際して妻の共同体へ婚入してくる妻方居住婚においても、一生涯にわたって共同体所有地で共同生活する血族が母系出自でたどられる点において右と共通であり、それ故ここでもまた母系的血縁観念が支配するのである。妻が嫁入りする夫方居住婚のもとでは、これとまったく逆の父系的出自によって共同居住の血族が構成されるのであり、それ故そこでは父系的血縁観念が現われるのである。

かように婚姻居住形態が血族の「空間的」な配列を規定し、それが血縁観念の在り方（母系制ないし父系制）をきめる要因となっているのである。ところで、ここで断っておかねばならないことだが、既存の母系制的共同体のもとに、何らかの社会的要因によって夫方居住婚がとりいれられる場合、それによってただちに（夫方居住婚に対応的な）父系的血縁観念が現われず、しばらくの間は、母系的血縁観念が依然存続することがあるのである。しかしこの場合、たとえ母系的観念が暫時存続したとしても、母系的共同体（母系氏族）は現実的な機能を喪失しているのである。というのは、夫方居住と母系出自との競合の結果、共同体成員は種族全体に散在し、それ故、共同体所有地に共同体成員の主要な部分が結集して生産を営むという条件が満たされなくなっているからである。ロウィーは、オーストラリアのディエリ族やメラネシアのブイン原住民――それらはいずれも夫方居住婚をとりいれている母系種族であるが――において、氏族の単位とならんで地域的な単位が重要な機能を営んでいるという事実をあげて、地縁的な結合原理の重要性を主張しているが[65]、実は、この事例は彼のかような主張の根拠としては不適当と言われねばならないのである。けだし、これらの種族は母系氏族制度の解体過程――母系制より父系制への移行過程――にあるとみなされ、彼のいう地域的な範囲の中で父系氏族が形成しつつあると考えられ得るからである。

このことから言えるように、たとえ氏族等の血縁共同体がまさに「血縁」的紐帯で結合したものであるにしても、それが共同体であるかぎり、成員の少なくとも主要部分が共同体所有地に結集しているということが不可欠の前提とされているのである。そしてこのことは、マルクスもつとに認識していたことであり、「氏族共同体の分解にあたって、コヴァレフスキーが『血縁意識』の弱化をその原因ととらえるのを批判して、『実質的な空間的分離』をこそ重視すべきだと主張している」のである。[66] また、エンゲルスは（モルガンに倣って）原始的血縁観念を生理学的に理解していたにもかかわらず、この点に関しては正しい認識をもっていたのであり、彼は氏族制度の解体にふれて、次のように述べているのである。

「それ〔氏族制度〕の前提は、氏族の、あるいはそうでなくとも種族の、構成員が同一の地域に集合して住み、その地域に排他的に居住する〔「排他的」というのは言い過ぎである――引用者〕ということであった。このことはずっと以前からおこなわれなくなっていた。いたるところで諸氏族や諸種族が混淆されていた」[67]（傍点江守）。また彼はこうも述べている。「古い氏族秩序にたいして国家が自らを特徴づけるものは、まず第一に、地域による国家所属員の区分である。血縁紐帯によって構成され、凝聚された古い氏族共同体が、すでにみたように不十分なものとなってしまったのは、大部分、つぎの理由に負うているのである。すなわち、氏族共同体は、一定地域への〔氏族〕仲間の結束を前提とするものであるのに、このことが疾《と》うの昔からおこなわれなくなったという理由である」[68]（傍点江守）。

さて、以上の分析をとおして、原始血縁共同体における「血縁」の社会学的な特質が明らかにされたと言えよう。原始的な「血縁」観念には、多くの民族学者が指摘しているように、地域的=空間的な要因が内在しているのである。だがしかし、他方、それだからといって原始共同体の血縁的な原理が否定されるわけではないのであって、まさにそのような特質をおびた「血縁」観念が共同体成員の社会的統合の原理としてやはり機能していたのである。ロウィーは《地域的近接性の原理》という概念――それは、すでに一節でみたように、実はメーンが血縁原理と対照的な地縁原理を表現すべく使用した術語であるが――を用いて、皮肉にも「血縁」観念の基底的要因を分析したが、たとえその考え方が基本的に正当であったとしても、そのことによって、氏族=胞族=種族の原始共同体が地縁的だと規定されることにはならないのである。共同体成員が（メーンの言葉をかりれば）、「自分たちの成員権を主張するすべての集団を、共通の出自に基礎づけられたものとしてみている」かぎり、この共同体は社会学的に血縁共同体と規定されてしかるべきであり、そして原始共同体も実にそのような血縁共同体として存在していたのである。

(51) Lowie: The Origin of the State, p. 62.
(52) ibid., pp. 67–68.
(53) ibid., pp. 72–73.
(54) Cunow, H.: Die ökonomischen Grundlagen der Mutterherrschaft, in Die Neue Zeit, Bd. I (1897/8), S. 115, S. 134.
(55) Müller-Lyer, F.: Die Familie, München 1924, S. 95.
(56) Schmidt, W.: Das Mutterrecht, Wien-Mödling 1955, Ss. 28–29.
(57) Briffault, R.: The Mothers, London 1927, vol. I, p. 250.
(58) Kroeber, A. L.: Zuñi Kin and Clan, in Anthropological Papers of the American Museum of National History, XVIII, Part II, p. 48, cf. p. 87, cited by Briffault (op. cit., vol. 1, p. 309).
(59) Murdock, G. P.: Social Structure, New York 1949, p. 201.

(60) たとえば古代の父権制社会の例を二つあげれば、マヌ法典は婦人を田地に、男子を種子にたとえる「田地種子論」の立場から、生物の子孫はすべて種子の特徴をうけつぎ、胎の影響をうけぬという観方を叙述しているし（田辺繁子訳『マヌの法典』、岩波文庫、二六六頁参照）、またギリシャのアイスキュロスは悲劇作品『オレスティア』のなかで、アポロンをして「母はその子をつくる者ではない、彼女はよび醒まされた生命を抱くにすぎない。子を作るのは父である」と語らしめ、生殖における母性の役割と、母子間の血縁性を否定させているのである（江守五夫『母権と父権』、弘文堂、一九七三年、一八六頁）。

(61) Malinowski, B.: The Family among the Australian Aborigines, A Sociological Study, London 1913, p. 170.

(62) Lowie: The Origin of the State, p. 71.

(63) Briffault, R.: The Mothers, London 1927, vol. I, p. 151.

(64) Westermarck, E.: The History of Human Marriage, London 1925, vol. II, p. 205.

(65) Lowie: Primitive Society, p. 379. 河村訳、前掲三八七頁参照。

(66) 和田春樹、前掲一三〇頁。

(67) Engels: a. a. O., S. 163.

(68) Engels: a. a. O., S. 165.（なお、ギリシャの具体的事例に関しては——S. 114）

第三篇　補論

第一章　原始共同体に関する論争
――B・マリノウスキー対R・ブリフォールト――

序　言

一九三一年、大英放送協会（BBC）はマリノウスキー（Malinowski, B.）とブリフォールト（Briffault, R.）の激烈な論争を放送した。「婚姻――過去と現在――」（Marriage : Past and Present）と題し、五回の講演と一回の対談（討論）から成るこの連続番組は、マリノウスキー担当の初回の演題「現代における婚姻の危機」が示すように、共に民族学を専攻する二人の講演者に、現代の婚姻状況を、婚姻の原史の問題と関連させつつ歴史的に位置づけさせようと企図したものであった。[1] ところで、この婚姻の原史の問題をめぐっては、民族学界では一九世紀末以来、論争が展開していたのである。すなわち一九世紀をつうじて支配的だった進化主義学派の原始乱交=集団婚説に対して、人類の最原始段階から一夫一婦制が形成されていたと主張する原始単婚制説が同世紀末より唱えられ、民族学界は進化主義と反進化主義の両派に分かれて激しい論争を繰りひろげてきたのであって、一九二〇年代末にはこの論争はようやく反進化主義派の勝利のもとに終焉をみようとしていたのである。そしてBBCの放送を舞台とすることの二人の論争も、右の論争の最後を飾るものであった。マリノウスキーが当時優勢だった原始単婚制説を代表していたのに対して、ブリフォールトは、このような学界の趨勢に抗してただ一人、進化主義の孤塁を守り、原始集団婚説を主張してきた理論家だっただけに、二人の見解は理論的に悉く対立し、この放送は、前世紀末から展開してきた原始集団婚論争の総決算という意義を期せずしてもつことになったのである。

ところで、本論争は、前述のように、婚姻の現代的状況をも視標としており、一九三一年当時の婚姻の危機状況を分析する上できわめて貴重な素材を提供するものであるが、以下ではこの問題についての紹介は割愛し、婚姻=家族の原史に関する論点にかぎって考察してみたいと思う。なお、本題に入る前に、本論争の学説史的背景を簡単に説明しておきたい。

周知のごとく、進化主義民族学はスイスのバッハオーフェン（Bachofen, J. J.）の一八六一年の『母権論』（Das Mutterrecht）を嚆矢とするが、その理論的体系化は、アメリカのモルガン（Morgan, L. H.）が一八七七年に著わした『古代社会』（Ancient Society）における人類の原始=古代史に関する壮大な発展図式に依拠している。爾来、一九世紀の多くの民族学者がモルガン学説を継承・発展させ、学説史上《進化主義学派》と呼ばれる一学派が形成されたのである。この学派の代表的な学者をあげれば、ドイツの民族法学者のポスト（Post, A. H.）やコーラー（Kohler, J.）、英国のラボック（Lubbock, J.）やタイラー（Tylor, E. B.）、スイスのジロー・トゥーロン（Giraud-Teulon, A.）、フランスのルトゥルノー（Letourneau, Ch.）、チェッコスロヴァキアのリッペルト（Lippert, J.）等等――、進化主義的な研究に従事した民族学者は、枚挙に遑がないほど多数に達する。進化主義は、一八六一年以来一九世紀末までの民族学を支配していたのである。

方法論的にみれば、この学派は、世界のすべての民族において人間は共通の観念――バスティアン（Bastian, A.）

のいう「原素観念」(Elementargedanke)――に支配され、（バッハオーフェンの表現をかりれば）「人間性の同質性と合法則性」(Gleichartigkeit und Gesetzmäßigkeit der menschlichen Natur) が全人類に妥当しており、それ故各民族は人類共通の発展法則に服し、同一系列の発展段階を経過するのだ、という観方の上にたっていた。ただ、その発展には民族により遅速があり（進化の跛行性）、また個々の民族において過去の文化要素がその本来の機能や目的を喪失ないし転化しながらも残存することがあるとされ、したがって発展の遅れた民族の社会形態から過去の発展段階を復原することができ、また遺制からも一般に往古の段階を再構成し得ると考えられた。そしてこのような方法のもとに、例えばバッハオーフェンは「娼婦制《ヘテリスムス》」―「女人政治制」―「父権制」の三発展段階説をとなえたし、またモルガンも「乱交制」―「集団婚」（「血縁家族」――「プナルア家族」）―「対偶婚家族」―「一夫一婦制家族」という一連の婚姻＝家族の段階を設定したのである。

さて、かかる進化主義民族学の方法に対して、一九世紀末頃から徐々に批判が提起される。とりわけ批判をうけた点は、人類進化の一系性、つまり世界の全民族が同じ発展系列をたどるのだという方法論的認識であった。[2] たとえば母権制は、進化主義者が考えるように果たしてどの民族のもとでも必ず経過せられたか、それはつねに父権制に先行したか、という点などが疑問視されたのである。そしてまたこの疑問と相通ずることだが、進化主義におけるいわゆる「平行論」(parallelism) が殊のほか批判の対象とされた。すなわち一系的進化の理論からすると、どの民族も特定の発展段階に到達することによって、おのずからその段階に固有な諸制度・諸慣習を形成せしめるのであり、各民族は互いに独自な立場で同一の発展系列を平行して辿るのだとみなされているが、しかし、各民族にとり、その社会変化がつねにかかる「独自的形成」によってなしとげられるであろうか、他民族との接触によって文化の受容（借用）が行われる場合もあるのではないか、という批判である。この批判は、実際、ライプツィッヒの人類地理学者ラッツェル（Ratzel, F.）のもとで「移動説」（Migrationstheorie）という形をとって実った。彼は主として形態の類似せる武器（弓・矢）その他の用具について地理学的分布を明らかにすることから出発する。そしてもしこの形態の類似性が「事物の本質および目的からおのずから生じたものではなく、また使用された材料の性質からも理由づけられない場合」には、この類似性の認められる諸民族の間には、その民族がたとえ互いに遠隔の地に現在住んでいても、過去に何らかの接触が存在したと彼は認めるのである。実際、彼は弓の形態から推してアフリカとメラネシアの「両民族が相互間に直接の関連を有していた時代」があったと想定した。(3) このような移動説は、勿論、進化主義学派の「独自形成的観念」（freischaffender Gedanke）を批判的に克服しようとするものであった。そしてこの移動説はラッツェルの弟子フロベニウス（Frobenius, L.）により「文化圏説」（Kulturkreistheorie）へと発展せしめられた。彼は、文化の発生上の連関は、弓矢などの個々の文化要素のみに限られず、社会学的・神話学的・宗教的諸要素にまで及ぶとなし、この一つの有機的な共属関係が認められる圏域を《文化圏—Kulturkreis》と呼んだ。だがさらにグレープナー（Graebner, Fr.）が出て、文化圏相互の間に時間的前後の関連を実証し得るとなし、その歴史性を表示すべく《文化層—Kulturschicht》の概念を採用した。次いでこの研究は、ウィーンのシュミット（Schmidt, W.）にうけつがれ、コッパース（Koppers, W.）との共著『諸民族と諸文化』（Völker und Kulturen, 1924）において壮大な文化史民族学が体系化されたのである。

英国でも、二〇世紀に入ってから、「伝播主義」（diffusionism）がマンチェスターを中心に興った。諸民族の移動・接触によって文化の起源とその伝播を明らかにせんとする学風であって、エジプトで発掘された古人骨の解剖学的研究に端を発し、二〇世紀初めカイロのエジプト公立医学校で共に研究したスミス（Smith, G. E.）とペリー（Perry, W. J.）がその代表的存在である。スミスには一九一五年の『初期文化の移動』（The Migration of Early

Culture）や晩年（一九三三年）の『文化伝播論』（The Diffusion of Culture）の主著が存する。彼は、伝播の原理によって全世界の文明が一つの根源から由来したことを明らかにし得ると考え、実際、「現在信ずるにたる証拠によって、文明がエジプトに、恐らく紀元前四〇〇〇年に（正確には紀元前三五〇〇年以前に）発したという推定が正当視される」と断定した。(4)

これらの諸派の研究方法が、たとえ進化主義的方法に対して批判的であるにせよ、歴史的な視角をとりいれていたことにはかわりはなかった。しかし、反進化主義民族学の一派として一九二二年に登場した「機能主義」（functionalism）学派では、現在的時点での文化要素の社会的機能の分析が民族学の研究の根本課題に据えられることによって、歴史的考察——少なくとも巨視的な世界史的法則性についての認識——がいきおい排除されたのである。その創始者の一人たるラドクリッフ・ブラウンによれば、同一の形態の社会慣習が異なる社会において異なった機能を果たし得るのであり、それ故社会慣習をその形態から論ずべきではなく、機能の側面から分析すべきである、とされる。つまり各慣習が社会体系全体のなかで、調和もしくは満足すべき内的首尾一貫性をもって作用しあっている統一的状況——「機能的統一」（functional unity）——こそが、明らかにさるべきだという。(5) かような立場では、現在的時点に考察の焦点が据えられることは否みえない。そしてこのような傾向は、マリノウスキーの方法論的認識において、さらに顕著に現われる。彼の民族学は、種族文化の生きた動態を明らかにすることを至上目的とするもので、そのため、「ある事実をより簡単な諸要素に分解し、そしてこれら諸要素間の関係を跡づけること」に最大の努力を払おうとするもので、まさにそれ故、その研究方法はいかなる進化的ないし歴史的な再構成にも頼る必要がなく、実際、彼自身の民族学的研究において歴史的な認識が排除されたのである。

彼は言う。「われわれにとって最も緊急に必要なことは、原始的な法・経済および教育のメカニズムに関して一連の理論的な原則を展開することである。かかる理論は、現地調査者にたいして、自分のデータから過去の状態や歴史についての、魅惑的な、だがしばしば空想的な影像を構成しようとする回顧的欲求を鼓吹するよりは、むしろ、原住民の社会的および文化的な諸制度の現実的作用に、彼の興味と注意を集中せしめるものである」[6]と。そして彼は、個々の慣習を特定の「進化的段階」に位置づけたり、ないしはさらにそれ以前の「歴史的先行者」を探ろうとする進化主義者の作業をば、〝好事家的な興味〟として一蹴し、「余は仮説を弄ばず」と言って、歴史的復原・再構成を拒否してしまったのである。[7]

さて、以上において、進化主義的方法と反進化主義各派の方法を概述したが、進化主義と反進化主義の対立は、かかる方法論的認識の相違もさることながら、実は、進化主義民族学の理論的成果の当否をめぐって一層明確に現われたのであり、しかもとりわけ、婚姻の起源の問題がその議論の中心をなしたのである。具体的に言えば、バッハオーフェンやモルガン等がとなえた原始乱交=集団婚説の是非が争われたのである。

この婚姻の起源に関する論争は、一八九〇年代から始まった。すでに述べたように、ウェスターマーク（Westermarck, E.）が原始一夫一婦制説を主張した『人類婚姻史』（The History of Human Marriage）の初版本は一八九一年に著わされたし、九四年以降には興味ぶかいことに、進化主義学派の陣営内部でも集団婚説への疑問が提示されたのである。すなわち同年、クノー（Cunow, H.）は『オーストラリアネグロの親族組織』（Die Verwandtschafts-organisationen der Australneger）を刊行し、モルガンの集団婚説に真向から批判を投げつけたのである。彼は、類別的親族名称――それについての特殊な解釈から、周知のように、モルガンの集団婚理論が組立てられたのであるが――が人々の世代階層を表わすもので、例えばある人が〝父〟と呼ばれるのはその人が結婚して子持ちの階層にあることを表わし、〝祖父〟といわれるのはその人が孫をもつ世代になっていることを表現するものであって、それ故、そのような親族名称が用いられているところでは、モルガンの解釈とはおよそ反対に、父子の関係が明確になっており、したがってまた父子関係を確認し得るような婚姻形態――つまり一男一女間の個別的な婚姻――がすでに存在している、と考えたのである。(8) その他、ミュラー＝リャー（Müller-Lyer, F.）やグロッセ（Grosse, E.）も、多かれ少なかれモルガン等の古典的進化主義説を批判する進化主義者であった。またシュミットも、アフリカのピグミーの調査をとおして原始単婚制理論の立場を明らかにした（『人類発展史におけるピグミー諸族の地位』、一九一〇年刊）。そしてマリノウスキーもまた一九一三年の『オーストラリア原住民の家族』（The Family among the Australian Aborigines）で一夫一婦制説に与したのである。かように一八九〇年代から相次いで原始単婚制説が発表されていくが、二〇世紀になっても集団婚説が姿を消したわけではない。ブリフォールトに多大な影響を与えたリヴァース（Rivers, W. H. R.）も、今世紀において集団婚説を支持した数少ない民族学者の一人であった。そしてブリフォールト自身、一九二七年の『母親たち』（The Mothers）において原始集団婚説の立場を明確にとりいれたのである。(9)

ところで、この婚姻の起源に関する議論は、例えばモルガンの類別的親族名称の解釈の当否とも関係しているように、原始共同体の社会構造全般に関する理論的対立の一局面とも言えるのであり、本論争でも、その問題点は多方面にわたっているのである。すなわちマリノウスキーが単婚的な家族が原始期にすでに存在し、それが社会関係の中核的な位置を占めていたとみなすのに対して、ブリフォールトは氏族こそが原始期における domestic な制度であって、家族は後期の歴史的産物であると考え、またブリフォールトが母系こそが原始的社会集団における唯一の出自であったとみるのに対して、マリノウスキーは父子関係もまた母子関係とならんですべての社会で競合的に機能を営むと論ずるのである。かように二人の論争は原始共同体の構造の多くの局面にわたっており、本章に「原始共同体に関する論争」という標題をつけた所以もそこにある。ただ、この論争を項目的に整理するならば、次の三つの問題点に集約することができよう。

第一点　婚姻の原史に関する論争点

第二点　親子関係の個別性と集団性に関する論争点

第三点　原始社会の構成単位に関する論争点

以下、順次、これらの問題点について論争者二人の所説を明確にし、かつ、それについての私の見解を述べてみたいと思う。なお、その際、単に本論争にかぎられず、二人の他の著作も参照される。

（1）　本論争には翻訳がある。江守五夫訳『婚姻――過去と現在――』（社会思想社）。

（2）　この一系的進化図式は、例えば母系的なアメリカ・インディアンの氏族制度と古典古代の父系氏族とが同一の発展系列の異なる段階に位置するという認識にも現われており、この点についてモルガンとバッハオーフェンは興味ぶかい意見交換を行っている。モルガンは一八八〇年六月二十一日付のバッハオーフェン宛書簡でこう述べる――「ヨーロッパの学者たちはローマのゲンスやギリシヤのゲンスについて特別な観方をとっているため、イロクォイ族の氏族を同じ組織とはみたがりません。私はこのことを不思議に思います」。同年十月二十九日のバッハオーフェンの返事は率直に賛意を表した。「〔ドイツの〕学校で盛んに教えこまれたことですが、ローマ的＝ギリシャ的世界のいわゆる古典性についての誤れる礼賛もまた同じ方向〔未開民族を視野に入れぬ狭い考察方法〕に作用しています。すなわちローマ人やギリシャ人は一種特別の選民――未開の諸種族と決して対比されてはならず、他の被創造物との一切の類似性を生来拒むような選民――とみなされています」と述べたのである。さらに一八八一年一月二十七日、モルガンはバッハオーフェンへの書簡で「人類起源の単一性」（unity of origin of mankind）という考え方をも示したのである。彼はギリシャ人の血縁共同体の構成とイロクォイ族のそれとの類似性にふれたあと、こう書いたのである。「このような類似性は人類起源の単一性を支える強力な論拠となりましょう。もし起源において一つならば、諸人種はいきおい同じ精神的原理を生まれながら授かっており、そしてこの原理が同じ原初的観念を共有し、その観念をほとんど同じ仕方で働かせたと思われます。したがって、この原理がすべての人種のもとでほとんど一定の過程で作用し、全人種がこの社会組織の原初的観念を極めて堅く保持しえたということが、人類の経験上判明したとしても、何ら驚くにはたりません」と。

以上のようなバッハオーフェンやとりわけモルガンの一系的進化の観念は、未開民族を視野にいれる点で、当時の比較法史学の方法上の問題たる「視界の拡大」とも関連して興味ぶかいが、未開民族に対する人種的偏見を打破しようという実践的契機を内在していたことを窺わせる点で注目に価しよう。布村一夫教授による翻訳――Johann Jakob Bachofens Gesammelte Werke, Bd. 10, Basel u. Stuttgart 1967, Ss. 501-511. 布村編訳『モルガン古代社会資料』（共同体社）二七四―二八八頁参照。

（3）W・シュミット、大野俊一訳『民族と文化』（河出書房）上巻四五頁、一〇一頁参照。
（4）Haddon, A. C.: History of Anthropology, London 1934 (Thinker's Library), p. 121.
（5）石田英一郎・寺田和夫・石川栄吉『人類学概説』（日本評論社）二八四―二八五頁参照。
（6）Malinowski's Introduction to H. I. Hogbin: Law and Order in Polynesia, pp. LVIII-LIX. 青山道夫訳『未開社会における犯罪と慣習』（新泉社）一五六頁参照。
（7）Malinowski, B.: Crime and Custom in Savage Society, London 1926, p. 129. 青山訳、前掲一一〇頁参照。
（8）江守五夫「年齢階梯制下における婚姻および親族組織の形態に関するH・クノーの学説について」（『社会科学研究』第五巻四号、第六巻一号所収）、同「H・クノーの母権制説とその学説史的位置」（『社会人類学』第一巻四号所収）参照。
（9）以上の学説史的系譜については、江守五夫『結婚の起源と歴史』（社会思想社・現代教養文庫）四七頁以下参照。

第一節　婚姻の原史に関する論争

既述のごとく一九世紀末以来、それまで支配的だった原始乱交＝集団婚説に対抗して原始単婚制説が現われ、今日では後者が人類学界の大勢を占める状況にあるが、マリノウスキーも原始単婚制説をとるもっとも代表的な学者であって、彼は一夫一婦制について次のごとく述べている。「一夫一婦制は、ただたんに、もっとも重要な婚姻形態というだけのものではない。すなわち統計的に言って圧倒的多数の事例において存在している婚姻形態というだけのものではない。一夫一婦制は、たんにそのようなものであるばかりでなく、婚姻の範型（pattern）にして原型（prototype）なのである[10]」と。

マリノウスキーが一夫一婦制をもって単に婚姻の「原型」とのみずに、その「範型」と規定した所以はこの際重要である。その意味するところは、彼が一夫多妻制や一妻多夫制のごとき複婚をも単婚的な原理に根ざしたものとして捉えようとすることにある。彼は言う。「一妻多夫制も一夫多妻制も、合成的な婚姻（compound marriage）である。すなわちそれを構成する数個の結合《ユニオン》は一つの大きな体系に結びついているが、そのおのおのは一夫一婦制的婚姻の範型の上に構成されているのである」。またとくに一夫多妻制については、「それは実際には一夫一婦制と根本的に異なった婚姻形態というよりは、むしろ複合的な一夫一婦制（multiple monogamy）なのである。事実それはつねに、婚姻契約の反復なのであり、婚姻契約はおのおのの妻と個別的に締結され、男とその各配偶者との間に個別的な関係を形づくっているのである[11]」と。婚姻についてのかような観方は、集団婚についても適用され、マリノウスキーは、オーストラリアの『ピラウル（pirrauru）婚』に関して「夫権の一時的で部分的な譲渡」（a temporary and partial surrender of marital rights）という簡単な説明をもって割り切っているのである[12]。

このようなマリノウスキーの見解に対して、ブリフォールトはまったく対立的な考え方をとったのである。彼は、原始社会における「集団婚」ないし「団体的な性関係」の存在を主張するのである。彼のこの集団婚理論の主要な論拠は、モルガンと同様に、類別的な親族名称の体系に求められたのであり、彼は《妻》名称および《夫》名称が団体的な性関係の potentiality を示すものと解し、独得な集団婚理論を構成したのである。そして注目すべきことには、類別的親族名称についての彼の解釈がモルガンの集団婚的解釈と重要な点で異なっていたのである。

彼は、「対応せる婚姻集団（たとえば、外婚的な胞族や氏族）における同年輩のすべての婦人が、男により《妻》とよばれ、またその同年輩のすべての男子が婦人により《夫》とよばれる」という類別的名称法を次のごとく説明する。「対応せる婚姻集団のすべての婦人にたいして《妻》という語を使用することは、『可能性の潜在せる』（potential）妻として説明されえても、現実の妻として説明されることは許されないだろう。《母》の語が必ずしも現実の母を意味しておらないように、《妻》の語も必ずしも現実の妻を意味してはいないからだ[13]」と。ここで彼が断っているごとく、《母》という語が現実に自己を生んでくれた母以外の女にも用いられるとすれば、その語は必ずしも生殖的な関係のみを表現しているわけではないから、《妻》という語でよばれる婦人と呼びかける男子との間にも実際に生殖的な関係があったと考えることは許されないわけである。そもそもブリフォールトは、親族名称が専ら生物学的関係を表わすものであるとみなすモルガン流の考え方を否認するのである。「社会組織が親族関係の上に基礎づけられているという考え方はすべて誤りである。真理はその正反対である。すなわち親族関係こそが社会組織の上に基礎づけられているのである。……もしオーストラリアの原住民が自分の母をよぶのと同じ語をもって少なくも二〇人の婦人をよぶとするならば、そのことはパラドクシカルな生物学的理論によるものではなくて、それらの婦人にたいする彼の社会的関係や地位が、自分の母にたいするそれと同じだからであり、そしてまた自分の母に対する彼の個別的な関係が何らの特別の社会的意義を有してはいないからである[14]」。

ここで実母と他の婦人との間に存する共通の「社会的関係と地位」とは具体的に何であろうか。それは実に彼が「集団的母性」説において説こうとする事柄なのである。すなわち母性感情は決して実子にたいしてのみ作用するものでなく、集団のすべての子にたいして同様に作用し、かつ子の監護・養育も原始人は実子であるか否かをとわず共同におこなう、という集団的な母子関係である。つまり、母子間のかような集団的な感情的・機能的な関係が、《母》と《子》の名称を類別化する基礎だと、彼は考えたのである。

それでは、《妻》や《夫》の語が類別化されている理由は奈辺に存するか？　「《母》の名称を類別化させているのと同じ根拠が、《妻》の語の類別化現象においても求められるだろうか？　《母》の語が真の母の部族上のすべての姉妹〔実母が《姉妹》とよぶすべての婦人〕に用いられていることが、実際の機能的・感情的な関係に対応するものであるのに、一体われわれは、《妻》の語をその妻の部族上のすべての姉妹に用いることが、かような実際的な機能的・感情的関係に対応するものではないと言えるだろうか？　前者の語〔=《母》〕の使用が機能と感情に完全に関係しているというのに、一体、後者の語〔=《妻》〕の使用は純粋に人為的で慣例的なものだと言えるであろうか？」。ブリフォールトは、みずから設定した右の問に答えて、「《妻》や《夫》の語は、性的接近の権利（right of sexual access）を意味することなしには用いることがありえず、そして実際にも用いられはしないのだ。性的接近の権利こそが、それらの語の意味の精髄《エッセンス》をなすものである[15]」と。

このようにブリフォールトは、類別的な夫妻名称において団体的な「性的接近の権利」を推定したが、彼は、かかる性的接近が集団的な性慣習という形をとって実際にも現われたと考え、集団婚に関する民族誌的資料を分析するのである。

なるほど、集団的性関係が多くの事例で個別的婚姻と結びついて現われることは、ブリフォールトも承認する。すなわち特定の男女の間には他の婚姻当事者たちとの間以上により一層緊密な結合があり、より持続的な同棲関係が存するのである。一夫一婦制論者はその個別的関係を重視し、既述のごとくマリノウスキーは「夫権の一時的で部分的な譲渡」と呼ぶことにより集団的性関係を単婚的関係に分解して考察しようとした。だが、ブリフォールトは、その個別的な結合が必ずしも「団体的な性関係を排除しない」という側面を重視するのである。彼は、マリノウスキーが一夫一婦制の範型の上に基礎づけられたものとみた一夫多妻制や一妻多夫制を、逆に（進化主義学派の一般的見解と同様に）集団婚の一局面ないし一遺制と考えたのである。

ブリフォールトは、姉妹型一夫多妻制（sororal polygyny）と兄弟型一妻多夫制（fraternal polyandry）が相互補足的な慣行と考え、「その二つの原則の同時的な遵守」が集団婚に他ならぬとみなした。[16] そしてかかる観点から、彼は兄弟型一妻多夫制や姉妹型一夫多妻制をはじめとして、彼がそれと密接に結びついた慣習と考えるレヴィレート婚やソロレート婚、また友人たち（兄弟も含む）との間で相互的におこなわれる貸妻的性関係、あるいは性的款待（sexual hospitality）の慣習等々を検討する。[17] 彼があげる多くの民族誌的資料の中でとくに重要なのは、ギリヤーク族（とくに西部の）にみられる貸妻的な集団的性関係と、チベット人のもとでの二つの家族間の集団婚である。前者では“angej”と“pu”という二つの対応せる親族用語でよばれる男女間に、婚姻の前後をとわず性的接近が許容されているのであり、それは、その性関係が親族用語と関係している点、そしてまたそれがすべての tribal brothers and sisters にまたがっておこなわれているという点に、注目すべき特色をもっている。また後者では一家族の兄弟たちがみなことごとく他家族の姉妹たちを娶るのであって、家族的規模に限られてはいるが、兄弟型一妻多夫制と姉妹型一夫多妻制が結びついており、その意味では完全な集団婚が形成されているのである。[18]

ところでブリフォールトは、「性的接近の自由」を《tribal brotherhood》の一部と考え、「もし妻たちにたいする相互的な接近が存在していなければ、男子は真に tribal brother とは言えない」とすらのべるのであり、[19]部族ないし氏族という集団において男女がすべて自己の配偶者にたいする性的接近を他人に認め合うという状態をもって、原始的部族社会の性関係の根本原則と考えたのである。もっとも、かような集団的な性関係も、近親姦禁忌を伴っている点で乱交とはおよそ縁遠い性格のものだと強調されているのである。[20]

以上のようなブリフォールトの理論は、集団婚の存在を認め、それが原始社会の婚姻・性関係の基本的な形態をなしているとみる点で、一夫一婦制を婚姻の「原型」ならびに「範型」と考えたマリノウスキーの理論と真向から対立するのである。マリノウスキーは一夫一婦制家族が人類社会につねに存在していたと考えたのに対して、ブリフォールトは、一夫一婦制家族が私有財産制の成立とともに形成されたというモルガン＝エンゲルス理論を踏襲したのである。ブリフォールトは、原始社会では集団婚に基礎づけられた母系氏族が domestic な制度をなしており、一夫一婦制の上に成立する家父長制家族が後に形成されたものだと論ずるのである。つまり彼の発展図式では「母系氏族」と「家父長制家族」が歴史的次元を異にするものとして設定されているのである。すなわち「集団婚＝母系制＝氏族制度」という一連の概念系列と「一夫一婦制＝家父長制＝家族制度」という一連の概念系列とが対蹠的に位置づけられるのである。しかも前者の系列には「原始共産制」が、後者の系列には「私有財産制」が、それぞれその概念系列の基礎に据えられており、それ故また彼は、この前者の概念系列（すなわち「原始社会」）から後者の概念系列（すなわち「文明社会」）への移行の契機を、私有財産制の発生に求めたのである。[21]

このようにブリフォールトは、家父長制家族の起源を私有財産制の起源と同時点に求め、しかも前者が後者に動機づけられていると考えたのである。そしてかかる私有財産制の発生の時期以後、今日の社会に至るまで、家族が家父長制的な構造をとって存続してきたとみたのである。

さて、以上において、第一の婚姻の原史に関するマリノウスキーとブリフォールトとの理論的対立が考察されたが、以下、この理論的対立に対する私自身の考えをのべておきたい。まず第一に注意せねばならないことだが、マリノウスキーは、ブリフォールトの相次ぐ質問に答えて、《一夫一婦制―monogamy》という語を、《個別的配偶の婚姻―marriage in single pairs》ないし《個別的婚姻―individual marriage》という意味で用いると述べているのである。[22]彼の説明によれば、この個別的婚姻とは、「各自にその権利義務を保障しあい、その子供に法的な地位を保障する、一人の男子と一人の婦人との間の法的契約」である。ただ、かような意味での個別的婚姻は、マリノウスキーによると、かならずしも婚姻の現実の存在形態を表示するものではない。彼が「一夫多妻制も一系列の個別的な契約」であるとか、「一夫多妻制、言いかえれば複妻制は、個別的婚姻の存在を意味している」とか述べているように、現実に存在している一夫多妻制的な婚姻もかような個別的婚姻がいくつか合成ないし複合されたものとみているのであって、その場合、個別的婚姻なる語はまさに分析のための道具概念として用いられているのである。このことは婚姻の起源に関する論争において決定的に重要な点であると思われるので、ここで本文を引用してみよう。

「個別的婚姻によって私がいおうとしているのは、各自にその権利義務を保障しあい、その子供に法的な地位を保障する、一人の男子と一人の婦人との間の法的契約であります。婚姻についてのこのような定義からすれば、一夫多妻制も一系列の個別的な契約なのです。そしてまさにそのような個別的婚姻の存在こそ、あなたやあなたの学派が否定しておられるところです(23)」と。

私たちは、マリノウスキーのこの論法に注意する必要がある。そもそも婚姻の起源に関する問題は、原始期の婚姻が現実にいかなる形態のものとして存在したか——すなわち集団婚か、一夫一婦制か——、という点にあった。そこで争われているものは、現実の婚姻の形態である。ブリフォールトや進化主義学派が集団婚説を唱えたのも、まさにこの現実の婚姻形態を対象とするものであった。ところがマリノウスキーが右で主張している原始社会における「個別的婚姻の存在」とは、実に、現実の複婚の構成要素として（彼なりに）分析した結果にすぎないのである。彼の頭脳のなかで作りあげられたかような仮象物を、彼はあたかも現実に存在せるもののように論じ、その存在を否定するブリフォールトや進化主義学派を非難しているのである。これは、まったく問題のすりかえ以外の何ものでもないのである。

また、仮にマリノウスキーの分析方法に依拠するとしても、複婚がすべてかような夫婦間の個別的契約の合成物として説明され得るということは、いちじるしく疑問である。姉妹型一夫多妻制は、男子が長姉を娶ることによって、その必然的結果として、彼女の妹たちをも妻として迎えるものであるが、この場合、彼とその長姉との契約と、彼と妹たちの契約とを、現実に分けることが、一体、可能であろうか。また姉妹型一夫多妻制と兄弟型一妻多夫制とが結合しているチベットの集団婚家族において、夫たち（兄弟たち）と妻たち（姉妹たち）との間の関係がそれぞれの個別的契約に分解することが現実に可能であろうか。弟たちがその集団婚家族にいる間は、集団婚的関係から離脱することができず、彼がその家を去ることによってはじめて彼は独自の婚姻を結ぶ自由を得るのである。このような状況のもとでは、現実の婚姻を個別的契約にあえて分析することは、あたかもある動物を殺害してその屍体を無数の物質的元素に分析することにほかならず、現実にこれらの元素が機能的に作用して一有機体として活動する姿を見失うことになる。これはまさに機能主義人類学者としては自殺的行為にほかならない。

さて、第二に、マリノウスキーが、右述のように、個別的婚姻を単なる分析概念として用いたのは、原始社会における複婚の存在を前提として、その複婚をも〝一夫一婦制〟として言いくるめるためであった。まさにそれ故に、このような個別的婚姻が決してその一夫一婦の排他的な性関係の上に成り立つものではないことが、彼自身によって承認されたのである。

彼はこう言っている――、「もし一夫一婦制によって、あなた〔ブリフォールト〕が、男子は同時にただ一人の妻しかもてず、婦人は同時にただ一人の夫しかもち得ないという絶対的な原則を理解しておられるならば、このキリスト教的で、文明的な一夫一婦制は、後期に発展したものでありますが、しかし、個別的配偶の婚姻――私やウェスターマークは一夫一婦制という語をこのような意味で用いていますが――は、原始以来のものであります[24]」と。すなわちマリノウスキーが原始時代において存在したと主張する一夫一婦制には、同時に複数の配偶者をもち得る婚姻形態――つまり複婚――が含まれているのである。しかりとすれば、《個別的配偶の婚姻》という内容的に限定されたマリノウスキーの「一夫一婦制」の概念には、ブリフォールトが主張する「相互的な性的接近の権利」が内包されている余地は当然に存し、彼らの理論的対立の幅がいちじるしく縮められるのである。私は、《個別的配偶の婚姻》という術語に表現されたような完全に排他性を備えていない一男一女間の婚姻が原始期の婚姻形態だと認めて差支えないと考えるものであるが、その場合、それが完全に排他性を備えていないが故に、ブリフォールトの主張する「相互的な性的接近の権利」も同時に婚姻の中に含められていて、そこに複婚の諸形態（一夫多妻制、一妻多夫制ならびに各種の集団婚）が形成され得たと思うのである。実際、原始集団婚説の立場をとるブリフォールトといえども、複婚の諸形態において、一人の夫が「主たる夫」とみられ、一人の妻が「主たる妻」とみなされていることを否定してはいないのである。

このようにマリノウスキーとブリフォールトの理論的対立を整理してみると、その対立の幅が案外小さいことに、私たちは気づくのである。もし対立があるとすれば、同一の事実――すなわち集団的性関係をともなう一男一女間の婚姻――について、マリノウスキーがそれを一夫一婦制に基本をおき、集団的性関係もそれから派生したものとみるのに対して、ブリフォールトは、元来集団的な性関係が支配しており、一男一女の婚姻関係も集団の承認のもとに成立するものとみなす、という点にあろう。では、一体、この二つの観方のいずれがより妥当せるものであろうか――、この点を考える上での重要な足懸りをなすのは、次に考察するブリフォールトの親族名称論である。

第三に、私は、類別的親族名称に関するブリフォールトの理論を、改めて評価すべき学説だと考えるものである。従来、いわゆる生物学的な理論的偏向を克服せんとするあまり、《夫》と《妻》の名称の類別化現象を問題とする場合に性的関係を努めて排除して考えようとする傾向が存したが、誰が誰と接近しうるか、婚姻しうるかという事柄は生殖上の事柄たる前にむしろ社会学的事実であり、その意味でブリフォールトが自ら生物学的偏向の危険を確認しつつも「性的接近の権利」を理論構成し、もってモルガン的誤謬を回避しながら集団婚との関連性を理論づけたことは、この際注目に価するものと言えよう。実際、石川栄吉教授がポリネシアのマルケサス群島のファツヒヴァ島を調査され、《夫》と《妻》の類別的親族名称の慣行が incest avoidance の特殊な慣行と結びついていることを発見されたことは[25]、右のブリフォールト理論の正当性を立証したものと言えよう[26]。そして私は、かような立場から、原始社会では、性享受が、《夫》・《妻》名称が類別化されている範囲（その名称で互いに呼びかけられる範囲）において、広く是認されており、しかもこのような集団的な性的接近の関係を基礎に、実際に諸種の複婚が営まれていた、と考えるのである。ところで、このような見地にたつとき、先に提出した問題、すなわち〝集団的性関係と一男一女の婚姻関係とのいずれが本来的なものなのか〟という問題に対して、私たちの回答は、おのずから明らかとなる。すなわち集団的性関係こそが本源的なものである、と。

というのは、こうである——、《夫》や《妻》の名称が部族内で互いに性的に接近し得る間柄を表示するものであったとすれば、すでに私が啓蒙的著述の中で述べたように、「《妻》という語は、元来、女房を表わす言葉ではないし、また、《夫》という語も、もともと亭主を意味する言葉ではなかったわけ」であり、「それらは、女房を含む広い範囲の女たちや、亭主を含む広い範囲の男たちを、もともと意味していたのであって、それがのちに、女房や亭主だけをあらわす言葉に変化したのである」。そして「実際、エスキモーの家のように、つねに妻貸しのための場所〔寝所〕が設けられているというのは、性がけっして夫婦だけのものでないということ、つまり、いうなれば性は部族民の〝公有物〟だということを、はっきり示しているのである。したがって、夫婦は、その公有物である性を一定の条件のもとに占有しているにすぎないのだ[27]」。

この私の見解は、再び、石川教授の賛同を得た。すなわち石川教授もまた、性関係における集団性と夫婦関係における個別性との間の不整合性をいかに理解すべきか、と自ら設問されて、次のように論ぜられたのである。「著者〔石川教授〕としては、配偶者名称は婚姻関係ならぬ性関係（性的接近の権利）を表示するものであり、しかも本来類別的な意味をもつのではないか、という前述の考え方にもとづいて、性関係が夫婦関係を越えてひろがっている、性的共有の状況こそが、本来的なものではないか、と考えるのである。このような性的共有状況というものは、同時にその上に一組の男女の、性的に排他的ではないが、他の成員にくらべてより緊密な結合を載せても、少しもさしつかえない。『（私は）完全に排他性を備えていない一夫一婦的婚姻が、原始期の婚姻形態だと認めて差支えないと考えるものであるが、しかしその場合、それが完全に排他性を備えていないが故に、ブリフォールトの主張する『相互的な性的接近の権利』も同時に婚姻の中に含められていて、そこに複婚の諸形態（一夫多妻制、一妻多夫制ならびに各種の集団婚）が形成され得たと思うのである』という江守教授の見解に、著者もまた同意するものである」。「このような見解に立つ著者は、当然のことながら、性関係と夫婦関係との不整合を、後者から前者への拡大としてでなく、逆に、前者から後者への縮小という方向で理解する」[28]と。

（10）Malinowski, B.: Marriage, in Encyclopaedia Britanica, London 1929 (14th ed.), vol. 14, p. 950.
（11）ibid., pp. 949-950.
（12）ibid , p. 942.
（13）Briffault, R.: The Mothers, London 1927, vol. I, p. 607.
（14）Briffault, R.: Family Sentiments, in Zeitschrift für Sozialforschung, Nr. 3 (1933), Ss. 361-362.
（15）Briffault: The Mothers, vol. I, p. 607.
（16）ibid., vol. I, p. 628.
（17）貸妻ないし性的款待の習俗とそれについてのブリフォールト理論については、江守『結婚の起源と歴史』（前掲）一四一頁以下参照。
（18）Briffault: The Mothers, vol. I, pp. 629-630, p. 648 et seq.
（19）ibid., vol. I, p. 635.
（20）ブリフォールトはいう。「原始社会の精巧な性的組織ほど、乱交制と異なるものは他に存しえなかった」(ibid., vol. I. p. 612)。またいう。「制限が極めて完全に欠如しているところでさえも、両性の関係は――正しくいって――けっして乱交的ではなかった。もっとも原始的な社会では、近親姦禁制はもっとも進化せる社会よりも遙かに広範囲にわたっており、その禁制は個人の属する集団の内部での関係を排除するばかりか、他の集団と団体的な協定をも必要ならしめるのである。それ故、性関係は確固たる制度によって規制されているわけである」(ibid., vol. I, p. 611）と。

(21)　ブリフォールトは、原始期に家父長制家族の存在を認める仮説を批判しつつ、次のごとく論ずる。「かかる仮説は、私の見解では、社会的民族誌学《ソシアル・エスノグラフィ》の諸事実によって決定的に排斥されるものである。経済的条件が未だ重要な私有財産を発生せしめておらない社会においては、父系家族はまだ形成されておらないのである。男子たちは、婦人をその家庭から立退かせて自分たちの家庭に移しかえるという権利を有してはいない。また自分たちの子供にたいして法的権利を何ら有してはいない。けだしその子供たちは彼らの社会集団の成員とはみなされていないからである。そして彼らは妻に対しても子供に対してもいかなる権威をも行使しないのである」(Family Sentiments, p. 360）と。本論争の中で彼が述べたところだが（江守訳、前掲、三七—四〇頁参照)、当初、私有財産（そもそもそれは家畜の形態で発生したとみなされる）は男子に帰属し、それが「花嫁代償」という交換手段を男子の掌中に与え、それにより男子たちは妻を自分の家族に連れてくるという権利をば購ったのであり、この夫方居住婚《パトリローカル・マリッジ》の成立をまって家父長制家族が成立したと彼は考えるのである。ブリフォールトが次のごとく述べるのもそのことを言っているのである。「父系家族が確立したところはどこでも、妻を［その家族から］転居させ・子供達を自分の子供とみなすという男子の権利が、経済取引によって獲得されねばならないのである。その男子の権利の上に父系家族の体制が基礎をおいているのであるが、正にその権利は、それが購われない限り、いずこにも存在しないのである。妻子にたいする家長の権威は、いずこにおいても経済的獲得をまって確立されたのである」(Family Sentiments, p. 360）と。

(22)　江守訳、前掲、五一—五四頁。

(23)　江守訳、前掲、五四頁。

(24)　江守訳、前掲、五三頁。

(25)　「近親相姦のタブーは婚姻だけにかぎらない。他に家族員がだれもいないときには、たとえ親子や兄弟姉妹であっても、性を異にする者が二人だけで同一家屋に寝泊りすることはできない。たとえば、コプラ作業などの都合で家族全員が泊りがけででかけ、兄と妹の二人だけが家に居残った場合には、夜になると、兄は必ず友人の家に泊めてもらいにゆく。ところが、兄（または弟）は弟（兄）の妻と、また姉（または妹）は妹（姉）の夫と、二人だけで同一家屋に寝泊りしてもさしつかえないとされている。これは弟（兄）の妻、または妹（姉）の夫は、それぞれ兄（弟）または姉（妹）からも、妻または夫を指すのと同じ名称で呼ばれるいわゆる類別的親族名称体系とも関連して、興味ある問題である」。

石川栄吉・杉之原寿一『南太平洋』（保育社・カラーブックス、一九六四年）一五一頁。

(26)　ちなみに、私は、本論争の紹介論文（「婚姻と家族の原史に関するB・マリノウスキーとR・ブリフォールトとの論争について」〔『家族の法社会学』、法律文化社、一九六五年〕）において、以上のように、《夫》・《妻》名称に関するブリフォールトの理論を石川栄吉教授の調査事実に照らしつつ再評価し、また拙著『結婚の起源と歴史』（前掲）の中で、諸婚姻慣行をブリフォールト理論に即しつつ考察したのであるが、当の石川教授も、一九六五年十月に開かれた〝第二〇回日本人類学会・日本民族学会連合大会〟（於東北大学）で研究報告をおこない、私のこのような観方に賛意を表され、後にはまた「親族名称と性規制」なる論文において次のように記述されているのである。「最近、ブリフォールトの学説が、江守五夫教授によってその骨子を極めて明快に紹介されたばかりか、氏自身の説得的な論証によって強力に支持されたのである。そしてブリフォールト＝江守説のなかに、類別的配偶者名称に関する、前述のわれわれの解釈〔ファッヒヴァ島における事実からみて、「配偶者名称はもともと個別的な《婚姻関係》を表示するものではなくて、配偶者を含む一群の人びととの集団的な《性的特権関係》を表示するものではないか」という解釈〕に一致する主張が、見いだされたのであった……」と。石川栄吉「親族名称と性規制」（同氏著『原始共同体――民族学的研究――』〔日本評論社、一九七〇年刊〕所収）二〇一頁。

(27)　江守『結婚の起源と歴史』（前掲）一二八頁、一六〇頁。

(28)　石川『原始共同体』（前掲）二〇三―二〇四頁。

第二節　親子関係の個別性と集団性に関する論争

本論争でマリノウスキーとブリフォールトとの間で最大の争点となったのは、「集団的母子関係」なるものがはたして形成されたかどうか、という問題であった。周知のごとく、「集団的母性」説はリヴァースによって初めて唱えられたものであるが、ここではそれを踏襲したブリフォールトの見解にかぎって考察してみたい。

ブリフォールトの「集団的母性」説は、すでにふれられたごとく、《母》および《子》の親族名称の類別的体系について検討の上に成り立っている。彼は類別的体系の窮極的原理を（クノー以来の世代階層制理論に恐らく影響をうけて）、「世代という具体的事実、親子間につくられる関係」に求める。そしてその場合、父子関係が往々にして認識され得ぬことがあるが、母子関係はいかなる親族体系のもとでもつねに認識され、それ故親族体系のもっとも確実な基礎を提供するものであるにもかかわらず、このつねに明瞭に認識される母子関係にあって、《母》名称や《子》名称がなおも類別化されるのは、その用語が何らかの「社会的で慣例的な関係ないし機能」を表現しているからだとみなされる。かくして彼は、母子間に存するこの社会的な関係ないし機能の究明に立ちむかう。

ブリフォールトは、あたかも論敵ウェスターマークと似て、psychobiological な立場から動物の本能を究明し、母性本能やそれに対応せる子の感情《フィリアル・センチメント》が個別的な母子関係とはかかわりなしに、「類別的体系にしたがって」作用するという事実を見出し、[29] その帰結を原始人の社会心理に適用させるのである。彼は言う、「妻方居住婚をとる母権制的な原始的な、集団においては、婦人たちは異なった世帯に別々に住んで散在しているのではない。姉妹・半姉妹・従姉妹が、一つの堅く結ばれた団結せる集団を形作っているのである。子供たちの監護や養育において、また授乳においてさえ、緊密な協力がおこなわれる。母性本能はいわば団体的に作用するのであり、子供たちは、個別的な母における母性本能の排他的な目的物たるよりは、むしろ女子集団の共同の子供なのである[30]」と。

かくのごとく、共同体のすべての子供に対して共同に作用する母親たちの母性本能、そしてそれにもとづいて共同体のすべての子供に対して団体的に与えられる母性的監護と養育――この感情と社会的機能こそが、《母》や《子》の名称を類別化させる社会的基礎であると、ブリフォールトは考えたのである。

ところで、ブリフォールトのかかる「集団的母性」説は、マリノウスキーによって全面的に否認された。彼のこの否認は、第一には、彼が本論争の中でも論じたように、子供は本来、嫡出で生まれるべきだという彼の「嫡出性の原理」からして、親子関係が必然的に個別的たらざるをえないという論拠によるものであり、[31] 第二には（本論争では論じなかったが）、類別的体系の基礎を集団的親子の概念で分析するというブリフォールトの考え方を彼がまったく拒否していることによっている。しかもさらに第三に、彼は集団的母性説を批判して、その理論の主張者が未だ実際に団体的な《母の集団》が存在するという実例を挙げていないと非難する。この第一の点は後に論ずるので、ここでは第二と第三の論点について検討してみよう。

まずマリノウスキーは、類別的親族名称を、親族関係を表示する「同音異義語」（homonym）と考える。すなわち未開人がある類別的名称（たとえば《母》）を使う場合、その語で表わされる幾つかの異なる意味（実の母と叔母その他の婦人）は混同されてはおらず、あるいは情緒的な抑揚によって、あるいは形容詞・接尾語その他の言い回しを付することによって、あるいは状況や話の前後関係によって、その語を使う各々の場合によってどの意味が表現されようとしているのかが語り手と聞き手とによって区別して理解されているのであって、したがって「実際には、いわゆる類別的な各用語は、多数の相異なる語――その語はすべてそれぞれ固有の意味を有している――にたいする一かたまりの符牒なのである」。そしてその場合、一つの類別的用語に含まれる相異なる個別的な意味は決して偶然的に形成されるのではなく、それぞれ相関連しているのである。すなわち、それらはまず主要で本来的な指示内容（a main or primary reference）をもつものとして出発し、継起的拡大をとおして一連の派生的意味をおびるに至るのであると。[32]

このようにマリノウスキーは、親族名称が元来一つの固有の意味を有していたが、漸次派生的意味をおびるようになり、一つの語で多様な意味（variety of meanings）をかね具えるところの親族名称――つまり類別的名称――が成立したのだと考えたのである。ところで、固有の意味をおびた語から類別化せる用語へのこのような展開過程は、彼によれば、人々の幼年期からの成長の過程において辿られるとみなされ、それ故、人々の幼年期の生活に遡って、個人の生活史における initial な状況のもとで親族関係を分析することによって、未開人の親族関係の核心が明らかにされ得ると考えられた。《親族関係の本源的地位―the initial situation of kinship》なるマリノウスキー特有の概念は、このような認識のもとに構成された。そして彼は、その「本源的」(initial) な状況のもとで親子関係が個別的であるか団体的であるか、という問題について究明を試みるのである。[33]

彼はこの問題について、「本源的」な状況下での親族関係が個別的な親子関係の上に成り立っていると解答したのである。[34] そして彼は「集団的母性」説を次のごとく激しく攻撃したのである。「『集団的母子関係』の主唱者たちがわれわれに信じこませようとしたことは、一体何であろうか。それはまさしく、出生とともに、個人的な連環が切断されて『団体的母子関係《コレクテイヴ・マザーフッド》』という仮想の結束の中に融合されてしまうということであった。彼らが断言するところによると、あまりにも強力な社会学的な力が作用し、あまりにも強力な文化的な影響力が作用するため、それらの社会学的な力や文化的な影響力は母子間の個別的な態度《アテイチュード》を廃棄し破壊しうるのであると。〔だが〕、そのようなことは真実であろうか。一体、母子関係を切断してそのおのおのを団体的な母たちの集団と団体的な子供たちの集団の中に投げすてるなどということを、実際にどのような社会学的な機構がうまくなしとげられることであろうか。事実問題として、すべてこのような仮説は純粋に架空な作り話なのである」[35]と。

では、マリノウスキーがかく言うごとく、はたしてブリフォールトが主張する集団的母子関係が「純粋に架空の作り事」であろうか。はたしてブリフォールトは、集団的母子関係についての実例を何ら示していないのであろうか。そこで私たちは、第三の問題に考察を移してみよう。

ブリフォールトは、すでにふれたように、母性本能の団体的作用を論じたが、彼の議論は単にそのような抽象的な域にとどまらず、その実例、すなわち集団のすべての子供が団体的に母親たちによって養育されるという例を、多くあげているのである。

例えば、「アンダマン島民のもとでは、子供はその実母によってのみならず、村のすべての人々によって可愛がられ、哺乳される。『乳幼児をもつ婦人は、他の婦人の子供にたいして屢々乳を飲ませるであろう』。また同様に「インドネシアでは、母が多忙な時には、姉妹や女子の親族が子供の授乳を助けるのが通常である』。また、「象牙海岸のネグロのもとでは、通常、一夫多妻の家族の母親たちがめいめい自分の子供の面倒を看るのではなく、妻たちの一人が当分の間、団体的に他のすべての妻たちのためにもその義務を負い、それを果たすのである。『彼女はすべての子供を平等に、すなわち他の妻たちの子供を自分自身の子供と同様に監護するのである』」。さらにヒンズークシの「チトラールのある部族のもとでは、『すべての幼児が氏族のすべての乳児をもつ母親たちによって輪番的に授乳されるのが慣習となっている。その結果、幼児たちは母親たちの間でたえず交換され、部族的団結を強めるのに役立っている』[36]……」等々。なおブリフォールトは、その他、共同社会全体の規模にわたって行われる育親子関係ないし養親子関係の慣行を多数紹介している。

ところが、マリノウスキーは、ブリフォールトのあげるこれらの事例を疑問視し、かつ否定する。彼は言う、「互いに手の届く範囲内では多分、一年に一、二度の出産がある程度の、比較的小さな未開人の共同体において、母親たちが受胎と妊娠を同時におこない、哺乳について集団的母子関係――これは、母親たちにとっても、幼児にとっても、また共同体全体にとっても、きわめて厄介なことであるが――を実行すべく互いに協力するというような観念は、あまりにも不合理であり、それ故、何故にリヴァース博士によってかつてそのような観念が公表され、ブリフォールト氏によって支持されえたのか、今もって私は諒解することができないのである」。『共同所有的《コミユナライジング》』養子については、まず第一に、ポリネシアやメラネシアの若干の共同体のもとでのようにそれがきわめて頻繁におこなわれているところであっても、それはたんに一つの母性を他の母性に置き換えるものにすぎない。なるほど、文化的な親子関係が生物学的な基礎を無視しているということは疑いもないところではあるが、それは集団的母性のようなものを微塵にも導きいれはしない。事実、一つの紐帯が断絶した後初めて別個の紐帯が作りだされるということは、母子関係の個別性と排他性を示すもう一つの証拠である。第二に、乱雑な養子という慣習は少数の未開社会のもとでのみおこなわれているにすぎない[37]」と。

だが、このマリノウスキーのブリフォールト批判に対して、私は異議を唱えたい。そもそも一共同体内部で同時的な懐胎・妊娠が稀有であるというが、一体、わが国における乳母子慣行が村落共同体の内部で行われなかったであろうか[38]。また集団的ないし輪番制的な授乳が「厄介」な事柄であるというが、フェーリンガー（Fehlinger, H.）は逆にそれが「極めて有益なものであった」とすら推定しているし[39]、実際、白川村の大家族におけるごとく集団的授乳が家事労働の節減という効果をもつ場合もあり得たのである[40]。また、伊豆新島のモリオヤ・モリコの慣習などは、かつて私がリヴァースの集団的母子関係の概念を引き合いにだして説明したところだが、団体的な育児関係とその間の擬制的血縁関係を派生させているのである[41]。また、大規模な擬制的親子の慣行は決して限られた地域に存したとはいえず、わが国では擬制的親子関係が全村的に蔽いつくしている場合が極めて多いし、しかもその場合に、その関係が実親子関係の断絶をともなうことはむしろ稀有であり、実際、コが八人のオヤ（自分の実親と仲人親夫婦、配偶者の実親とその仲人親夫婦）に仕えるべきとされている場合が存するのである。

私は、集団的母子関係に関するマリノウスキーとブリフォールトの論争について、総じて、マリノウスキーの見解に対していちじるしく消極的な態度をとらざるをえない。いな、ブリフォールトの集団的母性説を批判するためにマリノウスキーが提示した類別的親族名称の発生過程についての彼の見解は、まったくの謬論と言われねばならない。すでに考察したごとく、彼は「親族関係の本源的地位」という概念構成を試みて、親族名称をも家族内部から発生したもののように論じた。だが、社会的な言語の一部たる親族名称が社会の一構成単位たる家族——このこと自体、次に問題にするように妥当していないが——から発生するということは果たしてありえようか。もし、かような（いわば）家族内発生説が妥当だとすれば、それは社会が単一の家族から成り立っていたというあり得べからざる事態を前提としなければならない。ブリフォールトは「親族関係の問題が当初、単独の一家族からなる集団の中で考察された」という誤った見解の典型的な例としてマリノウスキーの「本源的地位」の概念構成をあげ、そしてこれを次のごとく批判している。「家族が社会の起源であったという仮説は、文字通りの意味で真面目に受取られる訳には到底いかない。けだし、父系的であれ、母系的であれ、いかなる家族も、孤立して生活するからには、人間文化も、またそのたんなる生存を保持する手段も、獲得することができないからである[42]」と。

類別的親族名称は、マリノウスキーが考えるごとく幾つかの同音異義語の集合物ではなくて、本来的に類別的な意味を備えていたと解されねばならぬ。すなわち語の本来的な意味が拡大して類別的用語が成立したのではないのである。それ故、《母》という語も、元来集団的な母性を表示するものであったと考えて何ら支障はないと思える。かくしてブリフォールトの集団的母性説に対するマリノウスキーの批判は、客観的にみて、何らの成果もあげ得なかったと評されねばならない。むしろ私としては、この二人の論争をつうじて、ブリフォールトの集団的母性説の正当性が一層明らかにされたと考えられるのである。

(29) Briffault: The Mothers, vol. I, pp. 594-596.
(30) ibid., vol. I, p. 597.
(31) 江守訳、前掲、五八一五九頁。
(32) Malinowski, B.: Kinship, in Encyclopaedia Britanica, London 1929, vol. 13, p. 405.
(33) マリノウスキーは述べる。「では、その〔類別的〕用語の本来的《プライマリー》な意味が〔その中で〕形成されるところの親族関係の本源的地位は、人類全体を通じていかなるものであろうか。そしてとりわけその本源的地位とは個別的《インディヴィデュアル》なものだろうか、それとも団体的《コレクティヴ》なものであろうか。すなわち、子供はその親族関係の意味を一組の親──一人の母と一人の父─の上に形作るのであろうか、それともまた、その最初の社会学的カテゴリーが形成されるとき、子供は集団《グループ》的・家族《ファミリー》──一群の父たちと一群の母たち──によって囲繞されているであろうか」(ibid., p. 405) と。
(34) Malinowski, B.: Parenthood──The Basis of Social Structure, in V. F. Calverton and S. D. Schmalhausen (ed.), New Generation, London 1930, p. 145. 青山道夫・有地亨共訳『未開家族の論理と心理』(法律文化社) 七一頁参照。
(35) ibid., p. 134. 青山・有地共訳、前掲、四八一四九頁。
(36) Briffault: The Mothers, vol. I, p. 598.
(37) Malinowski: Parenthood etc., pp. 136-137. 青山・有地共訳、前掲、五二一五三頁。
(38) 直接にこの問題を扱った文献は見当たらないにせよ、少なくとも民間の習俗としての乳親族慣行は、わが国では村の内部で成立したと考えられる。柳田國男『家閑談』(鎌倉書房、一九四六年) 二四頁、同『族制語彙』(初版一九四二年、国書刊行会、一九七五年) 一〇五一一〇六頁参照。
(39) フェーリンガーは、リヴァースの理論を受け入れて次のごとく言う。「原始共同体にあっては、その成員たちは、より進化した社会のもとでの成員たちに比して、生存競争においてより多く相互に依存しあっており、それ故、集団的母性 (Gruppenmutterschaft) の存在は、おそらく大抵の場合、かかる共同体にとって極めて有益なものであったろう」と。H. Fehlinger: Das Geschlechtsleben der Naturvölker, Leipzig 1921, S. 39.
(40) 江馬三枝子女史は白川村の大家族のもとでの共同授乳の慣行を次のごとく報告されている。「夏の忙しい時など、縁側に赤ん坊をいれたツヅラが六つ七つも並べてあるのは、仲々面白い光景であったらしい。そこへ母親たちが田畑の仕事から帰って来て乳を呑ませるのであるが、そのやり方がまた変っている。誰でも帰って来た母親は、まず泣いている赤ん坊に乳を呑ませる。それは誰の子でも差支えない。その赤ん坊が満腹して泣きやみまだお乳が出そうなら、自分の子供にのませる。だが、前の子供に十分呑ませているから、自分の子供が呑み足りない場合がある。すると次に来た母親に渡してまた働きに出かけてゆく、といった風であった」と(江馬『飛驒の女たち』〔三国書房、一九四二年〕一六六頁)。

(41)　江守五夫「本邦の《一時的訪婚》慣行の発生に関する社会構造的考察」(『社会科学研究』第八巻五・六号)一七九頁。

(42)　Briffault: Family Sentiments, pp. 362-363 and cf do.: The Mothers, vol. I, pp. 605-606.

第三節　原始社会の構成単位に関する論争

マリノウスキーが右述のようにブリフォールトの集団的母性説を懸命に斥けようと試みたのは、実は、原始社会の氏族が文明社会の家族と同様に生殖的機能を営む集団であることをマリノウスキーが否定し、原始社会でも(文明社会と同様に)家族が存在し、それが生殖的機能を営んでいるという事実を主張せんがためであった。というのは、子供に対する母性的監護を集団的に営む団体は、ブリフォールトによれば、氏族であり、それ故、集団的母性説を承認すれば、氏族にかような意味での生殖的機能を認めねばならなくなるのであるが、マリノウスキーとしては、原始社会においても(文明社会と同様に)夫妻間の家族的結合がその基礎的な構成単位であるという彼自身の基本的な観方を貫くがためには、氏族が家族に代位してかような生殖的機能を演ずるということを認めるわけにはいかないからである。かくしてここに、家族以外に生殖的集団——あるいはさらにリヴァースの語を用いて《家庭的集団》——は存在しないというマリノウスキーの考え方が、氏族をもって原始社会の生殖的集団(ないし家庭的集団)

とみるブリフォールトの見解と対立することになるのである。

ブリフォールトは、「家父長制家族が生殖的で経済的なある種の緊密な関係に依拠せる性的集団であるけれども、氏族はある別個の原理に根ざした集団であるという考え方、つまり前者は生殖的集団であって後者は社会的・政治的な組織体であるという考え方」を斥け、「両者は均しく生殖的な集団である」と主張している。(43) すなわち彼の考え方によれば、家族は、原始社会における生殖的集団としての氏族の機能を継承して、文明社会における生殖的集団として現われるのであり、両者は生殖的な機能を果たすことに何ら変わりはないのである。このブリフォールトの見解に対して、マリノウスキーは、すでにみたごとく親族関係の「本源的」な状況において、つねに母性的監護が個別的に営まれるとして集団的母性説を否認し、かつそのことによって単婚家族こそが唯一の生殖的集団たることを主張したのである。彼は氏族について、外婚的な性規制以外の一切の生殖的な側面を否認するのであり、彼は本論争の中で次のごとく語っているのである。「氏族は、家族とはまったく異なった特殊な機能を演ずるものであって、それは家庭生活とか生殖とかに何ら関わりあいのないものなのです。氏族と性との間の唯一の関係は、同じ氏族の成員であれば男女がたがいに結婚――いな求婚さえ――するのを禁じられているという事実にあります。勿論、このような事実があるからといって、氏族が家族となるわけではありません」(44) と。

このように二人の見解はまったく対立するが、マリノウスキーも認めたように氏族が外婚的な機能を演じ、それに違反する性的関係が氏族共同体によって制裁されるという事実は、氏族の生殖的機能を示唆するものとみなされるのではあるまいか。たとえ家族（正しくは世帯共同体）が生殖的な役割を演じているという外観が呈せられる場合でも、その世帯の経済的な基盤は一切、氏族共同体の統制下にあるのであり、夫婦とその子供の〝家庭〟生活が氏族とは独自に営まれているわけではないのである。しかも、母系氏族のもとでは、夫妻は別居していたり（妻訪婚）、また同居していても夫は妻子の氏族にとってあくまで〝他所者〟としていわば寄寓しているのであり（妻方居住制）、ブリフォールトも強調したように、そこでは、夫妻と子供からなる家族というようなものは決して「一実在体」として存在していないのである。[45] ところが、マリノウスキーは、夫妻別居の妻訪婚のもとでの母系氏族にあっても、夫が社会的に不可欠な存在であると主張し、かの《嫡出性の原理》（principle of legitimacy）をもちだすのである。「そのような極端に母権制的な状態についてのもっとも重要な事柄は、そのような状態のもとであっても社会的嫡出性の原理が効力を有しているということである。すなわち、たとえ父が家庭的に経済的にほとんど不必要なもののようであっても、彼はなお法的に不可欠なものであり、そのような母系的で妻方居住制下の配偶者たちの間の結合の主たる紐帯は親子関係なのである」[46] と。なるほど、妻訪婚をとる母系氏族のもとでも「嫡出性の原理」が作用するかもしれないが、しかし、妻子と別居している夫がどのようにして妻子と共に生殖的集団を実際に構成しているというのであろうか、疑問である。

ここでマリノウスキーの「嫡出性の原理」という観念について批判的検討を加えておこう。彼はこの原則を前婚姻的自由交渉の慣行との関連で説明するのであるが、彼によれば婚姻前の自由交渉は決して「出産の自由」（freedom of procreation）を含むものではなく、妊娠ないし出産を契機に娘は男と結婚せねばならず（結婚せずに子を産むことが禁ぜられる）、結婚前に出産した娘や、娘に子を孕ませながら結婚を拒む男に対して（更にそれによって父なし子に生まれた子に対しても）、何らかの制裁が科されるのであり、そのことから彼は、「子供は、社会的に是認された婚姻契約の外部で設けられるべきでない」という原則、つまりは子供はつねに「嫡出子」として生まれるべきだという原則が作用していると考え、それをば「嫡出性の原理」と呼んだのである。そして彼はその原理に基づいて、「婦人とその子供からなる集団は法的に不完全な単位である」とか、また「すべての人間社会において、父は子供にとり不可欠なもの、言いかえれば、夫は妻にとり不可欠なものとみなされている」とかいう論理を導きだしたのである。[47]

しかし、たとえ婚姻前の交渉による妊娠がその娘と相手の男との結婚を強制させるということが事実であるとしても、そのことから、父子関係がいかなる社会でもつねに同様の意義ないし機能を有するものだと推論することはできない。母系制下と父系制下とでは、父子関係はその社会的意義ないし機能の重要度においておのずから大きく相違するであろう。実際、ブリフォールトは、母系制下での「嫡出子」「非嫡出子」の語の使用の無意義さを論じている。[48]そもそも「父が家族の完全な法律的地位にとって必要なものである」[49]という原則は、母系制社会において妥当し得るであろうか。マリノウスキーはその問題について次のごとく言う。「なるほど、極端に母権制的な共同体では、父は法的には彼の妻の家で訪客《ゲスト》であり他所者《ストレンジャー》であるかもしれない。……しかしながら彼は、母親とほとんど変らぬ優しさをもって子供を愛し、監護するのである」[50]と。すなわちマリノウスキーは、一方では父が彼の妻の家ではその正規の成員でなく法的に無意義な存在であることを認めながら、他方その父の存在が「家族の完全な法律的地位」にとり不可欠であると主張しているのである。この説明ははたして論理的に矛盾していないと言えようか。夫妻の間柄、父子の間柄が彼の認むるごとく「法的に」他所者同士の関係である以上、彼らから成る夫婦世帯が独立の社会単位として「法的に」是認されるわけがないことは言うまでもない。ましてその他所者同士が互いに別居している訪婚制下では、父母子から成り立つ独自の社会集団という存在のごときはまったく仮構上のもの以外の何ものでもないと言えよう。

一体、原始社会において夫妻の結合が経済的＝社会的に独自の社会単位たり得るであろうか。なるほど、夫妻の間に「非常に多くの経済的協力」が営まれていることは、マリノウスキーも主張したように確かなことではある。

しかし、夫妻がその上で経済活動を営む土地は妻方の氏族の所有するところであり、夫は妻との婚姻によってその占有が認められているにすぎないのであり、彼らの経済的活動を保障しているのはあくまで氏族共同体なのである。つまり氏族こそが原始社会の経済的な単位をなしているのであり、そしてそれ故、異なる氏族の間で結ばれる夫妻の結合が独自の社会的単位たり得ないのである。このことはすでにモルガンが指摘し、(51) エンゲルスも論じたところである。(52)

(43) Briffault: The Mothers, vol. I, p. 591, p. 606.
(44) 江守訳、前掲、一〇八頁。
(45) 江守訳、前掲、六一頁。
(46) Malinowski: Marriage, p. 943.
(47) ibid., p. 941.
(48) ブリフォールトは言う。「非嫡出という語は、低級な文化のもとでは何の意味ももっていないのです。すなわち婚姻が妻方居住的であり、子供が母の名を取得しても父の名を取得しないところでは、その語は何の意味も有していないのです。……子供はすべて母の氏族の成員であって父の家族の成員ではないから、みな一様に嫡出なのであって、彼らを嫡出子たらしめるためにことさら何らかの法的契約や宗教的儀礼が必要とされるものではないのです。子供を嫡出子にするために法的契約が必要とされるのは、ただ、子供が父の名と財産を相続しなければならないところだけなのです」(江守訳、前掲、八〇頁)と。換言すれば、私有財産制が成立した時に初めて、婚姻は一つの重要な契約となり、嫡出子・非嫡出子の区別が問題とされるのだと(Family Sentiments, p. 375)。ちなみに、ベーベルも「嫡出子」の法観念をば、個人財産の父系相続の制度と同じ起源に発するもの、母権制から父権制への発展によって形成されるものとみなした(Bebel, A.: Die Frau und der Sozialismus, 58te Aufl., Berlin 1954, S. 68)。
(49) Malinowski: Parenthood etc., p. 138. 青山・有地共訳、前掲、五六頁参照。
(50) ibid., p. 145. 青山・有地共訳、前掲、七〇―七一頁参照。
(51) Morgan, L. H.: Ancient Society, New York 1877, p. 227, p. 469.

(52) Engels, F.: Der Ursprung der Familie, des Privateigentums und des Staats, Marx-Engels Werke, Bd. 21, S. 100.

結語

マリノウスキーとブリフォールトの本論争が行われた一九三一年は、まさに〝家族の危機〟が声高に叫ばれていた時期であった。そもそも、伝統的な市民的家族秩序は、前世紀後半から徐々に病理的症状を呈しはじめ、その症状は今世紀以降も（とくに第一次大戦以後）さらに進行し、大恐慌期には遂に「危機」的状況ともいうべき様相をおび、〝家族の死滅〟に関する夥しい数の書物が出版されたのである。このような危機的状況は、当然、人々にたいして、伝統的な家族の存在根拠ないし歴史的淵源についての問題を投げかけ、BBCが企画した本論争の主要な目標も実にこの現在的問題にこたえんとする点にあったのである。

ところで、伝統的な家族制度への疑惑ないし問題関心に最もよく対応し得たのは、ほかならぬ進化主義民族学だったのである。それは、今日の父権制的な家族制度が旧約聖書に画かれたように創世の昔からあったものではなく、一定の歴史的段階に初めて形成され、それ故人為的な創造物にほかならないものであることを明らかにし、かつそのことによって伝統的な婚姻秩序からその神聖性のヴェールをはぎとったのであった。いなそれのみか、父権的な婚姻=家族制度の発生が実に私有財産制のそれと軌を一にしていることを示したことによって、この進化主義民族学は、伝統的な婚姻=家族制度に巣喰う病根の根絶と私有財産制そのものの止揚との間に必然的な因果関係が存在するということを論証したのであった。つまり進化主義民族学は、私有財産制（資本主義体制）を止揚せんとする実践的運動に対して一つの重要な理論的根拠を提供したのであった。だが、まさにそれ故に、現体制を維持せんとする社会的勢力にとって、このような進化主義民族学の打倒が緊要な実践的課題になることも、免れ得ない帰結であった。かくして、原始社会を本来その考察対象とする民族学は、現代社会体制の止揚か維持か、という価値的選択の渦中に巻きこまれるという運命を担わされることになったのである。

かくして反進化主義陣営に動員され、もしくは自ら馳せ参じた民族学者が一様に主張した点は、原始集団婚理論の不当性と、原始社会において父性が果たしたとされる高い役割である。もちろんこのような主張にはそれなりに一定の根拠があったが、しかし、ややもすれば進化主義への攻撃は一方的な先入主や感情的な議論にはしる傾向もみられたのである。少なくとも、本論争の一当事者たるマリノウスキーの議論には、本論争でも明らかなように、冷厳な事実をも無視しようとする嫌いがあることは否定できないのである。例えば母権制下でも父子結合がきわめて重要な役割を果たし、現今の家父長制的な関係をもって「人間性」に基づくものとみて、原始母権制と文明社会の父権制との歴史的断絶をあえて否定しようとしたり、氏族の実在性を否認し、それを単に擬制的な存在とみなそうとしたり、さらに個々人の利害関心を過重に評価することによって原始共産制（種族的＝氏族的所有）をも架空の理論的産物と論じたりしたのが、そうである。

かように民族学における進化主義と反進化主義との論争は、現体制をめぐってのこのような実践的な契機をうちに含むことにより、その議論は熾烈なものとなり、本論争でもみられるように、感情的な対立にまで発展することにもなったのである。したがって私たちが進化主義と反進化主義との論争を考察する場合、そのイデオロギー的な主張に眩惑されない慎重な態度が要求されるのである。なるほど、進化主義学派の理論には批判さるべき点が多くあることは確かであるが、モルガンの母系氏族共同体の発見やブリフォールトの独自な集団婚理論が、反進化主義学派の攻撃にもかかわらず、原始共同体の科学的研究のうえで今なお高い価値を保持していることは再確認されねばならないのである。

第二章　近世自然法論と民族学

——動物社会学的家族起源論——

序　言

本章の標題から、人はルソーとレヴィ＝ストロースを想い浮かべるかもしれぬ。現代民族学の巨匠レヴィ＝ストロースがルソーを「人類学の創始者」として景仰したことはあまりにも有名だからだ。たしかにルソーは、『人間不平等起源論』で《自然状態》を構想するに当たり、仮想の未開人ではなくて「本当の未開人」、つまり「今なお自然の原始状態にとどまっている」未開民族の記録に依拠しようとし[1]、更にまた民族学的な調査さえ提案した。

「地球全体はわれわれがその名前だけしか知らない諸国民で蔽われている。しかもわれわれは人類を評価するのに口を出すのだ。今、モンテスキューやビュッフォンやディドロやデュクロやダランベールやコンディヤックやその他そうした資質の人たちが、その同国人を教化するために旅行し〔ここでルソーは多くの地域や人種をあげる〕、すべての未開地域を彼らが観察し記述すると仮定してみよう。……次に、それらの新しいヘラクレスたちがこれらの記念すべき旅程から帰ってきて、やがて暇々に、自分たちの見てきた事物の自然的な、道徳的な、政治的な歴史を書くと仮定してみよう。そうすれば、われわれは彼らのペンの下から一つの新しい世界が出てくるのを自分の眼で見ることだろう(2)」。

ルソーはかように民族学に大きな期待を懐いた。そして実際、彼はその同時代の思想家と共に、かの大発見時代の恩恵――探険家・航海者・宣教師等による未開民族の情報――に接したのであり、そしてそれを彼の著述の中で随所に利用したのである。その意味では、ルソー等の近世自然法学者の仕事を民族学の立場から検討してみることは、たしかに興味あることに違いない。ただ、このような興味からすれば、対象が自然法論に限られる必要がない。ルソーより二世紀近くも遡らせ、モンテーニュの『エセー』なども検討に価する素材と言えよう。周知のごとく、この著述で彼は「食人種について」の一章（第一篇第三一章）を設け、一航海者から聴取したブラジル原住民に関して、彼なりの分析を試みているからだ。因みにそこから次の一文を引用してみよう。

「われわれは自分たちが住んでいる国の考え方や習慣の実例と観念以外には真理と理性の尺度をもたないように思われる。だが、あの新大陸にもやはり完全な宗教と完全な政治があるし、あらゆるものについての十全な習慣がある。彼らは野生である。われわれが、自分がひとりでに、その自然な推移の中に産み出す成果を野生と呼ぶのと同じ意味において野生である。しかし実際は、われわれが人為によって変容させ、自然の歩みから逸脱させたものをこそ野生と呼ぶべきである。前者の中には真実のきわめて有益で自然な徳行や特性が溌剌として逞しく生きている。それをわれわれは後者の中で退化させ、われわれの堕落した好みにだけ合うように変えたのである。……自然の法則が、われわれ人間の法律によって損われずに、今もなお彼らを支配している[3]」。

この言葉には、未開民族への憧憬と、彼らの中に《自然状態》の実例をみる自然法学者と共通の観方が潜んでいるとともに、また、自らを文化民族と僭称するかたわら未開人を《自然民族》《ナトウーアフォルク》と呼んだ一九世紀の多くの民族学者をも反省させる高い識見が含まれている。このような見地からすれば、大発見時代以降の思想家を民族学的に再検討することに、私は限りない興味を覚える。しかし、本章はこの試みを断念し、家族の起源の問題のみに限って近世自然法論と民族学の思考上の類似性を究明することとする。この問題は前世紀より今世紀にかけての民族学界の一大論争点をなしたが、一七、八世紀の自然法論でも、家族が最初の社会的な結合としてひとしく重視されたため、本問題に少なからぬ関心が払われたのである。しかも、ルソーやロックは、この問題に関する見解を部分的に動物の生態からの類推によって導きだしたが、実はこの考察方法は、民族学界でも、進化主義理論の西欧最後の擁護者ブリフォールトと反進化主義の驍将ウェスターマークが、奇しくも、その相対立する学説のために共に採り入れた方法だったのである。このような意味からも、ロックやルソーの自然法論における本問題に関する議論は、いわば民族学前史の一齣として私達の興趣を誘うのである。

（1）　ルソー、本田喜代治・平岡昇共訳『人間不平等起源論』（岩波文庫）一六〇頁。
（2）　ルソー、本田・平岡共訳、前掲、一六九―一七〇頁。
（3）　モンテーニュ、原二郎訳『エセー』（筑摩書房、世界文学大系）一五一―一五二頁。

第一節　自然状態における家族の形態
——ロックとルソーの論争——

ロックは『国政二論』の後篇『市民政府論』において、《自然状態》についてこう論ずる——、「自然状態には、これを支配する一つの自然法があり、何人もそれに従わねばならぬ。この法たる理性は、それに聞こうとしさえするならば、すべての人類に、一切は平等かつ独立であるから、何人も他人の生命、健康、自由または財産を傷つけるべきではない、ということを教えるのである」[4]。そこには、人間は、後論のルソーのような孤立せる自然人ではなくて、各人の生命・健康・自由・財産の自然的権利を互いに尊重する「理性の正しい法則」「人間性の諸原則」、つまり《自然法》が支配している。かように《自然状態》のもとでも、人間は個人の自由平等独立を互いに保持しつつ一定の社会関係を結んでいるのであり、このような社会の始源的形態を、ロックは家族に求めたのである。

「最初の社会は」——と、彼は言う、「夫と妻の間にあり、そこから両親と子供との間の社会関係が生れた」[5]。まず夫婦の結合（「夫婦の社会」）は男女の「任意の契約」によって形成されるが、その主目的は生殖に必要な「相互の肉体に与ることと肉体への権利」（a communion and right in one another's bodies）にあり、また同時に「互いに助け合うこと」や「利益の共同」もその副次目的をなしている[6]。肉体的権利の他に相互扶助を婚姻目的に掲げた理由は、「種の存続」（continuation of the species）なる要求、すなわち生まれた子が独立しうるまで夫婦が共同で養育するという必要性にある。そしてこの養育期間中、親は子に対して親権（parental power）を有し、子は親に服従することとなる（——因みに伝統的な「父権」（paternal power）が否認された）[7]。生まれつき自由な子を両親に服従させるのは、自ら自由に振舞えるだけの理性をまだ備えていない子を保護せんがためで、「自然の自由と両親への服従」は矛盾なく両立するのである。親権は、それ故子供を保護する親の義務にほかならず、「子供の未成年期が終るとともに終る」[8]。ロックはかように、生殖と子の養育を婚姻目的となすキリスト教的婚姻観を受入れ、その契約目的に対応して、婚姻は「生殖の後においても幼い者を養育するのに必要である限りは継続しなければならない」[9]と主張したが、その養育目的を果した後は解消され得ると認め、右の婚姻目的から同時に離婚の権利をも導きだした（もっとも、この離婚権を「自然権」の中に算えながら、それが「実定法規の制限」を排除せぬという奇妙な妥協的態度をとった）[10]。いずれにせよ、ロックは人間の婚姻結合が「他のどの種類の動物よりも堅くかつ継続的」であると考えた[11]。

では、「何故人間にあっては他の動物におけるより、男女が一層長い間結合していなければならないか」。この自らの設問についてロックはこう考える。まず草食の胎生動物では雌雄結合は交尾期しか続かぬが、それは仔の養育に母乳のみで十分だからだ。肉食獣ではそれより長く続くが、それは、「母獣は自分の得た獲物だけで自分自身と自分の多くの子供を養うことはできないので、どうしても牡の助力がその家族の生活に必要となる」からだ。では、婚姻結合が一層持続的な人間の場合はどうか。ロックの説明はこうだ——、人間の場合、子供が親に依存せずに自ら生計をたて得るようになる前に、その母が第二の子供を産むのが通常であり、それ故自分の子供の保護義務をもつ父はどうしても「動物よりも長い間同一の婦人と婚姻社会を継続しなければならない」のだと[12]。

右にみたようにロックは《自然状態》において男女とその子供からなる比較的持続的な婚姻結合——モルガン的術語の〃対偶婚家族〃に相当しよう——の存在を想定したが、これに対してルソーはむしろ〃乱交〃的な状態を仮定したのである。

そもそもルソーが『人間不平等起源論』で描いた《自然状態》によれば、人間は単に社会的に独立した自由な個人という以上に、まさに空間的に隔離せる孤独な自然人であった。「家も小屋もいかなる種類の財産もなくて、行き当たりばったりに、しばしばほんの一夜の宿《やど》りのために住居を定めた」未開人だった。この状況下では、男女の関係も全く偶発的一時的な性の営み以外の何ものでもなかった。「男性と女性とは出会《であい》がしらに機会のあり次第、欲望のおもむくままに、偶然に結合し」、「別れるのも同じように容易であった」。そこには、親子関係としてはただ母子の絆のみが存し、しかもそれは授乳期間に限られ、子供が自分の食物を探すだけの力をもつようになるやいなや、「さっさと母親そのものを見捨てた」[13]。そこでは、男女間にも親（母）子間にも、「一つの純粋に動物的な行為」のみが展開していた[14]。

だがしかし、かかる原始的な《自然状態》も、漸次、幾つかの発展段階を経過しつつ《政治社会》へと移行していく[15]。未開人は次第に同胞と協力しあうために家畜の群のように結合し始めた。小屋を建て家族が一緒に住み始めた。夫妻や親子の共同居住の新しい習慣から「人々の識る限りの最も優しい感情、夫婦愛と父性愛」が生まれ、また女性が家事と子供の監護に当たり、男性が生活資料を獲得するという両性の分業も現われた。男女間にはかつての「自然の要求する一時的交渉」に代わって、もっと持続的な結合が営まれ、それと共に恋愛感情や嫉妬心も懐かれ始めた。——このような段階こそが、当時発見された大部分の未開民族の発展段階だと、ルソーは考えた。それは《自然状態》に依然属するとはいえ、原始状態から遙かに進歩した段階であり、しかもなお、《政治社会》——それは「ある土地に囲《かこ》いをして『これは俺のものだ』と宣言し」、私的土地所有の形成とともに初めて出現する——にはまだ至っていない段階だとみなされた。

かようにルソーは家族結合が一定の発展段階で初めて現われ、もっとも原始的な段階では単に「純粋に動物的な行為」が営まれていたとみたが、かかる見解は前述のロックの家族起源論と真向から対立するものであり、事実、ロック批判の上に立脚していた。ところで、ロックが動物に対する人類の生物学的特徴から、夫婦や親子の持続的結合関係の原始的存在を主張したが故に、批判の的もこの点におかれた。ルソーによれば、長期に及ぶ未成熟期の子供の監護や、そのための永続的な男女の結合は、なるほど人類の種の存続の上で「有益」であろうが、しかしその有益性という理由から、永続的な男女結合が「自然によって確立された」という結論はひきだされ得ない。かかる観方は自分たちの社会での事実を説明するのに役立っても、《自然状態》の実際の事実を確証するものではない[16]。そもそもルソーは、草食動物と肉食獣とのロックの対比そのものを疑問視した。彼はロックとは逆に、前者こそが雌の草を喰う長い時間、雄に仔を守らせねばならないが、後者では雌が瞬時に餌食を平げるので仔の監護でとくに雄に頼る必要がないと主張する[17]。

だが、ロック批判の決定的な点は、ロックの論証方法そのものの矛盾を衝いたことにある。ルソーによれば、ロックが証明したことは、女が子供を産んだ時、それまでずっと女に連れ添ってきた男が、女と子供を保護すべく更に一緒に暮すということだけである。だが、彼が証明せねばならなかったことは、実は、「分娩の前や妊娠の九カ月の間」、男が何故女とずっと連れ添っていたかということなのである。この本来証明すべき点について何ら証明せず、むしろそれを前提としてロックの理論が展開しているのだと[18]。もっとも、ルソーも「幼年期の長さや生れる子供の数」について動物界に一定の法則が存することは認めた。ただ、種の保存という点からみると寿命の長さも考慮する必要があり、それ故人間の幼年期の長さということだけから一定の結論を導くことに、彼は懐疑的態度を示したのである[19]。

〔補　説〕

『人間不平等起源論』においてロックの幼年期保護説を斥けたルソーも、その七年後に刊行した『社会契約論』では、「子供たちが父親に結びつけられているのは、自分たちを保存するのに父を必要とする間だけである[20]」と述べ、未成年期の子の保護に父子の「自然の結びつき」の根拠を認め、ロック説に歩みよったのである。

なお、ここで、未開人のもとで、動物界にみられる雌をめぐる雄同志の闘いや嫉妬があったかいなかという問題について、ルソーの見解をみておこう。この問題は家族の起源に関連しており、後に民族学者も議論した事柄である。

この問題についてはルソーは否定説をとる。彼は『人間不平等起源論』で、原始状態の未開人が異性に対する「選り好み」をまだ識っておらず、特定の女性をめぐる男性同志の紛争が起り得ぬことを主張する[21]。すでにみたごとく、もっとも原始的な段階での男女関係は「純粋に動物的な行為」につきており、個人的愛情や嫉妬が生ずるのは同じ《自然状態》でも後期の段階だと考えられたのである。また彼は、人間に交尾期が欠如することを嫉妬の生起せぬ理由としてあげる。「……これらの動物の若干のものの間では、種全体が同時に興奮状態にはいるので、共通の熱狂と喧嘩と無秩序と闘争の恐ろしい一時期がめぐってくる。これは、恋愛が決して周期的でない人類の間には決して起らないことである。だから、ある種の動物が雌を手に入れるために行う闘争から、自然状態における人間にも同じことが起るだろうと結論することはできない[22]」と。また『エミール』では、ルソーは人間の「性の能力」が限られている点をその論拠にあげる。性の能力が際限なく強いときに雄同志の争いが起るという考えが前提とされているのである[23]。以上のルソーの嫉妬欠如説は、当時報告され彼も引用しているカライブ人――この種族では一夫多妻制がとられている――のもとで、「嫉妬にかられることが極めて稀である」という事実に着目して立てられたのかもしれない。(24)モンテーニュによると、その種族では夫が多くの妻をもつほどその権威が高まるので、夫の名誉を重んずる妻たちは躍起になって、夫が他の女を妻にするよう努めたという。(25)

ルソーが原始人の嫉妬の欠如を想定したのは、男性による女性の独占の関係――つまり男女間の婚姻的結合――に否定的な彼の乱交制理論と不可分に関連している。これに対して原始人の嫉妬存在説をとるウェスターマークが原始期の一夫一婦制家族の存在を主張したのは、その意味で当然であった。「ダーウィンがのべたところだが」――と、彼は『婚姻小史』の中で述べている、「四足獣のすべての雄は、その多くが恋敵と闘うための特殊な武器をそなえているほど嫉妬ぶかいのであって、そのような嫉妬という点からみて、乱交的な交尾が自然状態においておこなわれたとは、全くありそうもないことである」。(26)だが、彼の論敵ブリフォールトは『母親たち』において、動物界の雌をめぐる雄の格闘が〝嫉妬〟と表現され得ぬことを主張する。「嫉妬は識別、すなわち特定の雌の選択、相違の知覚を必然的に含むが、かかる性的識別は動物の間では見出されない」。(27)「動物の雄たちの闘争と競争は特定の雌の獲得の為ではなく雌一般に接近する為のものであり、それは通常、〔他に〕いかなる雌もいない時に起るのである。動物の雄は恰度食物を求めて争うように、生殖の機会を得べく争うのであり、この競争を『嫉妬』とのべることが適切だとすれば、食欲を『恋愛』と記述するのも同様に適切となろう」。(28)ルソーの「選り好み」欠如説がブリフォールトによって承認されたわけであるが、もし彼らのいうように特定の雌に対する独占欲が動物の性的本能とは無関係なことであれば、雄たちの間の闘争という事柄に原始乱交制を否定する論拠が求められないことになろう。

（４）Locke, J.: Two Treatises of Government, (Everyman's Library), p. 119. 鵜飼信成訳『市民政府論』（岩波文庫）一二頁。
（５）ibid., p. 155. 鵜飼訳、前掲、八一頁。
（６）ibid., p. 155. 鵜飼訳、前掲、八一—八二頁。
（７）ibid., pp. 141-142. 鵜飼訳、前掲、五六—五七頁。
（８）ibid., p. 145, p. 149. 鵜飼訳、前掲、六四頁、七〇頁。
（９）ibid., p. 155. 鵜飼訳、前掲、八二頁。
（10）ibid., p. 156. 鵜飼訳、前掲、八四—八五頁。
（11）ibid., p. 156. 鵜飼訳、前掲、八四頁。
（12）ibid., pp. 155-156. 鵜飼訳、前掲、八二—八三頁。
（13）ルソー、本田・平岡共訳、前掲、六〇頁。
（14）ルソー、本田・平岡共訳、前掲、八六頁。
（15）ルソー、本田・平岡共訳、前掲、八五頁以下参照。
（16）ルソー、本田・平岡共訳、前掲、一七四頁。
（17）ルソー、本田・平岡共訳、前掲、一七四—一七五頁。
（18）ルソー、本田・平岡共訳、前掲、一七六—一七七頁。
（19）ルソー、本田・平岡共訳、前掲、四六頁。
（20）Rousseau, J. J.: Du contrat social, Paris 1864, pp. 16-17. 桑原武夫・前川貞次郎共訳『社会契約論』（岩波文庫）一六頁。
（21）ルソー、本田・平岡共訳、前掲、七六—七七頁。
（22）ルソー、本田・平岡共訳、前掲、七九頁。
（23）ルソー、今野一雄訳『エミール（下）』（岩波文庫）一六四—一六五頁。
（24）ルソー、本田・平岡共訳、前掲、七八頁。
（25）モンテーニュ、原訳、前掲、一五七頁。
（26）ウェスターマーク、江守五夫訳『人類婚姻史』（社会思想社）二二頁。

(27) Briffault, R.: The Mothers, Vol., I, p. 180.
(28) ibid., Vol., I, p. 182.

第二節　《子の監護》と父権制・母権制
――ウェスターマークとブリフォールトの理論的対立――

民族学では周知のことだが、ウェスターマークが進化主義民族学に挑戦して原始一夫一婦制説を主張したとき、その理論的根拠は主に婚姻の生物学的な条件に求められた。すなわち彼はヒト科と共通の原種から発する類人猿の性生活を考察し、交尾期の後も雄が雌や仔と共に暮すという現象を見出し、この現象が長期にわたる未成熟期の仔に対する親の監護の必要性に由来すると考えたのである。そして彼は類人猿と最古の人間との間に、幼児期が長期に及ぶことや食糧事情において共通性が見出されることから、この両者において「同じ原因が同じ結果」をもたらしたに違いないとの推論を導き、太古の人類においても類人猿と同様に父と母と子からなる家族が存在したと主張したのである。では、この子の監護において、彼は母性と父性のそれぞれの役割をいかに評価しただろうか。

彼は一方において、母子間の紐帯が父子間のそれより遙かに強烈な場合があることを未開人について認める。「未開人の母は長期間、子供を胸に抱いており、授乳期間は二年、三年、四年、いな時にはそれ以上に及ぶ。子供を体から離した後でも、幼児は常に母にまつわりつくし、かなり年長の子供でも極めて屢々そうである」[29]。つまり哺育を基礎とする緊密な母子関係の形成の必然性を、彼は認めるのである。しかし他方、彼は一定の種の動物において、父による監護が種の生存に不可欠な条件とされ、それ故父性本能も生まれ、強力な父性感情が父子関係を緊密なものに結びつけることを強調する。しかも、未開のいかなる民族（多くの母系種族をも含めて）においても、「父の権力が至上のものとなっている」という主張を試みることによって、どちらかといえば父性の役割を母性のそれ以上に評価し、結局、父権制的傾向をおびた一夫一婦制家族の原始的存在の見解を披瀝するのである。かくして「子の哺育」という生理学的特徴を一つの基本的土台としながらも、ウェスターマークは母子関係に中核的な意義を認めようとはしなかったのである。ところが、同じく「子の監護」という生理学的事実から出発して、人類社会の形成で母子関係が基軸をなしたと考える学説が発表された――ブリフォールトによってである。

進化主義の孤塁を守って原始母権制説のために闘ったブリフォールトの大著『母親たち』（The Mothers）は、実に動物界の集団構成の分析から出発している。彼は、哺乳動物の種々の科から若干の代表的な種を選んで比較検討し、「哺乳動物が低級な型から高級な型へ進むにつれて妊娠期間が著しく規則的に増える」という事実を見出すとともに、更に重要なことだが、かかる妊娠期間の長期化にもかかわらず「個体の発育速度がより緩慢となり、仔が極めて未成熟な状態でこの世に生れる」という事実を明らかにする。[30]そして、彼は、この未成熟期の長期化がとりわけ脳の成長と関わっており、それ故このことは「高等動物の進化の上での極めて顕著で重大な要因」をなし、「有機体進化の完成段階の実現も実にこのことに依拠し、人類の起源も正にこれに負うている」と論ずるのである。[31]

さて、長期に及ぶ仔の未成熟期間は、当然、母性的監護を必要とする。それは母性本能に基づくと同時に、監護を求めようとする仔の本能（filial instinct）を派生する。仔の本能は究極的には監護への依存心に根ざし、それ故その対象は産みの母に限られず身代わりの者にも向けられるのであり（――今日の動物学のいわゆる《imprinting》の現象)、このことから、ブリフォールトはこの仔の本能やその前提たる母性本能に「社交的本能ないし群居性本能」の基礎を見出すのである。[32]かくして彼は、長期にわたる母性的監護にこそ、「すべての家族感情、すべての集団的シンパシー、それ故社会組織の本質的基礎」を見出したのである。[33]

ところで、長期に及ぶ母性的監護は雌を自己防衛や食糧調達の上で不利な状態におかせるのであり、「かかるハンディキャップがあるとき、雌が雄の協力と援助を得ることは望ましいし、また必要でさえある」。ここに雄を雌に結びつかせる「配偶本能」(mating instinct)が派生する。[34]ただ、ここで重要なことだが、この配偶本能はあくまで「母性機能の遂行における雄の協力」に発し、それ故母性本能の派生物とみられたのである。[35]配偶本能がたとえ雌雄の結合をもたらすとしても、雄の「性本能」(sexual instinct)とは無関係とみなされたのである。ブリフォールトによれば、「生殖に関する雄の唯一の機能は、本来、卵子を受精させることであって、雄の本能はその機能の遂行に限られる」。[36]すなわち動物において交尾期の後も配偶関係が維持され、仔の監護の上で協力関係がみられても、この現象は、ウェスターマークの考え方とは正しく逆に、究極的に母性的本能に根ざしたものとみられたのである。

ところで、ここで重要なことは、持続的な配偶関係が鳥類に明確にみられても、哺乳動物にはほとんど見出されぬということである。ブリフォールトはこの事実をこう説明する――、「哺乳動物では妊娠せる雌や授乳する雌は、肉体的な煩わしさで多少不利な状態にあるとはいえ助力なしに自分の機能を遂行しうる」[37]と。哺乳動物のもとでの雌雄の配偶関係が交尾期の後まで持続されぬというこの事実は、注目すべきことに、類人猿についても当てはまるという。「ゴリラの雌と仔は全く自分たちだけで暮し、雄たちは離れて一集団をなす。類人猿のもとでは、真の永続的な集団はかように雌と仔から成り、成人せる雄はいわば移動人口(a shifting population)をなしているようである[38]」。

ブリフォールトのこの見解はウェスターマークの学説を真向から否定するものである。もしブリフォールトの言うごとく、交尾期以外の時に雄が雌や仔の母子集団から隔離しているとすれば、ウェスターマークが類人猿から類推した原始人の一夫一婦制家族もその父権的な構成もたちまち瓦解するからである。因みにブリフォールトは、ゴリラの一夫一婦制について論じたウェスターマークの説を引き合いに出し、「私たちの今日の情報は、ゴリラのもとでの一夫一婦制的習性に関する一切の仮説を完全に粉砕している」と述べている[39]。ともあれブリフォールトは、母性的監護をあくまで強調し、雄のそれへの関与・協力を限定的なものと解釈し、以て動物界での母子結合の重要性を力説したのである。では、彼は動物の集団構成を基本的にどう考えただろうか。

ブリフォールトは動物の集団を二つの形態――雌雄が共に加わる「ハード」(herd) と雌と仔からなる「動物家族」――に区別した。前者は一般に草食動物に、後者は肉食動物にみられるが、それは草食動物（特に有蹄類）では仔の未成熟期がほとんどなく母性的監護が少ししか必要とされぬのに対して、肉食動物では未成熟期が長く、それだけ母性本能が発達し、この母子の絆によって家族が形成されるからだという。ただ、通常時に家族を形成している動物でも、交尾期にはそれが「ハード」に解消することがあり、この二形式はそれぞれ一定の種に固有なものとは考えられていないのである。

この二つの集団形式のうちブリフォールトが重視したのは、言うまでもなく動物家族である。それは、彼が動物界の基本的な結合原理とみる母性本能の所産だからである。「動物家族は、母性本能の――しかもそれのみの――所産である。母がその唯一の中心であり、唯一の絆をなす。雌雄を結びつける性本能は、この集団形成に何の役割も果さない。性的誘引は、逆に、動物家族にとり敵対的である。性本能は家族を乱交的なハードに分解し、母子結合を断ち切る作用をするからだ。雄は動物家族の形成に何ら寄与せず、必須のメンバーでもない。なるほど雄がかかる母子集団に加わることがあっても、通常はそうではない」[40]（——因みに、交尾期の際に動物家族がその中に解消してしまう「ハード」は、性衝動だけの所産であり、「配偶本能ないし母性本能はその中では何の役割も果さない」[41]）。

さて、人間社会は、まさにかかる動物家族を基盤にして形成されたと、ブリフォールトは考えた。

「人間種属の際立った特徴は社会的本能の比類なき発展にあるが、その社会的本能は、既述の如く、これまた、子を母の保護監督の許におくという長期の結合に依拠している。そして実際人類は、母性機能の発達、即ち長期にわたる妊娠期間と長期に及ぶ子の未成熟期間——それらは動物界では他のどの種類のものをも凌駕しているが——によって、生物学的に特徴づけられているのである。ハード形成はかような特徴や機能と両立し得ず、これらの発達の低さとつねに結びついている。従って、最初の人間の聚合は、動物家族に属する動物的集団から派生したのであり、それは男性の性衝動の表現ではなくして、女性の母性本能の表現だったのである」[42]。

ブリフォールトの学説には、今日の動物生態学からみて幾多の欠陥があろうが、江原昭善教授の次の言葉は彼の説の基本的正当性を裏づけるものとして注目されよう。「家族は、人間を超えた、もっと大きな進化という座標軸の中でみたとき、必ずしも核家族を意味しないし、家父長的な形態が原初的でもないことに気がつくだろう。哺乳類レベルや霊長類レベルで見ると、母子関係はいつも普遍的に成立している。そしてこれにオスが父として関与する仕方が問題になるのである」[43]。また、ここでは紙面の制約上紹介を断念せねばならぬが、雌雄の配偶関係よりも母子関係を中核的なものとみるこの考え方が、民族学者フォックスと社会学者タイガーの共著『帝王的動物』の中にも明確に窺えるのである。[44]

(29) ウェスターマーク、江守訳、前掲、二一一頁。
(30) Briffault, op. cit., vol. I, pp. 96–99.
(31) ibid., vol. I, p. 100.
(32) ibid., vol. I, pp. 151–154.
(33) ibid., vol. I, p. 157.
(34) ibid., vol. I, p. 121.
(35) ibid., vol. I, p. 131.
(36) ibid., vol. I, p. 141.
(37) ibid., vol. I, p. 122.
(38) ibid., vol. I, p. 179.
(39) ibid., vol. I, p. 177.
(40) ibid., vol. I, p. 184.
(41) ibid., vol. I, p. 192.
(42) ibid., vol. I, p. 195.
(43) 江原昭善・渡辺直経『猿人』（中央公論社、一九七六年）一五五頁。
(44) L・タイガース、R・フォックス、河野徹訳『帝王的動物』（思索社）上巻一〇六頁以下。

結語

本章は、近世自然法学者が《自然状態》なる概念を構成するうえで、（のちに民族学の考察対象とされる）未開民族に関する知識が少なからず利用されていたこと、そしてまた動物の生態学的観察から人間家族の原初的形態を類推するという、後に若干の民族学者が採用した方法を、ロックやルソーがつとにとりいれていたこと、しかもその場合ロックやルソーであれ、ウェスターマークやブリフォールトであれ、今日の霊長類研究の最も重要な研究課題たる〝未成熟期の仔の監護〟という、人間をも含めた高等哺乳動物の生物学的特徴が議論の中心をなしていたことを、考察した。近世自然法学者と現代民族学者のかような認識上の共通性は、まことに驚異というほかない。だが、翻って考えれば、この共通性は、進化主義民族学における《自然法》概念の使用とその構成に少なからぬ関わりを有するものである。

私は一九六三年の論文「家族史研究と唯物史観」の中で詳しく検討したことだが、バッハォーフェンやその後の若干の進化主義民族学者は、人類の最原始段階に存在したと仮定された乱交制や母権制が《自然法》（ius naturale）によって規律され、文明段階の婚姻制度や父権制が実定的《市民法》（ius civile）上の制度であるという観方をとったのであり、ブリフォールトもこの立場を踏襲したのである。ここに用いられた《自然法》とは、乱交制や母権制という、人類が動物界から受け継いだとみなされた自然的な秩序であり、実際バッハォーフェンは『母権論』においてこれを《純粋に動物的な自然法》（das rein tierische Naturrecht）と呼んだのである。かかる自然法の概念構成は古代ローマ法曹のそれに依拠しているのである。それは、人間と動物を区別せず一切の自然的事物を統制するものと構成されていたのであり、バッハオーフェンやブリフォールトはこのローマ的概念構成を採りいれたのである。[45]

ところで、ルソーの自然法概念も実にこの民族学者と同様の構成をとっていた。彼は《自然状態》(état de nature)を、単に在るべき《社会状態》(état civile)を導くための論理的前提ないし哲学的仮構ではなく、歴史的に実証さるべき一発展段階としてみなそうとし、そのためにこそ彼は未開民族の記録を希求し、また利用したのである。しかも彼は自然状態の未開人を「動物的機能を営む」存在とみ[46]、実在の未開民族をもかかる「動物の状態」にあるものとみなしたのであり[47]、このことと相俟って彼の考えた《自然法》(loi de nature)は、動物もまたこれにあずかるものとされ[48]、それ故彼もまたバッハオーフェン等と同様、古代ローマ法曹の自然法概念を借用したのである。[49]

かような未開人と動物との自然的類似性という認識にこそ、ルソーであれブリフォールトであれ、動物の生態から最古の人間生活を類推する方法上の根拠が存したのである。ただ、この動物との共通性という観方の故に、ルソーはヴォルテールからの手紙で、「あなたの著作を読むと、ひとは四つ足で歩きたくなります」と書かれ[50]、またパリソの喜劇『哲学者たち』でルソーに扮する下僕役クリスパンの四つ足姿によって揶揄される破目ともなったのである。[51]

(45) 江守五夫「家族史研究と唯物史観」(東大社会科学研究所編『社会科学の基本問題』下巻〔一九六三年〕)二四一—二五〇頁——本書所収(三七一—四四頁)。
(46) ルソー、本田・平岡共訳、前掲、五四頁。

(47) ルソー、本田・平岡共訳、前掲、五一頁。
(48) ルソー、本田・平岡共訳、前掲、三一頁。
(49) ルソー、本田・平岡共訳、前掲、二九頁。
(50) 「ヴォルテールからルソーへの手紙」(ルソー、本田・平岡共訳『人間不平等起源論』〔前掲〕付録) 一九〇頁。
(51) ルソー、本田・平岡共訳『人間不平等起源論』(前掲) の平岡昇氏の解説 (同書二六五頁)。

第三章　植民地支配のイデオロギーとしての国家最高地主説の展開

――英蘭両国のインドネシア支配を中心として――

序　言

周知のごとくマルクスはその遺稿『資本制生産に先行する諸形態』の中で、アジア的共同体とその上に聳えたつ《東洋的専制》(orientalischer Despotismus) についてかなり詳しい分析を試みており、そしてそこで提示された彼の理論的構想は、今日の社会経済史学においてアジア社会を解明するうえでの重要な指標をなしている。マルクスは東洋的専制を支えているアジアに固有な土地所有の関係について、国家ないし専制君主を唯一最高の土地所有者として、一般人民をば単なる土地占有者としてみなしたのであり、そしてこの相関関係を《一般的奴隷制》(allgemeine Sklaverei) なる概念で集中的に表現せんと試みたのであった。(1) 以下、本章では、国家ないし専制君主を唯一最高の土地所有者とみなすこのような観念を、一応、「国家最高地主説」と呼称することにしたい。

さて、マルクスの場合、かかる「国家最高地主説」的見解は右遺稿(一八五七―五八年執筆)において初めて提示されたものではなく、つとに一八五三年の彼の書簡や諸論稿の中でインドの英領植民地の問題に関連して発表されているのであって、(2)それ故、マルクスが東洋的専制社会を解く鍵として国家最高地主説を採用したそもそもの契機も、直接的には、インドにおける英国植民地支配に対しての彼の批判的考察にあったとみなされ得るのである。しかし、その動機はともあれ、彼は、国家を唯一最高の土地所有者たらしめる体系が英領インドのみならず、広くオリエントの、ないしはさらにアジアの、一般的な現象であるとみていたのであり、このことはエンゲルスも同様であった。(3)そして本章が考察の対象とするインドネシアにおいてもこの土地所有の状況が展開していたことを、マルクスは一八五三年にすでに知っていたのである。(4)

ところで、かような国家最高地主説は、一九世紀の中葉では、マルクスやエンゲルスのみならず、植民地経営に関連する人々を中心にかなり広く識られていたようであるが、それは決してアジア的な土地所有の関係についての純粋な理論的認識にとどまるものではなかったのである。基本的な生産手段たる土地に関して全人民が本来eigentumslosにおかれているという認識は、ヨーロッパの植民地支配者にとっては土民に対する奴隷的搾取の恰好の観念的な支柱となり得るし、実際また支柱とされたのであって、このことはインドネシアにおける植民地支配についても妥当していたのである。本章はこのような〝植民地支配のイデオロギー〟としての国家最高地主説の展開過程を、インドネシアの場合について考察しようとするものである。国家最高地主説が植民政策上、意義をもったのは、インドネシアでは、一九世紀の初頭から同世紀の第三・四半期までであり、本章の考察もこの時期にかぎられる。ただ、ここであらかじめ述べておかねばならないことだが、インドネシアがつねにオランダの植民地であったわけではなく、一八世紀末から一九世紀初頭にかけて仏英両国の支配下におかれたのであり、この「中間統治」(tussenbestuur)の時代は(5)インドネシアにおける近代的な植民政策の形成にとり一般に重大な意味を有し、とりわけ英国のラッフルズ卿(Sir Thomas Stanford Raffles)の植民政策が国家最高地主説に依拠していたのである。

本章において、オランダのみならず英国のインドネシア支配も考察の対象とされるのは、かかる所以に基づくものである。

（1）Marx, K.: Formen, die der kapitalistischen Produktion vorhergehen, Berlin 1952, S. 7f, S. 33.

（2）マルクスは一八五三年六月二日付のエンゲルス宛ての書簡の中で、フランソワ・ベルニエのムガール帝国見聞記を引用し、その引用文中の「国王は王国のすべての土地の単独唯一の所有者である」という一文をイタリックで記述し、その上で次のように述べている。「ベルニエは、正当にも、東洋――トルコ、ペルシャ、ヒンドスタンを言っているのだが――のすべての現象の基礎形態を、いかなる私的土地所有も存在しない（kein Privatgrundeigentum）という点に見出しています。これこそは、東洋的天国（orientalischer Himmel）を解く真実の鍵なのです」。Marx-Engels Werke, Bd. 28, Ss. 252-254. またマルクスは英国の東インド支配を批判した同年八月の一論稿の中で、「国家を事実上の土地所有者たらしめるアジア的な体系」という表現を用いている。Marx, K.: Die Kriegsfrage-Parlaments-ränke-Indien, Marx-Engels Werke, Bd. 9, S. 218.

（3）エンゲルスは、一八五三年六月二日付のマルクスの書簡にこたえた同年六月六日付の書簡で、「土地所有の欠如（Abwesenheit des Grundeigentums）は、実際、オリエント全体を解く鍵です」と、マルクスに書き送り、そのオリエントを、「サハラから、アラビア、ペルシャ、インドおよびタタライ〔中央アジアとトルキスタンの一部〕を横切って最高のアジア高地にいたる大砂漠地帯」と記述している。恐らく回教文化圏について述べているのであろう。Marx-Engels Werke, Bd. 28, S. 259.

（4）一八五三年六月十四日付のエンゲルス宛て書簡で、マルクスはインドネシアにおけるラッフルズの国家最高地主説を紹介している。「この国のうち『いくらかでも考慮に価するだけの地代が徴収されうる』すべての地表において、主権者は絶対的な地主でありました。ともかく全アジアにおいて、マホメット教徒が初めて『土地の無所有』を原則的に確立したようです」。Marx-Engels Werke, Bd. 28, S. 269.

（5）一七九五年、フランス革命軍がアムステルダムを占領し、ウィレム五世が亡命し、革命軍によってバタヴィア共和国が樹立され、それによってオランダ東印度会社も一七九八年に解散された。一八〇六年、ナポレオンは弟ルイ・ボナパルトをオランダ王に任じ、共和国が廃せられてオランダ王国が誕生するが、ルイ王はダーンデルズ（Daendels, H. W.）

を総督に任じ、インドネシアに派遣した。ところが、一八一一年、英国は東印度の軍隊でジャワを攻略し、インドネシアは英国の統治に服することになり、英国の東印度総督の行政管轄のもとにおかれた。ただ、実際上は副総督がジャワに派遣されたのであって、かのラッフルズもこの副総督としてインドネシアに赴いたのである。ところで、一八一四年のナポレオン皇帝の敗退により、オランダ本国はウィレム一世を戴くことになり、同時に英国は同年のロンドン協定により、旧蘭領インドネシアの大部分をオランダに還付したのである。ここにラッフルズ卿の治世も終わり、植民地の引き継ぎが行われた一八一六年以降、インドネシアは再びオランダの植民地となり、「中間統治」の時代は幕を閉じたのである。

第一節　土侯の専制支配と共同体的土地所有

——インドネシアに伝統的な土地所有関係——

まず最初に、植民地支配の イデオロギー としての 国家最高地主説の成立の史的社会的背景を明らかにせんがために、本節において、植民地支配以前における土民社会内部の固有の土地所有関係の在り方が究明される。

（一）　インドネシアにおける村落共同体的土地所有を初めて体系的に明らかにしたのはかのフォーレンホーフェン（Vollenhoven, C. van）であったが、彼によれば、村落共同体はまさに彼のいう《法共同体》（rechtsgemeinschap）として、村落の占取地に際して排他的な支配権を行使していたのであって、原則として法共同体の成員のみが土地利用をなし得るのであり、しかもその土地利用に対しては彼らは種々の面で共同体的規制に服していたのである（——因みに「法共同体」として村落が享有する土地に対する権利をフォーレンホーフェンは《処分権》〔beschikkingsrecht〕と呼んだが、[6]それは実質的内容においてゲルマン法上の「総有」〔Gesamteigentum〕に相応するものである)。

村落の土地のうち荒蕪地(放牧地・森林・狩猟地)や漁業水域は村落共同体それ自体の所有として未分割であり、他方、家屋敷地は世襲的な個人占有権(erfelijk individueel bezitrecht)に属する。耕作地は(荒蕪地などと同様に)共同体の財産であるが、それには一定年限毎の定期的な地割が行われる場合と、私的占有が一生涯にわたって続き死後にのみ村落に復帰する終身地割制の場合とがあった。[7]

(二)　ところで、かかる共同体的所有をともなう個々の村落共同体の上に、唯一最高の土地所有者としての土侯国が聳え立っていた。具体的にその一つ、ジャワのマタラム国に関して考察すれば、[8]土侯はその全領土の最高の君主であったが、征服によって得た属州はその地域の征服に与って力のあった王族たちの支配に委ねられ、その小土侯(後に彼らはオランダ人により「土民理事」〔regent〕とよばれた)がその土地の事実上の支配者であった。一方、直轄地では土侯は自己の親族の一部・宮廷貴族ならびに官吏に対し土地を給与し、これら臣僚はその土地の収入を以て生計の資としていた。そしてクラーク(Klerck E. S. de)によれば、これら臣僚たちの有した「領主権」(manorial rights)には、物品・労役および現金の形での租税を徴収する権利が包含されていたのである」[9]と。このクラークの説明において「領主権」なる語が使用されているごとく、植民地の文献では、土侯国の統治機構がしばしば西欧の封建制度と対照させて論ぜられているのである。

たとえば、このクラークはこうも言っている。「南セレベスにおけるように統治機構が西欧の封建制度を想起させるような所では、状況は厭わしいものであった。若干の封建的義務を除くならば、家臣《ヴアツサル》たちは独立しており、彼らは順次土地を貸与していたので、寄生虫的怠惰者の数は驚くべく多数にのぼった」[10]。またヴァンデンボッシ（Vandenbosch, Amry）は言っている、「土侯たちは広い面積の土地を自分の一族の者たちや官吏に引渡し、そしてこれらの土地とともに、〔土地の〕占有者達に対する一切の封建的な権利（all the feudal rights）――それは土侯達自身に帰属する権利であるが――を譲渡したのである。この権利の中には、賦役や収穫物の一部の形での課税〔の権利〕が含まれていた」[11]と。これに対してファーニヴァル（Furnivall, J. S.）は次の如くのべている。「支配者が隷属者に郡ないし村を譲与した場合、彼は人民ないし土地を単に財産として譲渡したのではなく、彼の統治権（sovereignty）の一部を譲渡したのである。後年オランダ人が土地の譲与をなした時には、人民は土地に付随するものとされたが、しかしこれはヨーロッパ的な観念だったのである。というのは、以前には土民の原則によると、土地は人民に付随していたのである。社会的紐帯は厳密に人格的《パーソナル》であって、決して土地に基礎をおくものではなかった。封建制下のヨーロッパにおいて人が賦役の責任を負うのは、彼が土地を保有していたからであるが、ジャワにおいては人が賦役の責任を負うが故に、彼は土地を保有したのである。そしてこの似而非封建制度（pseudo-feudalism）は、実際、封建制度の正反対のものだったのである」[12]と。

以上のごとき西欧封建制との対比の議論は、確かに社会経済史学上興味ある問題であるが、それはさておき、ここで明確に認められ得ることは、土侯が全人民を奴隷的に支配しており、それ故彼がこれらの人民の事実上占有しているすべての土地に対して、公法上というよりはむしろ私法的な権利を確立していたということである。「土侯たちは」――とクラークは言う、「絶対的に無制限な権威を以て人民を支配したのであって、彼ら自身が課した法律以外に法律は何ひとつ存しなかった。土侯たちの意思が働くとき、所有なる観念は、妻子に対するものですら、原住民には全く知られていなかったのである」[13]と。かの《一般的奴隷制》と、そのもとでの人民の《没所有性》

(Eigentumslosigkeit) は、まさに典型的な形においてジャワの土侯国に展開していたのである。なるほど、前述のごとく土侯の家臣達は一見〝領主権〟に似た権利を享有していたにしても、その権利は、クラーク自身認めたごとく、彼らの死と共に主君たる土侯に復帰した (heimfallen) のであって、[14] 建前としてはあくまで土侯単独の専制的権利にほかならなかったのである。この点で、西欧封建制との異質性が看取され得よう。

(三)　かくして土地所有について、一方では村落共同体が、他方では土侯が、その主体者として登場した。だが、そもそも同じ土地に対して二つの異なった権利主体が同時に所有権を主張し得るであろうか？　当然、かかる疑問が生じ得るであろうし、実際、村落共同体的土地所有が初めて学問上認識された後、この点をめぐりアダット法学で大きな議論さえ生じたのであった。[15] しかしながら、実はこの両者が現実にまったく矛盾なく結合して現われるところに、土地所有のアジア的形態の本質的特性が存するのである。すなわち高次の、ないし唯一の土地所有者として登場する東洋的専制国家といえども、つまるところ、「すべての小さな共同体の上に聳え立つ包摂的統一体 (zusammenfassende Einheit)」にほかならないのであり、また個々人が土地に関与する仕方も、この「綜合的統一体――それは多くの共同体の父としての専制君主に体現されている――が個別の共同体の仲介によって個々人に譲与するという媒介的な形をとって現われる」のであり、したがって「東洋的専制と、その専制下で法的に存在するとみなされる没所有性 (Eigentumslosigkeit) の真只中においても、実際には、この種族的ないし共同体的所有 (Stamm-oder Gemeindeeigentum) がその基礎に存立しているのである」。[16]

かように専制国家が自ら土地所有者なりと主張して、直接生産者から一定分量の生産物を現物地代として収奪するとしても、専制国家が個々の共同体の〝包摂的統一体〟にほかならぬが故に、それは現実には、村落共同体的土地所有の存在を前提とするものであって、それ故また国家的収奪はインドでもインドネシアでも村落の共同体の首長をとおして貢納《トリブュート》の形で達成される。したがって国家最高地主説の観念は、それが「一般的奴隷制」ないし「没所有性」の概念で言い直されるかぎり、結局、徹底せる国家的収奪を正当化する法的擬制にすぎないのであって、実際、もし真に村落共同体の土地所有を現実に否認すれば、専制国家それ自体の存立が否定されることにもなるのである。かくして専制国家は、その絶えざる政治的変動とかかわりなく、つねに自足的な生産体としての村落共同体の存続を保障しつつ、しかも同時にその剰余生産物のほとんどすべてを呑み尽したのであった。[17] だが、それにもかかわらず、ヨーロッパの植民地支配者は、東洋的専制の現実的基礎としての共同体的土地所有を、少なくとも当初認識せず、その法的イデオロギーとしての国家最高地主説をもってもっぱら土侯支配下の土地所有関係の忠実な表現とみなそうと努めたのであった。

（四）　実際、オランダの植民地支配は、最高の地主としての土侯たちの地位を継承することによって出発したのである。「土侯たちが」――と、ラヴレー（Laveleye, Émile de）は言う、「土地や住民の労働を自分の意のままにしているようにみえたので、オランダ人は土侯たちの権威を受け継いで、自分たちも同じく真の土地所有者（les vrais propriétaires du sol）になったのだと断定したのである」[18]。ヴァンデンボッシも次のごとく論ずる。「ヨーロッパ人は中部ジャワの諸州においてきわめて特殊な条件のもとで土地の利用〔権〕を獲得した。すなわち、全土はあまねく君主に属するとの東洋的理論（the Eastern theory that all land belongs to the rulers）がここでは実行に移されていたからである」[19]と。

かくして今や土侯に代わってオランダの東印度会社や、更にその跡を継いだ東印度政庁が〝唯一最高の土地所有者〟として登場したのである。ここで我々の注目を惹く事は、この新主権者が土地を私人に払い下げた場合に、それが単に私法的所有権の譲渡にとどまらず、あたかもかつて土侯がその臣下に給付したいわゆる〝領主権〟と相似た権力をもその所有者に認めたということである。[20] すなわち、「統治権（souvereine rechten）付で土地を売却する」という関係が生じたのであり、それ故「私領地」（particuliere landerijen）と呼ばれるこの払い下げ地の所有権者は課税権・首長任命権・処罰権（裁判権）等々の公法的諸権力を具有したのであって、ヘスリンガ（Heslinga, J. H.）の言うごとく「いわゆる主権付所有権という極めて特殊な一種の所有権」を享有したわけである。[21] 同様に、東印度会社から土地が貸与された場合にも、その借地権者は借地上の土民に対して〃主権者さながらの権力を振う〃（to exercise quasl-sovereign powers）ことが認められたといわれる。[22] かように、東印度会社ないし政庁（それはインドネシアでは文字どおり国家権力の担い手として君臨していた）から譲与された個人の土地所有権ないし借地権に、土民に対する公法的支配権力が付着されていたということは、土地に対する私法上の権利に公権力が付随しているということを物語るのであり、したがってまたそのことから逆に言えることだが、国家（ないし君主）に本来帰属している統治権ないし領土権が、その領土内の土地に対する私法的権利――つまり土地所有権――の性格をも備えたものであるということを意味しているのである。このことによって、国家（ないし君主）は地租ではなしに、それより遥かに高額な〃地代〃を徴収し得たのである。[23] かように土地所有権とその土地の上の公民に対する公権力とが少なくとも国家法制上不可分裡に結合しているという点に、アジアに固有な土地所有関係の特質がもっとも明瞭に現われているのであり、そしてまたそのことを通して、最高の土地所有者としての国家（ないし君主）は言うに及ばず、その下部末端の諸土地所有者たちも、人民に対する強力な搾取と強大な支配の権力を確固なものとして保持し得たのである。

（6）　法共同体の有している「処分権」の諸特徴に関しては、Vollenhoven, C. van: De Indonesiër en zijn grond,

Leiden 1932 (1ste herdruck, 1919), blz. 9 を参照せよ。

(7) cf. Klerck, E. S. de: History of the Netherlands East Indies, Rotterdam 1938, vol. I, p. 186. ヘスリンガ、多田芳雄訳『爪哇及びマドゥラに於ける土地及びその関係事項』(東亜研究所、一九四一年) 三一—三二頁参照。

(8) オランダ人が初めて渡来した一六世紀末には、ジャワでは同島を東西に分かって、マタラム国とバンタン国の二大土侯国が形成されていた。

(9) Klerck: op. cit., vol. I, pp. 179–180.

(10) Klerck: op. cit., vol. I, p. 191.

(11) Vandenbosch, Amry: The Dutch East Indies. Its Government, Problems and Politics, Michigan 1933, p. 247.

(12) Furnivall, J. S.: Netherlands India. A Study of Plural Economy, Cambridge 1939, pp. 13–14.

(13) Klerck: op. cit., vol. I, p. 181.

(14) クラークは言う。「これらの土地は〔臣僚に給与された後でも〕なお土侯の所有に属しており、利害当事者〔臣僚〕の死に際しては、それは土侯に復帰したのである。死者の息子が継承する例はしばしばあったにしても、相続の権利を有するものではなかったのである」と。Klerck: op. cit., vol. I, p. 180.

(15) 馬淵東一『コルンおよびファン・ディク著　慣習土地法と国有地擬制』(アジア・アフリカ文献調査報告第五六冊、一九六四年)、一二頁以下参照。

(16) Marx: Formen usw., Ss. 7–8.

(17) マルクスは『イギリスのインド支配』において、ラッフルズ卿の、「オランダ〔東印度〕会社は、専制主義の既存の全機構をつかって、人民から、貢納を最後のかけらまで、労働をぎりぎり最後まで、絞りとった」という言葉を引用するとともに、この東洋的専制の基盤にある村落共同体にもふれて、「われわれは、この牧歌的な村落共同体がいかに無害にみえようとも、それが昔から東洋的専制の確固たる基盤を形づくっていたことを、忘れてはならない」と論じている (Marx, K.: Die britische Herrschaft in Indien, Marx-Engels Werke, Bd. 9, S. 128, S. 132)。また、『資本論』の中でも、こう論じている。「たえず同じ形態で再生産され、たまたま破壊されても同じ土地に同じ名称で再建されるこの自給自足的な共同体の簡単な生産的な機構は、アジア的国家の不断の興亡と休みなき王朝の交替とは著しく対照的な、アジア社会の不変性の秘密を解く鍵を提供する」(Marx, K.: Das Kapital, Bd. I, Marx-Engels Wer-

ke, Bd. 23, S. 379)。東洋的専制は、かように村落共同体と不可分な関係にあるのである。

(18) Laveleye, Émile de: De la Propriété et de ses formes primitives, Paris 1901 (5e éd.) p. 47.

(19) Vandenbosch: op. cit., p. 247.

(20) すなわち、東印度会社は「逼迫した国庫の救済の為に一七〇五年から一八二九年に至る時代に屢々土地の売却に訴えたのであるが、これらの土地の譲与は土地の所有権のみならず土地占有者に対する領主権《マノリアル・ライツ》をもその購買者に授与した」のであった。そしてこれらの「所有者は、土民首長を任命し・男子住民に対して労役の形での租税を徴収し・占有者の収穫物の一部を要求するところの権力を有する」こととされたのである。Vandenbosch: op. cit., p. 245.

(21) ヘスリンガ、多田訳、既掲八二―八三頁。

(22) Furnivall: op. cit., p. 46.

(23) ラヴレーはこの点について次のように言う、「それ〔国家によって収奪された収穫物の一部〕は、単に租税にすぎないと主張されたけれども、その租税が全収穫物にまで及ぶにいたり、また耕作者には暮らしをたてるに必要な分だけしか残さないまでにいたったときには、支払われるものは明らかに地代と同然なのであり、もしこのような租税を国家が受取るとすれば、国家は真正の所有権者としてみなされうるであろう」。Laveleye: op. cit., p. 335.

第二節　ラッフルズの国家最高地主説と植民政策

（一）以上の史的背景のもとに、われわれはまず国家最高地主説を最も明瞭な形で植民政策の中にとりいれた英国のラッフルズ副総督の立場を考察してみよう。まず第一に確認されることは、彼の国家最高地主説の採用が、彼のジャワ赴任（一八一一年）直後に行った農業事情調査の結果に基づくものだったということである。すなわち彼は諮問委員の答申書から次のごとき結論をひき出したのである。

「ジャワにおける土地所有権は……到る処で政府――それが土侯のものであれ、植民地権力のものであれ――に帰属しているのであって、土地の改善に不可欠である土地に対する永久的・世襲的な利害関心や、法律により創設せられ政府により保障される個人的財産権は、未だ知られてはいないのである」。

「英国政府のもとに開始された一切の調査や、その官吏の観察に供せられた一切の事実から判明した処では、その島〔ジャワ〕の大部分、すなわち東部と中部の諸郡において、つまり地代が幾らかでも得られる地方では、主権者のそれと耕作者のそれとの間にはいかなる所有権も存在していなかったのであり、政府が唯一の地主（the only landholder）だったのである」[24]。

かくしてラッフルズは、「未開人種の間では分業が殆ど存しない如く、専制主義のもとでは権力の分立は存しないのであり、専制君主は所有権者《プロプライエター》であって、他のすべての者は財産《プロパティ》である」[25]と述べ、ジャワの伝統的な社会体制をば「正真正銘の純粋な専制主義」（pure unmixed despotism）と規定したのであった[26]。このラッフルズの表現が、国家（ないし君主）を唯一最高の土地所有者とみるマルクスの東洋的専制理論、《一般的奴隷制》と《没所有制》の彼の概念構成と酷似していることは、属目に価するところである。いな、この点でのマルクスの理論がラッフルズに依拠するところがきわめて多大であったことが、推察され得るのである。

(二)　さて、ラッフルズの右のような結論が、インドネシアの土侯国ないしその後継者としてのオランダ東印度会社の専制的支配に関する客観的な調査に大いに負うていることは一面確かであるとしても、他面、彼がこのような国家最高地主説を主張するうえで回教の教義をよりどころにしようとする作為が部分的に働いたと推察することもできよう。英領東印度の植民者たちが国家最高地主説をとりいれた際、回教が錦の御旗としてかつがれた経験があったのであり、[27] 彼が次のように、ジャワについて述べるのも、この経験をインドネシアにおいて活用するためと考えられるからである。「ジャワの山岳地帯や比較的豊饒でない地方、またマホメットの影響がまだ及んでいなかったバリ島においては、土地にたいする個人的な所有権が十分確立されているが、これに反してマホメットの支配が最も感じられ、所有権が最大の価値をもつにいたっているジャワの地方では、それはほとんど排他的に主権者に帰属しているのである[28]」と。

このように土民の信奉せる回教の教義をも根拠としてラッフルズが国家最高地主説を主張しようとしたのは、実は、彼が「ライアットワーリ」(ryotwary) の土地政策を採用しようという実践的な配慮によるものと思われるのである。ライアットワーリとは、政府と直接耕作者との間に一切の仲介者を排除し、政府が直接耕作者から収穫物の一定分量を直接に収納する制度をいうのであって、その徴収は一見、自作農からの地租の取立ての観を呈するも、建前としては一切の個人的土地所有が排除されており、土地所有者としての政府が永小作人の ryot から〝地代〟を徴収するものである。それ故、本制度は、国家最高地主説を最も純粋に実地に貫徹せしめたものということができるのである。ラッフルズが国家最高地主説をもってジャワの土地所有形態を説明しようとしたのも、その土地所有形態と最も適合したライアットワーリの制度をジャワで採用したかったからである。だから、ジャワのスンダ地方ではまったく異なった土地所有関係が農業事情調査で明らかにされ、彼自身このことを承知していたにもかかわらず、彼はあえてこれを無視して既掲のような結論をひきだし、一八一四年にこのライアットワーリを全土に実施したのである。

それではラッフルズがあえてライアットワーリの制度を採用しようとしたのは、いかなる理由によるのであろうか。それは、中間的搾取機構を排除することによって、第一には、政府が「唯一の徴収者・享受者」(sole collector and enjoyer）として収奪を強化することであり、[29]第二には、直接生産者をして「自己自身の利益（profit and advantage）のために労働にかりたてさせる」ことであった。[30]この第二の面では、ラッフルズは、かつてバタヴィア共和国時代にアダム・スミス学説の信奉者として〝自利こそが人を駆って勤勉ならしめる唯一の動機である〟と喝破したホーヘンドルプ（Hogendorp, Dirk van）の植民理論を踏襲したのであり、その同じ見地から、伝統的な強制労働の制度を廃止したのである。[31]なお、ここで付記せねばならぬことは、ラッフルズが、「政府は実行しうるかぎり租税を現金でのみ受領する」として、貨幣地代を導入したことである。[32]これは、関嘉彦教授が指摘されたことだが、土民を貨幣経済に慣れさせ、「本国の繊維製品販売」の市場を拓くためであった。[33]

（三）　だが、以上のごときラッフルズの植民政策も結局は失敗の中に幕を閉じざるを得なかった。そもそも過急な実施のため地代徴収額に関する十分な調査がともなっておらず、実際の徴収額が評価額を大いに下回る事がしばしばあったし、[34]また強制労働が廃止されたけれども、その分だけ地代が加算されたことと相俟って、貨幣に慣れぬ土民は金貸しの手に縛られることになったからである。[35]実際、コーヒー、砂糖などの減収という結果が将来されたのであった。[36]

かかる植民政策の失敗は、信夫清三郎教授によると、一つにジャワの土地所有関係についてのラッフルズの誤認――すなわち「主権者の土地所有と直接生産者の個別的・世襲的な土地占有というラッフルズのシェーマ」の誤り――にもとづくとみなされた。同教授によれば、「真実の土地所有者が主権者たるサルタンではなくして村落共同体である」が、彼はその点で完全な誤謬を犯したのであると。[37]確かにラッフルズが村落共同体的土地所有を無視したことは事実であろう。実際、ラヴレーによれば、ラッフルズは村落共同体に連帯的に課税せず、各耕作者に個別的に賦課したが、この企図は、「彼ら〔耕作者〕が旧い慣習にもとづいて自分たちの間でその租税を分配し直した」

ことによって、事実上無視されたと言う。(38) たしかに、ラッフルズの時代には、村落共同体的土地所有は英国の植民者に明確な形では認識されていなかったようである。メーンによると、それが英国人に発見されたのは「英国の征服が〔インドの〕西北部にまで達した」からのことだという。(39) いずれにせよ、ここでもまた、アジア的土地所有の体系が、国家（ないし主権者）と村落共同体との関連性をめぐって問題とされるのである。

(24) Raffles, Sir Thomas Stanford: The History of Java, London 1830, (2nd ed.), vol. I, pp. 151-152.

(25) Raffles: ibid., vol. I, p. 296.

(26) Raffles: ibid., vol. I, p. 297.

(27) メーン卿はこの点についてこう述べている。「英国人が最初にとった仮説は、彼らの前任者たるマホメット教徒から承継したものであった。すなわち一切の土地は絶対的所有権の形において主権者に属しており、土地にたいする一切の私的所有権も主権者の慈悲によるものであった」。 Maine, Sir H. S.: Village Communities in the East and West, London 1890, (1st ed., 1871) p. 104.

同様のことは、ラヴレーもまた論じている。「全回教国において受け入れられた諸原理にのっとって、主権者は上級所有権（la domaine éminent）を保持する。主権者は真実で唯一の所有権者である。まさにこのような権限にもとづいて、彼は現物による租税——それは地代（rente）を表わしている——を徴収し、かつ賦役を要求するのである」。また、こうも言う。「周知のごとく、回教国においては、回教聖典の諸原理により、主権者は土地の所有者のごとく見做されている。……インドは、回教徒たち——彼らは二度にわたって〔インド〕全州を単一の帝国に統合したが——に完全に征服しつくされたので、国家の所有権に関する回教徒の原理はインドではいたるところで承認されたのである。その権利にもとづいて、主権者は収穫物の一定部分を収奪したのである」。Laveleye: op. cit., p. 43, p. 335.

(28) Raffles: op. cit., vol. I, p. 155. ただ、ここで断っておきたいのは、国家最高地主説が回教の教義と一致しているとしても、また、この回教の教義をよりどころとして、国家（ないし主権者）や植民地経営者が排他的な土地所有を確立し、土民からの収奪をより徹底化するということがあったとしても、国家（ないし主権者）の排他的な土地所有の状況が元来、回教によって創出されたものだとは言えないということである。このいわゆる、〝アジア的〟な土地所有の体系は、回教が顕著に滲透しなかった他の地域（たとえばインドシナ）でも成立していたと考えられる。
(29) Raffles: op. cit., vol. II, Appendix pp. clix-clx.
(30) Raffles: op. cit., vol. II, Appendix p. cxlix.
(31) この点に関しては、Furnivall: op. cit., pp. 57-58. 関嘉彦『蘭領印度農業政策史』（中央公論社）三三頁、三八頁参照。
(32) Raffles: op. cit., vol. II, Appendix p. clxii.
(33) 関、前掲、三九―四〇頁。
(34) 信夫清三郎『ラッフルズ――イギリス近代的植民政策の形成と東洋社会――』（日評）一四三頁。なお本章は信夫教授の同著に負う所極めて大きい。
(35) Furnivall: op. cit., p. 73.
(36) 関、前掲、四〇頁。
(37) 信夫、前掲、一四四頁。
(38) Laveleye: op. cit., p. 46.
(39) Maine: op. cit., p. 106. ちなみに英国がパンジャブを東印度領に併合したのは一八四九年であった。

第三節　強制栽培制度といわゆる「国有地宣言」
――一九世紀中葉におけるオランダの植民政策の推移――

(一)　さて、かの「中間統治」期以後、オランダの植民政策に関してもっとも重要なのは、一八三〇年に総督に任ぜられたファン・デン・ボス伯（Bosch, J. van den）が本国ならびに東印度政庁の財政的危機を打開すべく採用した「強制栽培制度」（cultuur stelsel）である。[40] それはボス独自の創案にかかるものというよりは、むしろ東印度会社時代以来の伝統的な強制労働制度を継承し発展させ、これを全地域に採用せんとしたものであった。[41]

本来この制度は、政府が土民と契約を結び、土民の耕地（稲田）の1/5の面積に欧州市場向の生産物を栽培せしめようとするものであるが、欧州人官吏・土民官吏・首長等に「栽培歩合《クルトウール・プロセント》」が給付せられたため、彼らは（本制度で定められた諸々の土民保護規定を無視して）生産の向上にのみ意を致して著しく土民を駆使したので、土民によりまさに〝圧制の標本〟とも称せられるものとなった。たとえ土民との契約が建前とされていたにしても、実際上本制度は強制的に実施されたのであって、契約に関する規定も強制栽培という実体を「粉飾し隠蔽する」手段にすぎなかったと言われる。[42]

では、ボスは、かかる制度を実施するに際して土民の土地所有に関しいかなる観念を懐いていたであろうか。ヘスリンガによると、「ファン・デン・ボスはやはり、『政府は土地の所有権者（eigenaar van den grond）であるから、土人がその土地を利用して得た利益の一部を、その借地料として受け取る権利がある』というラッフルズの創設した主義〔国家最高地主説〕に則っている」という。[43] 増井貞吉氏も同様の見解を表明されている。[44] しかしながら、フォーレンホーフェンはボスが国家最高地主説を持していたとみることに疑問を提示しているのであり、[45] この点に関しわれわれはにわかに決し難いのである。ただ私は以下の論拠により現在一応、前者の説（ヘスリンガないし増井氏の説）を採りたく思う。

すなわちボスが強制栽培地の面積を住民の全耕地の1/5と定めた所以は、彼がアダット法上の地代を全収穫物の1/5に相応するものと認めたからである。[46] なるほど彼は〝地代〟なる語を回避し（〝地租〟の語を使用し）たにしても、彼は本制度において土民に労働を賦課する合理的な根拠をば、政府が旧土侯の権力の継承者であるという点に求めたのであって、(47)その限りでは、やはり植民地政府を以て土地所有者とみなす観念がこの制度を基礎づけていたとみなされ得るのである。

（二）ところで、ここで注目さるべき事柄は、強制栽培制度の実施に際して村落の共同体的土地所有の機構が大いに利用されたことである。

そもそも、本制度は政府が直接生産者と個別的に〝契約〟を結ぶ建前になっていたが、かかる手続をもってしては総耕地の1/5の土地を確保する事は到底不可能であり、「ボス の訓令を遂行するためには、官吏にとっては、村落をその労働し得る男子と耕地とを総括した一単位とみることが絶対に必要であった」のであり、結局、政府は実際には 村落共同体 の 占取する土地の 1/5を栽培地に 指定するという 方式を 採用せねばならなかったのである。(48)また、村落の住民としても、課せられた強制栽培を効果的に成就せんがためには、平等性の原理で貫かれた共同体的協同労働の制度に訴えることが好ましかったのである。(49)かくして強制栽培制度は村落共同体の機構を十分利用しつつ実施せられることになったのであって、この点多くの学者が強調するところである。否、村落共同体的土地所有とそれに付着せる地割慣行の発生の源泉をすらこの強制栽培制度の中に求めるという極めて有力な理論さえ発表されているのである。(50)私は、共同体的な土地所有と土地利用の関係が一つの植民政策によって創出せられたというこの考え方には著しく懐疑的であるが、しかし、村落共同体の制度が、アジア的専制君主の継承者としての植民地支配者の下で、その植民地支配の一機構として温存・鞏化されたことは確かであると考えている。

（三）以上のごときボスの強制栽培制度は、土民を飢餓線上に逐いこみつつ、(51)オランダ本国に莫大な歳計剰余金を送りこんだのであり、(52)ジャワはまさに「一つの大国家的商事会社」（one large state business concern）として、オランダ本国にとり「救命帯《ライフ・ベルト》」の役割を果したのである。(53)だが、一八四〇年代に入り、ようやく転機を迎えることになる。

すなわち一八四〇年を境に欧州向け農産物の生産量が下降し[54]、四八年から五〇年にわたる中部ジャワの大飢饉は、本国において、人道主義的立場からの強制栽培制度への批判を惹起させた[55]。この人道主義的批判は、時あたかも抬頭しつつあったブルジョアジーの経済的利益と一致していた。けだし、その当時までは資本家的農業は強制栽培制度の「補足物として、またその限りにおいて」のみ許容されたにとどまっていたのであり、植民地農業を政庁の独占下におくこの「絶対的独占」(absolute staatsmonopolie)は、いまやインドネシアに経済的利害関心をもつに至ったブルジョアジーの利益と真向から対立することになったからである[56]。かくしてこの動きは一八四八年の本国憲法の改正となって現われ、旧憲法の「植民地の統治は君主独り之を行う」の条文より「独り」(bij uitsluiting)の語が削除され、植民地の重要案件はすべて法律をもって定むべきものとされたのである[57]。

ヴァンデンボッシは言う。「国家的搾取は、私的オランダ資本が東印度に進出するのを妨げてきたが、今や私的な資本や企業心が阻まれない時が到来したのである。一八四八年の憲法改正は、政府に対する支配権をブルジョアジーに与えた。此の時期より、〃政府の搾取機構よりも私的な搾取手段にたよる方がオランダにより多くの利潤をもたらす〃との観念が急速に地歩を占めることになった。〃自由労働が栄える植民地はよりよき商品市場でもありうる〃と考えられた[58]」と。

こうして新憲法に基づいて公布された一八五四年の蘭印統治法では、〃過度の強制栽培に対する土民の保護〃と〃国営栽培制度より自由栽培制度への移行の助成〃という二目標が掲げられ[59]、いまや植民政策は民間の農業投資の育成（民間事業家への土地の貸付け）と土民の固有の権利の尊重とを同時に達成せんとする方向を辿ることになった。そしてそのため政府は一八六七年に、従来全く未知だった土民の土地慣習法の調査に着手したのである。

ところで、右の蘭印統治法の第六二条第三項は、「総督ハ蘭印条例ヲ以テ定ムル規定ニ従イ土地ヲ賃貸スルコトヲ得」と規定し、資本家的農業のための土地の賃貸が法制化されたが、同時に、右条文には但書として、「但シコノ土地ニハ土民ノ開墾セル土地及ビ『共同牧地トシテ若シクハ其の他の理由ニ依リ村落《ドルベン》若シクハ村落《デッサ》ニ属スル土地』ハ含マレズ」と規定され[60]、土民の共同体の保護が謳われたのであるが、この土民の開墾地ないし共同体に属する土地の語句の解釈如何によっては、そもそもジャワなどでは資本家に貸付けられる土地がほとんど見出せないという問題が生じたのである。したがって資本家と、土民の共同体を維持せんとする人道主義派ならびに保守派との間に、法解釈をめぐる論争が展開されることになった[61]。しかしながら、ここで注意さるべき点は、土民から土地を収奪せんと欲する資本家といえども、そのことによって土民の共同体の解体を促すことには反対の立場にたったということである。けだし、（商品市場の開拓を企図する産業資本家とは異なり）住民をそのまま労働力として使用せんとする農業資本家にとっては、住民を土地に縛りつける機構としての村落共同体は、（国営の植民地経営の場合と同様に）やはり存在意義を有するものだったからである[62]。

（四）次いで、一八七〇年に「農業法」（Agrarische wet）とその施行細則たる「農業令」（Agrarisch besluit）の制定をみるが、われわれは、通常「国有地宣言」（domeinverklaring）と称されるこの農業令第一条において、土民の共同体の保護と資本家への土地貸与の二要求の同時的な充足、村落共同体的土地所有の是認と主権者の土地所有との巧妙なる結合を看取することができるのである。すなわち同条において、「……他人ニ依リ所有権ノ立証セラレザル土地ハ凡テ国有地ト看做ス旨ノ原則ヲ引続キ維持ス」と宣言されたのである。この規定により、土民が現実に支配している土地のほとんどが他人の所有権（eigendomsrecht van anderen）の立証せられざる土地として「国有地」（domeingrond）とみなされるに至ったが、他方、土民の現実に享有していた権利は「土民占有権」（inlandsch bezitrecht）と称せられ、この土民占有権その他の（所有権以外の）物権の存する国有地は、政府も自由に処分し得ぬ「不自由な国有地」（onvrije domeingrond）として、然らざる「自由な国有地」（vrije landsdomein）と法制上区別されたのである。かくて政府は、土地に対する資本家の要求を「自由な国有地」で充たしつつ、同時に「不自由な国有地」において土民の土地占有権を保障せんと企図したのである。

しからば、私法上の所有権概念たる《eigendom》を回避してことさら公法色の強い《domein》なる概念をもって表現せんとしたこの宣言において、はたして従来の国家最高地主説が払拭されたのであろうか。結論的に言って、この宣言でも表現上の変容を受けただけで、伝統的な国家最高地主説が引き継がれたと考えられるのである。かかる観方にとり、以下のラヴレーの説明は注目に価する。

すなわちラヴレーによれば、オランダ政府が一八四九年に議会に提案したジャワにおける土地売買に関する法案の中に、土民から徴収される租税に関して、《国家に帰属する土地の賃貸借の代償として国家により受取らるべき地代に就いて》（d'un loyer perçu par l'État pour la location des terres qui lui appartenaient）という文言があったが、議員オルドハイス（Oldheis, Sloet tot）男爵は「この表現とその表現に含まれている観念を断乎攻撃したのであり、爾後、公文書中に耕地の所有権《プロプリエテ》というが如き、私権をば国家に帰属させていると思える言葉を用いるのを避けることとなった」のである。もっとも、それだからといって耕作者にその所有権を許容した訳でもなく、ラヴレーが断わり書きしているごとく、「耕作者達に対して認められたとみられるものは、畢竟、用益権、永借権もしくは世襲の賃借権である。国家は彼らが耕した土地を彼らから勝手に取上げるのを自ら禁じたが、しかし国家は上級所有権（domaine éminent）を放棄しはしなかったのである」[63]と。

このラヴレーによる《domaine》概念の解説は国有地宣言における《domein》概念を分析する有力な手懸りを提供する。なるほど、《domein》が公法上の術語であるにせよ、その概念は個人の私法上の所有権《エーヘンドーム》の成立している土地には用いられず、しかも〝国有地〟では土民は占有者にすぎないものとされているのであって、そこではやはり、実質上、国家を所有権者としすべての人民を占有者とするアジア的専制に固有な土地所有関係が展開しているとみられ得るのである。あるいはまたラヴレーが比喩したごとく、土地に対する国家のかかる権利が封建法上の《domaine éminent》に相応するものと認められるとしても、まさにそれ故にこの domaine には私法的意義が付着しているのであって[64]、国家最高地主説がその基底をなしているとみなさるべきなのである[65]。

かくして一八七〇年の「国有地宣言」も、窮極的には国家最高地主説の一表現だったのであり、〝自由な国有地〟の設定もこの国家地主説に拠って土民から土地を収奪したことにまつものだったのである[66]。ただ、既述のごとく、農業資本家にとっても村落共同体が土民の労働力搾取のための不可欠な装置であったが故に、法制上、土民に占有権を認めることによってその存立・維持が企図されたのであった。その意味では、村落共同体を基底とする専制的な人民支配は、この国有地宣言が発せられた頃（一九世紀第四・四半期）に至っても、インドネシアの植民地支配の基本的な機構をなしていたということができるのである。

（40）強制栽培の諸原則は Staatsblad 1834, No. 22（法令公報一八三四年第二二号）。早大社会科学研究所編『インドネシアにおける日本軍政の研究』（紀伊國屋、一九五九年）、二〇—二一頁。

(41) 関、前掲、四四頁。

(42) ホングレープ、岩隈博訳『インドネシア経済史概説』一三七—一三八頁。

(43) ヘスリンガ、多田訳、前掲、八頁。

(44) 増井貞吉「経済上より観たる蘭領インド」二〇頁。

(45) Vollenhoven: idem., blz. 52.

(46) ホングレープ、岩隈訳、前掲、一三三—一三四頁。

(47) Klerck: op. cit., vol. II, p. 180.

(48) ホングレープ、岩隈訳、前掲、一四〇頁。

(49) Klerck: op. cit., vol. I, p. 186.

(50) 例えば、Angelino, A. D. A. de Kat (translated by G. J. Renier): Colonial Policy, Hague 1931, vol. II, p. 436. なお、ホングレープ、岩隈訳、前掲、一四〇—一四一頁。信夫、前掲、一四四頁。関、前掲、五一—五三頁参照。

(51) 増井貞吉氏は述べられている。「コーヒー及び甘蔗は山に野に穰々として実るに拘らず、土人は食うに米糧なき状を呈し、餓死病死する者路に横たわり、人民離散相次ぎ、勢の窮する所遂に一般的暴動と化すに至りぬ」。増井、前掲、二一頁。

(52) 増井、前掲、一九頁、A・J・エイクマン、F・W・スターペル、村上直次郎・原徹郎共訳『蘭領印度史』一八八頁。

(53) Furnivall: op. cit., p. 119, p. 121.

(54) 関、前掲、五七頁。

(55) この人道主義的批判は、旧植民地官吏デッカー（変名・ミュルタチュリ）の著書——Multatuli (Ed. Douwes Dekker): Max Havelaar. De Koffieveilingen der Nederlandsche Handelmaatschapij, 1860——において頂点に達した。同書は土民に対する非人道的圧制の実態を暴露して強制栽培制度を徹底的に批判したのである。

(56) 関、前掲、五五頁。ヘスリンガ、多田訳、前掲、一一頁。

(57) 増井、前掲、二六頁。エイクマン＝スターペル、村上・原共訳、前掲、一八九頁参照。

(58) Vandenbosch: op. cit., pp. 50-51.

(59) ヘスリンガ、多田訳、前掲、一一—一三頁。

（60）ヘスリンガ、多田訳、前掲、付録一頁。
（61）関、前掲、六〇頁。
（62）実際、一八六五年に、当時の植民相プッテ（Putte, Van de）が〝資本家企業に土地と労働を提供する〟との目標をかかげて村落共有地を個人所有地にしようとする法案を議会に提出したとき、人道主義者は「土民の慣習と土地保有」を損なうものとして反対したが、多くの資本家自身も、「共同体的所有権をば『繁栄の槓杆』（a lever of prosperity）とみなし、私的な土地所有権によって〔資本家が〕土地と労働を確保するのに困難が生じまいかと惧れ」、反対にまわり、同法案を否決したのである。Furnivall: op. cit., p. 164.
（63）Laveleye: op. cit., p. 48.
（64）《domaine éminent》の概念に関しては、野田良之『フランス法概論　上巻（2）』（有斐閣、一九五五年）四八九頁参照。
（65）興味深いことに Vu-Van-Hiên: La Propriété Communale au Tonkin, 1940 の中で、最高地主としての安南皇帝と人民との土地関係が《domaine éminent》（上級所有権）と《domaine utile》（下級所有権）という封建法的対概念で表現されている（但し、中込・大橋両氏の共訳本七一頁では、それらは「至高権」と「用益権」としてそれぞれ訳されている）。
（66）国有地宣言の民族法学的意義に関しては、馬淵、前掲論文参照。

結　　語

以上、インドネシアにおいて国家最高地主説が成立した社会的基盤とそれが植民地支配のイデオロギーとして展開した過程が考察された。そしてこの考察から明らかにされたように、この国家最高地主説が植民政策上、批判を受け始めるのは、農業資本家が植民地の農業経営に進出する一九世紀中葉の頃であった。具体的には、それは村落共同体的土地所有の認証として現われた。すなわち一八五四年の蘭印統治法が「村落ニ属スル土地」（gronden tot de dorpen behoorende）という概念を用いたことに現われたのである。かくして一八六七年に土民の土地慣習調査が実施され、ここにまた、アダット法学がオランダのインドネシア植民地支配に奉仕すべく産声をあげたのである。このような経緯もあって、土民社会の慣習法を究明するこの学問はとりわけ村落共同体に対して関心を示したのであり、既述のように、それに《法共同体》なる術語をあてて緻密な研究を行ったのである。実際、この研究は単に植民政策に奉仕するだけでなく、アジア的共同体に関する社会経済史学的な分析にとってもきわめて大きな貢献をなすものだと評価され得るのである。

ともあれ、私は本章において、従来、東洋的専制の構造を解く鍵として唱えられた国家最高地主説が、単なる社会科学上の理論的認識にとどまらず、植民地支配にとってのイデオロギーともなっていたということを明らかにしようと企図した。マルクスが英国の東印度支配について《アジア的専制主義の上に英国東印度会社によって接木《つぎき》されたヨーロッパ的専制》と表現したごとく、(67) 西欧列強によるアジアの植民地支配は、インドでもインドネシアでも、また恐らくはインドシナでも、かかる東洋的専制を温存・窄化しつつ自己を貫徹せんとしたのであって、そしてその際、土民搾取の法的根拠を、東洋的専制の法イデオロギーたる国家最高地主説に求めたのであった。かかる視角から改めてアジア社会を見直すとき、あるいは社会経済史学上の新しい展望がひらけてくるのではなかろうか。

（67） Marx: Die britische Herrschaft in Indien, Marx-Engels Werke, Bd. 9, S. 128.

第四篇　増補版　補論

第一章　女子労働の発展と家父長制の止揚

——エンゲルスの『家族起源論』の現代的意義——

序　言

一九八四年は、エンゲルスの『家族、私有財産および国家の起源』（以下、『家族起源論』と略称）が刊行されてちょうど一〇〇年に当たる年であった。この一世紀の間に文化人類学は著しく発展し、彼が主に依拠していたモルガンの理論はほとんど顧みられないような状況になっている。それ故、エンゲルスのこの古典的著述において、現今の学問的水準から修正を要すべき点は何か、また今日なお私たちが学ぶべきものは何か、ということを明らかにする作業は、マルクス主義人類学はいうに及ばず比較家族史学にあっても不可欠な研究課題なのである。私が一九八五年に、「エンゲルス『家族、私有財産および国家の起源』と現代民族学」なる副題をふした『家族の起源』という本書の初版本を著わしたのも、右のごとき問題関心にもとづくものであった。

ところで、何らかの社会制度について、その歴史的起源を究明することは、その制度の社会的本質を解明する最もすぐれた方法といえよう。エンゲルスのこの著作で、家族・私有財産・国家の起源が究明されたのも、これら諸制度の社会的本質を批判的に明らかにしようとするためであった。それ故、彼は単なるモルガン理論の解説に満足しなかったのである。彼は本著作の執筆中の一八八四年四月二十六日にカウツキー宛の書簡でこう書いている。

「僕は、ビスマルクをからかって、彼がどうしても禁止できないようなもの（モルガン）を書いてみようと心にきめ、当地のみなにもそう話していました。だが、どんなに望もうと、そうはいかないのです。一夫一婦制の章と、階級対立の源泉でもあり往古の共同体の破壊の槓杆でもある私的所有に関する最終の章とを、社会主義者法に順応するように書くことはとてもできない相談です。……もしただ『客観的に』紹介し、モルガンを批判的に扱わず、新たに得られた成果を利用せず、われわれの見解や既に得られた結果と無関係に叙述するのであれば、それは何の意味ももたず、われわれの労働者は、それから何ものをも得ないでしょう。……〔私は〕それを真剣に取扱い、十分検討し、すべての観点から考察してみようと思います――しかも社会主義者法を顧みることなくやってみたいのです[1]」。

このように社会主義への取締りにもめげずに執筆しようとしたエンゲルスの態度からもうかがわれるように、彼のこの著作は、単に乱交制から一夫一婦制にいたるモルガンの家族発展図式を踏襲するにとどまらず、私有財産制を基盤とする一夫一婦制の家父長制的特質を徹底的に分析し、そのことをとおして、《個人的性愛》にもとづく真の一夫一婦制成立の条件、ならびに女性解放のための社会的条件を明らかにしようとしたのである。まさにそれ故に、近代市民家族の分析に多くの頁が割かれたのである。実際、彼の『家族起源論』は、家父長制的な家族構造に関する批判的分析にこそ、現代なお高い意義を有しているとみてよいのである。その意味で、本稿は、とくに現在問題となっている伝統的な性別役割分担に視点をおいてエンゲルス理論を分析してみたいと思う。実は、この性別役割分担をめぐる問題については、本書初版本でほとんど論及されておらず、ここでその欠陥を補いたいのである。

（1） Brief von Engels, F. an Kautsky, K., 26 April, 1884, Marx-Engels Werke, Bd.36, Ss.142－143.

第一節　家父長制と妻の《私的労役》

原始社会においては、私有財産制下の文明社会に比して女性ははるかに高い地位――少なくとも男性と対等の地位――を享有していた。このことは、今日の人類学において一般的に認められているといってよい。エンゲルスも『家族起源論』において、未開民族の女性が文明時代のうわべだけの敬意を払われる貴婦人とは異なり、〝本当の貴婦人〟（wirkliche Dame）として遇せられていたとのべる。[2] そして彼は原始女性の高い地位が二つの社会的要因にもとづくものとみた。その一つは、女子氏族員を氏族の共産主義的世帯に結集させる妻方居住婚に求められた。「共産主義的世帯にあっては、女性の大部分もしくは全部が同一の氏族に属しているのにたいして、男性はさまざまの氏族に分かれているが、このような共産主義的世帯こそが原始時代に一般的にひろまっていた女性優位の物的基礎であった[3]」。すなわち結婚に際して男性がいわば〝婿入り〟する妻方居住の婚姻形態のもとでは、女性はすべて、自らの氏族ないしは亜氏族《サブ・クラン》の聚落（エンゲルスのいう「共産主義的合同世帯」）に結集しているが、既婚の男性はすべて幾つかの相異なる氏族から婚入した他所者なのであり、このように女子氏族員を地域的＝社会的に結集させている氏族共同体の構成こそが女子の社会的地位を保障していたと考えられたのである。今日の人類学理論でも十分に通用する卓見といえよう。

さて、女性に高い地位を享受させた第二の要因は、原始的な性的分業に求められた。エンゲルスは言う、「分業は純粋に自然発生的である。それはただ両性間にのみ存する。すなわち男性は戦争を行い、狩猟と漁撈に赴き、食糧を調達し、かつそれに必要な道具を調達する。女性は家事を行い、食物や着物を調製し、料理し、織物や縫物をする。男女おのおのが自分の領域において主人公なのである――男性は森林において、女性は家庭においてである」[4]。要するに純粋に生産的な労働は男性に属し、女性は家政に当たるというもので、その内容からみれば、〝男性は職場で働き女性は家庭を守る〟という家父長制的な性別役割分担の体系と何ら異なっていないのである。ただ、エンゲルスは、多くの夫婦や子供を包摂している「共産主義的世帯」においては、「女性に委ねられていた家政は、男性による食糧の調達と全く同様に、公的な産業、社会的に必要な産業という性格をおびていた」とみなし、この家政の公的な性格――すなわち家政が（文明時代のように個別的でなく）社会化されていること――が女性の社会的地位を保障していたと論ずるのである[5]。たしかに、このような理論構成は成りたつであろうが、実は、彼がこう書いてから一三年後に、女性もまた純生産的な労働に従事していたことが明らかになったのである。H・クノーが「母性支配の経済的基礎」なる論文において、北米カリフォルニアの原住民についてこうのべたのである。

「両性の間には完全な分業が行われていた。男性は小屋やカヌーを建造し、狩猟や漁撈を行い、網・武器および猟具を調製する。女性にはすべての固有の家事が与えられる。さらに女性は薪をとりに行き、根菜を掘り、漿果・槲果・栗および果実を探し求め、そしてすべての容器と着物をこしらえる。海岸地方では、女性はそのほかに、屢々、産卵期の際に鮭を漁獵し運搬し乾操するのを手伝う[6]」。

要約すれば、男性は動物性食糧の調達に、女性は植物性食糧の調達に、それぞれ従事するのであり、このような女性の社会的生産活動こそが母権制の物質的基礎であるとクノーが認め、しかも方法論的に全く対蹠的なW・シュミットもこの見方を踏襲したのである[7]。したがって今日、この新しい人類学的成果を援用し、エンゲルスの理論を補正することが必要であろう。

さて、性的分業に基礎づけられた原始女性の高い社会的地位は、「母権制の顚覆」という「女性の世界史的敗北」(weltgeschichtliche Niederlage des weiblichen Geschlechts)によって、没落をとげることとなる。エンゲルスの理論構成にしたがえば、共産主義的合同世帯において女性たちが担っていた公的な家政が、この変革をとおして、単なる《私的労役》(Privatdienst)へと変化したとされる。「家父長制家族の出現とともに、それにもまして一夫一婦制的な個別家族の出現とともに、事情は変わった。家政の処理はその公的な性格を失い、もはや社会とは何のかかわりもなくなったのであり、それは私的な労役となった。すなわち妻は、社会的生産への参加から閉めだされて女中頭となったのである[8]」。

このエンゲルスの説明を、右述の新しい民族学的資料に即して言い直せば——、原始共同体のもとで植物採集ないし植物栽培（農耕）という「社会的生産活動」に従事していた女性たちは、家父長制的な家共同体のもとで個別的な家政に従事させられ、その仕事は家長に奉仕する「私的労役」になったというのである。ところで、この「私的労役」の概念に関して、もっぱら家事にのみ従事して生産労働に関与しないものと解釈するならば、理論的な混乱が生ずることであろう。犬丸義一氏は、「婦人労働者の歴史的国民的地位」なる論文において、〝婦人論論争〟のなかで生じたこの種の理論的混乱について次のように紹介されている。

「エンゲルスが、資本主義的大工業が婦人の前に『社会的生産への道をふたたび開いた』とのべていることを理由にして、あたかも婦人が生産過程に参加するのは資本主義のもとだけであるかのように理解する向きがあるとして、これは妥当ではなく『婦人の労働、つまり生産過程への婦人の参加は、資本主義のもとで初めてみられるものではありません』と記述され、『資本主義のもとでの婦人の職場進出を歴史的に考えてみれば、多くはそれが「働かない婦人が働く婦人」に転化するのではなく、農業その他の分野での「働く婦人」が工業分野の「働く婦人」に転化していくものであることがわかります』とのべられている」。

このような見解にたいして、犬丸氏は鋭く次のように批判された。「原始社会をのぞく前近代社会、封建制下の婦人の労働は、家父長制家族の男性である家父長への隷属下の家族労働であり、それは『私的奉仕・私的労役』であって『社会的生産』ではない。つまり、『社会的生産』に参加しているのは、家父長である男子であって、婦人の労働はその家父長への『私的奉仕』でしかないのである。つまり、ここに、女性が、奴隷制社会・封建社会などの前近代社会では、『社会的生産』から排除された、とされる理由がある。この点を明確にすることなしには、近代資本主義大工業が婦人の前に『社会的生産への道をふたたび開いた』というエンゲルスの指摘の意義が明確につかまれたことにはならないのである(9)」と。

まことに正当な指摘である。そもそも家長が一切の家の財産を所有（ないし管理）し、その一切の収益を所得する家父長制的家共同体のもとでは、妻や子供の労働は社会化されておらないのである。それは家事と全く同様に、家長にたいする「私的労役」にすぎないのである。まさにそれ故、彼らの労働所得も家長に帰属するのであり、それ故また彼らは家長に扶養される建前となるのである。このことは、あえて比喩すれば、鵜匠にあやつられる鵜の働きと同然なのである。渡辺洋三氏が「家父長制無償労働構造」と表現されたものも、この事実を指すのである。[10]ちなみに、日本の農漁民等の庶民家族のもとで、女性が生産的労働を分担するが故にその地位が比較的に高かったとみる法社会学界の一部の見解も、短絡せる見方として批判的に検討されねばならない。[11]

ともあれ、このように家長のみが「社会的生産」に従事するという家父長制家族の構造は、近代市民社会にもうけつがれたのであり、この点について、エンゲルスはこうのべている——、「近代の個別家族は、妻の公然もしくは隠然たる家内奴隷制の上に基礎づけられている。……今日、夫は大多数の場合、稼ぎ手であり、家族の扶養者であらねばならないのであり、……そしてこのことが、法律上の特権の授与をまつまでもなく、夫に支配者としての地位（Herrscherstellung）を与えているのである」。[12]妻を社会的生産の場から排除し、稼ぎ手たる夫によって扶養される存在とすることによって、この家父長制的扶養構造が、逆に、妻にたいする夫の家父長制的支配を再生産しているのである。

（2）Engels, F.: Der Ursprung der Familie, des Privateigentums und des Staats, Marx-Engels Werke, Bd. 21, S. 54.
（3）Engels: ebenda, S. 54.
（4）Engels: ebenda, S. 155.
（5）Engels: ebenda, S. 75.
（6）Cunow, H.: Die ökonomischen Grundlagen der Mutterherrschaft, Die Neue Zeit, Bd.1, 1897/8, S. 134.
（7）この点については、本書第二篇第三章一五〇－一五一頁参照。

（8）Engels: a. a. O., S. 75.
（9）犬丸義一「婦人労働者の歴史的国民的地位」（『講座・現代の婦人労働』第四巻、労働旬報社）二四七頁。
（10）渡辺洋三『家族と法』（東京大学出版会、一九七三年）一六九頁、二一一頁。
（11）この点に関しては、江守五夫『日本村落社会の構造』（弘文堂、一九七六年）七六－八五頁。
（12）Engels: a. a. O., S. 75.

第二節　女子労働の展開と家事労働

社会的生産から女性を閉めだすという右のような体制は、いつまでも持続しなかった。すでに右の分析で引用された言葉だが、エンゲルスはこうのべた。「現代の大工業は、はじめて女性に、しかもプロレタリアの女性にたいしてのみ、社会的生産への途を再び切り拓いたのである[13]」。機械制大工業は〝筋肉なき労働者〟にも労働市場を開放し、女子労働と児童労働を大量につくりだしたのである。

なるほど、労働者家族の出現によって直ちに女子労働が大規模に展開したわけではなく、当初は労働者家族のもとでも一般に夫のみが労働市場に出かけ、夫のみが家族の扶養者たる地位を保持していた。彼の賃金は労働力の再生産費として、家族の繁殖費、つまり妻子の扶養費を含むものとみなされていた。それ故、妻子が時たま労働市場にひきいれられても、それは単に〝家計補助〟的なものとみられていた。その限り、家族の扶養構造も根本的な変化をみず、家父長的な権威構造も殆ど変わらなかった。実際、妻子の就業そのものも基本的には夫の家父長権力の行使にもとづいていたのであり、妻（や子）はいわば「奴隷商人」（Sklavenhändler）たる夫（ないし父）によって身売りされていたのである。

「商品交換の基礎上では」——と、マルクスはのべている、「資本家と労働者とが自由な人格として、独立の商品所有者——一方は貨幣および生産手段の所有者、他方は労働力の所有者——として、対応しあうということが、第一の前提であった。ところが今や資本は児童または少年を買うのである。労働者は以前には、彼が形式的に自由な人格として勝手に処分した自分自身の労働力を売った。彼は今や妻および子供を売る。彼は奴隷商人となる(14)」。

このような妻子の雇傭の在り方——それは古代ローマ法の《locatio conductio operarum》を彷彿とさせ、実際、マルクスはこの場合夫の権力を《家父の権力》(patria potestas)とすら表現した——は、産業資本主義段階の労働者家族の中にすら、当初、すぐれて家父長制的な支配関係が残存したことを示している。そしてこのような妻の奴隷的な従属状況には、妻から財産権を事実上奪い、その行為能力を否定する市民的家族法制が、ことのほかよく適合していた。ナポレオン民法典の夫婦財産制を説明したあとで、ベーベルはこう書いた——、

「この〔夫婦財産制の〕結果として、妻はしばしば純粋な奴隷身分の状態におかれる。夫は、妻が稼いだものを、娼婦との遊びや飲み屋で浪費する。あるいは彼は、借金したり賭博に負けて妻の稼ぎを費い果たしたりして、妻子を飢えさせる。いな彼は、雇主から妻の賃金の支払いを請求する権利さえもっていたのだ(15)」。

このように女性の労働市場への進出が、当初、夫の家父長制的権力の行使にもとづくものである以上、その労働はあくまで夫にたいする《私的労役》に他ならず、「公的」な社会的生産活動とは言い難かった。しかし、かかる家族の内部的関係を捨象して妻の労働そのものをみるかぎり、妻は家族の外部の労働市場に進出し、（家長たる夫の支配下ではなくて）企業家の経営権のもとで、男子の労働者と共に同じ生産活動に従事し、格差はあれ、男子同様に賃金を支給されており、その労働が「公的」な社会的生産活動であることに変わりなかった。従って妻のかかる生産活動を夫への《私的労役》として位置づけ、伝統的な家族的無償労働としてその賃金を夫に帰属せしめてきた家父長制のシステムは、まさに社会的矛盾を潜在させていたのである。そして、この矛盾を顕在化させる契機が生じた――、既にふれた機械制大工業の出現がしかりである。

機械制大工業は、女子労働と児童労働の本格的な展開をもたらしたが、それによって妻や子は、今や夫ないし父と並んで、ばらばらになって工場で働き始める。カール・レンナーはこの事態をこう描いた――、「父母を含めてすべての成人が別々の企業家の経営権の下にたち、未成年者は教師の監督権に服し、小児は鍵のかけられた部屋の中に放置されて泣く」。そしてカール・レンナーは、家族成員をこのように「全く乖離せる権力保持者の許に移すことのうちに「父権の分解」を看取した[16]。たしかに、さまざまの病理的症状を伴ういわゆる労働者家族の「解体」現象が生起したが、夫ないし父の家父長制的権力を揺り動かしたのは、何よりも労働者家族における扶養構造の根本的な変化であった。大量の女子労働者と年少労働者の出現が（成年）男子労働者の雇傭条件を悪化させ（賃金の低下、失業）、女子労働が単に家計補助的役割以上の意義をおびたのである（――時には失業せる夫に代わって妻が主要な、いな唯一の扶養者ともなった）。ここに、妻の労働を夫に従属させてきた家父長制的なシステムに潜む矛盾は一挙に露呈した。児童労働について「親権の濫用」が叫ばれたように、〝奴隷的〟な女子労働の在り方は、今や「正義」にかかわる問題とみなされたのである。

一八七〇年、イギリスの宰相グラッドストーンは「既婚女子財産法」(Married Women's Property Act) 案を国会に提出する。妻に独立の財産権を賦与しようとするこの法案に、「家族の統合と平穏を損う」という反対意見が浴せられるが、賛成者は「家族の統一が、妻から財産を奪う夫の権利にもとづいているのだと主張するのであれば、それはすべての既婚男性にとって恥ずべきことだ」と反駁する。政府当局も同様の根拠から、「夫婦財産制の形態の問題は婦人問題もしくは労働婦人問題たるよりは、むしろ正義の問題である」と言明した。(17) かくして「既婚女子財産法」は制定され、妻の労働所得を始めとして営業・著作その他の個人的活動による所得が、妻が自由に処分しうる特有財産とされたのであり、そして一八七四年、八二年等の幾度かの同法改正によって妻の財産能力の解放が推し進められたのである。このようなイギリスの法制改革は大陸諸国にも影響し、たとえばドイツの民法典でも妻の行為能力が承認され妻の労働所得が法定留保財とされたのである(――ちなみに同法草案にたいして、ゲルマニストの雄ギールケから、それがドイツ的婚姻共同体の破壊につながるものとして激しい攻撃をうけたことを私達は念頭に入れておく必要があろう)。

さて、女子労働は第一次世界大戦の時期に著しい発展をみた。男子労働者が戦場に赴いたあと、その職場が女子労働者によって占められたからである。スウェーデンの女性解放論者エレン・ケーが大戦中に著わした『戦争、平和および将来』なる書物で、その状況が次のように描かれている。

「婦人の労働分野は、とくにイギリスにおいては、今や、かつて男子の領分であったところの大部分を包括している。婦人たちは次の如きものに傭われている。即ち鉄道事務員、牛乳配達、鉄道の駅夫、肉屋の助手、鉄道の改札係、列車掃除人、鉄道の駅長、郵便配達、乗合馬車の車掌、弾薬および軍装品の製造、雑貨店助手、荷造り人、羊の洗滌者（蚤虱等を洗い落しやるもの）、使丁、銀行員、夜間電話係、書籍露店の事務員、官省の事務員、汽車の機関手、信号手、鉱坑口の労働者、倶楽部の小使、田圃耕作者、或る大商店の煙草ないし酒類分の陪仕者、昇降機係、発動機取扱人などである。そして職業上のこれらの地位は、婦人をして男子の服装をなさしめるに至り、しかもそれはすらりとしてしなやかなイギリス婦人の姿態によく似合っているといわれる。またイギリスには戦場勤務の婦人自動車隊があり、市街地における市廳勤務の守備隊があり、志願による警察官があり、またその他に婦人の軍隊が予備として用意されている」[18]。

このように女性たちは広汎な領域で〝銃後〟の活躍に当たると同時に、従軍看護婦として戦線に赴く者もいたのであり、この状況は他の交戦国でも同様だったという。この戦時下の女子労働にかんする正確な統計資料はもち合わせていないが、本間久雄氏が述べられたところでは、一九一四年のイギリスの工業女子労働者が全体で二〇〇万人であったが、一九一六年度に三〇万の増加、一七年度に三五万の増加をみ、さらに一八年度には一四〇万の増加を示したといわれている[19]。このように女性が戦時下の産業界に進出したという実績は、女性の社会的評価を著しく高からしめ、永年の女性解放運動の目標だった女性参政権という成果を獲得させた。大戦後の一九一八年以降、イギリス、アメリカ、ドイツ、オーストリー、カナダ等がしかりである。なるほど、ソビエトという地球上最初の社会主義国が女性に参政権を認めたことがこの点で大きな刺戟となったことは見逃されてはなるまい。

女子労働は、第二次大戦後――とくに、一九六〇年代以降――にも新たな高揚期を迎えた。アメリカについてみると、女子の労働力率（労働可能年齢の女子人口に占める女子雇傭者数の割合）は、今世紀前半では（第二次大戦下の一時期を除き）二〇％代であったが、一九五〇年に三一・四％に達してからは一貫して上昇し、七〇年代末にはついに五〇％を越えるにいたった。年齢階級別統計からみると、一九五〇年代には四十五～五十四歳の年齢層が最も上昇したが、六〇年代と七〇年代には二十～四十五歳の中年女性がより多く増加したのである。

ところで、既婚女子の労働市場参加という点で共通の特色が認められるにせよ、一九五〇年代と六〇～七〇年代との間には、労働市場進出の意味において大きな違いがみられる。人類学者M・ハリス（Marvin Harris）が指摘したことだが、一九五〇年代に、〝豊かな社会〟とよばれたアメリカ社会で「見苦しからぬ生活水準を保つために重要と思われた特定の製品を購うこと」、つまり洗濯機、乾燥機、皿洗い機、カラーテレビ等の購入が女子労働の目的だったのであり、それ故、女子労働者には家庭婦人の役割を断念する意図など毛頭なく、「子供が〝巣立った〟四十五歳以上の女子」が労働市場に赴いたのである。[20]だが、一九六〇年代の初めに〝決定的な転機〟が到来する。インフレ経済の始まりであり、夫の収入だけでは家計が維持され得ず、妻の収入が当てにされたのである。「今や妻の俸給は、かろうじて中流階級に留まるか、反対に労働者家庭の家計に陥るか、の岐路をなすものとなった」[21]。それ故また、未成年の子をもった若い既婚女性も群をなして労働市場に参入することとなったのである（――ちなみに、インフレ経済のほかにも、女性にふさわしいサービス＝情報処理部門の職域が近時拓けたことが、女子労働発展の一要因とみられている）。

一九六〇年代以降のこの新しい事態、つまり夫が生計維持者としての役割を完全に果たし得ず、妻の労働にも依拠せねばならなくなった事態のもとでも、男性は依然として、女性の伝統的な役割分担（家事・育児）を妻に要求したのであり、そのため、ハリスの言葉によると、「女性は同時に二つの場所で働くよう要求された――職場では男性の半分の給料で働き、戦場を離れて〔家庭では〕全く無給で働くよう要求された」。「かくして婚姻と出産という寺院の空洞化せる支柱を蹴とばしても、それによって得る所多く失う所少ないのは、実に女性たちだったのである[22]」。一九六〇年代末のウーマン・リブの暴発はまさにこのような時期に起こったのであり、しかも離婚率が急上昇をとげ、いわゆる家族崩壊現象が生じたのもこのような状況のもとであったという。

なるほど、今日のいわゆる家族崩壊現象は種々の局面にわたっており、性頽廃現象や婚姻への否定的潮流（〝同棲〟の増加）もその一局面をなし、私も一九七〇年に「いわゆる《性解放》の論理とその批判」なる論文を執筆して以来、その思潮に批判的論陣をはったことがある。私はこの思潮を、一九世紀末以来――とくに第一次大戦後――に急速に進展する家父長制的な婚姻秩序の崩壊と、それに代わる新しい個人主義的婚姻秩序の未成熟として捉え、そして伝統的な婚姻秩序の崩壊を促した主たる原動力を女子労働の発展に求めたのである。一九七三年の拙著『母権と父権』の中で私はこうのべた――、

「以上の分析を通じて、現代における婚姻の危機的な諸症状が父権的な婚姻秩序の動揺と崩壊の過程においてあらわれたということが明らかにされたであろう。父権的な婚姻秩序がまだ微動だにしなかった時代には、今日の病理的な諸症状はなにひとつ現れはしなかったのである。それを揺り動かした最も重要な原因は、既にみたように、社会的生産への婦人の参加であった。これは、数千年間にわたって婦人から社会的・経済的・政治的な主体性を奪っていた父権的な社会体制の終焉を告げる弔鐘の始まりであった[23]」と。

しかし、このように執筆していたとはいえ、その間にも、女子労働が急速に伸展しつつあったことに、私は迂闊にも気づかなかったのである。なるほど第二次大戦後のいわゆる家族崩壊現象には、一九世紀末以来（とくに第一

次大戦後）の性頽廃思潮が包含されていたにせよ、さらに新たな性格が付加されていたのである。それは、一つには女子労働がいわゆる中流階層の家庭婦人をも巻き込むことによってその裾野が著しく拡がったことであり、そして二つには（M・ハリスが指摘したように）、労働市場へ進出する女性にも依然として家事労働が課せられていることに対する女子労働者の批判的意識の高まりである。

（13）Engels: a. a. O., S. 75.
（14）K・マルクス、長谷部文雄訳『資本論』第一巻第三分冊（日本評論社）、一六八頁。
（15）Bebel, A.: Die Frau und der Sozialismus, Berlin 1954, S. 349.
（16）Renner, K.: Die Rechtsinstitute des Privatrechts und ihre soziale Funktion, Tübingen 1929, S. 133. カール・レンナー、加藤正男訳『私法制度の社会的機能』（法律文化社、一九六八年）一四六頁。
（17）Weber, Marianne: Ehefrau und Mutter in der Rechtsentwicklung, Tübingen 1907, Ss. 362－363.
（18）本間久男『婦人問題』（東京堂、一九四七年）二四二―二四三頁。
（19）同右、二四五頁。
（20）Harris, Marvin: America Now, The Anthropology of a Changing Culture, New York 1981, pp.90－91. 同書には大前正臣氏の訳がある（『アメリカ・ナウ』サイマル出版会）。本書の存在については長谷川成海氏のご示教を得た。お礼を申し述べたい。なお、一九八四年三月二十二日に旧厚生省人口問題研究所人口資源部（部長阿藤誠博士）で行った現代家族に関する私の報告は、基本的にハリスの理論に依拠しており、拙稿「現代の《家族崩壊》現象の歴史的＝社会的本質」（『千葉史学』第六号、一九八五年）は同報告原稿を補筆したものである。
（21）Harris: ibid., pp.94－95.
（22）Harris: ibid., p.95.
（23）江守五夫『母権と父権――婚姻にみる女性の地位――』（弘文堂、一九七三年）二五―二六頁。

第三節　性別役割分担の体系とその動揺

ここで家事労働がこれまで担ってきた社会的意義を歴史的に俯瞰しておこう。まず原始社会においては、既にのべたように、家事労働であれ植物採集の労働であれ、女性が分担していた労働は「共産主義的合同世帯」の共同体的労働として営まれ、それ故エンゲルスはこれを「公的な産業」と表現したのである。だが、私有財産制の形成と相まって氏族や亜氏族の合同世帯が崩壊し、「個別家族」が社会の基礎単位となるや、女性の労働は、家事労働はもとよりとして、男性以上に駆りたてられた野良仕事であっても、すべて家長たる夫への服従的な労働――「私的労役」――に他ならないものとみなされた。女性の労働は、社会的には、家を代表する家長たる夫の労働に吸収され、《男は仕事、女は家庭》という家父長制的な性別役割分担の観念さえ形成されることとなった。そしてこの性別役割分担の観念は、近代資本制経済のもとで、一層明白な形をとって展開したのである。そこでは家族は生産的機能を次第に喪失していき、「家計と経営の分離」が展開し、男性は家を出て職場で働き、家事は依然女性にまかせられ、性別役割分担が空間的に可視的に表われたからである。

ところで機械制大工業によって女性も家の外で企業主のもとに生産労働に従事するようになると、前節でみたように、女子のこの社会的生産活動を（家事と同様に）夫への私的労役として位置づけていた家父長制的な家族法制が矛盾を露呈し、その結果、夫婦財産制の改革という結果をもたらしたのである。だが、翻って考えれば、家事労働を一方的に課せられていた既婚女子が社会的生産活動に従事するということ自体が、伝統的な性別役割分担体系の予定していない事態であった。すなわち既婚女子に二重の労働を担わせるということにより、この役割分担体系自体が成り立たなくなったのである。この根本的矛盾については、実はエンゲルスが『家族起源論』のなかでつとに指摘していたところである。彼は、先にも引用したように「現代の大工業が初めて女性に社会的生産への途を再び切り拓いた」とのべたあと、こう論じた——、「だが、もし妻が家族の私的労役において自分の義務をはたすならば、彼女は公的生産から閉めだされて何ものも稼げないだろう。またもし妻が公的産業に参加して自力で稼ごうとすれば、彼女は家族の義務をはたすことが不可能となる(24)」と。

つまり伝統的な個別的家政のもとでは、女性にとり家事と社会的生産活動とは二者択一の関係におかれるというのである。エンゲルスがこの点をとくに強調したのは、妻が職場へ進出することによって家事（とりわけ育児）が犠牲にされ、それによって種々の病理症状が労働者家族に生起したことを彼が目撃したからである。一八四五年の『イギリスにおける労働者階級の状態』の中で、エンゲルスはこうのべる。「妻の工場での就業は必然的に家族を解体させる。そしてこの解体は、家族に基礎をおいている今日の状態のもとでは、夫婦にたいしても子供にたいしても最も頽廃的な（demoralisierendst）結果をひきおこす(25)」。

ちなみに、エンゲルスが「女性の解放は、全女性の公的産業への復帰を第一の前提条件としており、そしてこのことはまた、個別家族から社会の経済的単位としての属性を除去することを必要としている」とのべたのも(26)、家事・育児などの家政が個別家族にまかせられていること——「個別的家政」——を廃棄しないでは、女性の社会的生産への復帰が完全になしとげられないという認識を示したものである。コロンタイなどの共産主義女性解放運動の中で、「個別的家政の廃止」が声高く叫ばれた所以もここにある。

なるほど「個別的家政」のもとでは女性の社会的生産活動への参加は多大の支障をきたす故、「個別的家政の廃棄」が叫ばれる必然性が存するであろう。そして「個別家族が社会の経済的単位」をなしている社会体制のもとでは、この「個別的家政の廃棄」ということは社会体制の変革を要求することにも連なるのである。その意味でエンゲルスや移行期のソビエトの学者たちが「個別的家政の廃棄」を声高く叫んだ理由が理解され得るのである。(27)

しかし、家父長制的な性別役割分担を伴う婚姻制度に女性が叛旗を翻すのは、女子労働の先進国のアメリカでも一九六〇年代以降なのである。一九四〇～五〇年代には、第二次大戦前にある程度展開していた女性解放運動も衰退し、妻は家庭で家事に従事すべきだとする伝統的な性別役割分担の観念が支配的ですらあった。ハリスが指摘したところによると、一九四六年のフォーチュン（Fortune）誌の世論調査では、「職場を家庭に優先させることにたいして、男性よりも女性のほうがより多く疑念を表明した」という。(28)

そもそも第二次大戦後のアメリカで家庭中心の志向が強化したのは、第一に、世界的超大国としての経済的繁栄のもとで「比較的高水準の雇傭と物価の安定」が確保されたためであり、二つには復員軍人（──千四百万にのぼる除隊兵の殆どが未婚の若者であった）にたいする種々の生活優遇政策のお蔭であり、彼らは政府から「結婚と出産の費用のかなりの部分」を一時的に肩代りしてもらったも同然であったという。(29)かくして婚姻数の増加と、従来低下傾向にあった出生率の急上昇がもたらされたのである。この戦後から一九五〇年代における家庭生活の安定した時期にも、女子労働が発展したことにかわりはなかったが、この時期の女子労働は、前節でもみたように、中流階級の生活のシンボルとなっていた耐久的電気製品の購入を目標としたものであり、この時期の女子労働力率の上昇は主に子育てが終わった四十五～五十四歳の年齢層であって、それが二十五歳未満の女子労働力率とほぼ匹敵し、年齢階級別女子労働力率の図形も典型的なM字型を形づくっていたのである。

ところが、一九六〇年代に入ってインフレ経済が進展し、前節でみたように夫の収入のみでは家計が維持できなくなると、既婚の女子は、未成年の子がおろうとも、いな、教育費のかかる子がおればおるほど、職場へ出て働かねばならなくなった。すなわち結婚や出産によって家庭に戻るどころか、むしろ結婚した女子が新たに労働市場に参加したのであり、実際、一九六〇～七〇年代の女子労働の発展は二十歳から四十五歳までの中年女性の労働力化を特徴とするものであった。年齢階級別の女子労働力率の図形も、それ以前のM字型から、水野朝夫氏の表現をかりれば「中央高原型」に変化したのである。(30)

このような新しい事態のもとでも、家事と育児が依然、妻に課せられ続けた結果、この二重負担に耐えきれなくなった有配偶の女子労働者は家庭婦人としての地位を断念することとなる。一九六〇年代後半以降、離婚率は急速に上昇するのである。六〇年代前半までは離婚率（人口千人に対する離婚の数）が二・五未満であったが、六六年に二・五五を算えてから、七〇年には三・四七、七二年には四・〇六、七六年には五・〇二へと上昇をとげたのである。

以上、ハリスに拠ってアメリカの女子労働についてみてきたが、それを要約すれば、第二次大戦後の女子労働の重要な特徴は、女子労働が中産階級にも広く普及したこと、しかも未成年子を抱えた有配偶女子も労働市場に参加し、その成長の度合いが未婚女子に比して著しく大きくさえあったということである。(31)そしてまさにこのことが、妻にのみ家事を負担させてきた役割分担の体系と女子労働との間の矛盾を顕在化ないし拡大させ、そしてそれが今日の離婚増加をもたらす根本的要因をなしたのである。

この事実は、単にアメリカのみならず、今日、離婚が急増している先進資本主義国に一般的にみられることであって、たとえばフランスの場合について原田純孝氏がこうのべられている。「離婚の増加傾向の要因としては、フランスでも、やはり女性の職業活動との相関関係が強いことが、さまざまな調査や社会学的研究に依拠しつつ強調されている。つまり、ごく要約的な形で言えば、《妻の職業活動は、妻の経済面・精神面での自立をもたらし、婚姻関係を、いわば夫婦相互の愛情に基づく対等な友愛関係に純化させる方向で作用する。それに伴い、とくに若い世代の婚姻観も当然に変化しており、夫婦間の愛情が失われたり、あるいは妻の自立の要求が家庭内での伝統的な役割分担と矛盾してくるような場合には、婚姻は当事者の意思によって容易に解消されてしかるべきもの、と意識されるようになる》、というような説明である[32]」。

そもそも既婚女子が生産労働に従事しつつ家事をも担わされるという二重の負担によって惹起される〝家族の解体〟については既に一世紀前にエンゲルスが警告したことであったが、今日、有配偶女子労働が中間階層にも拡大することによって漸くその予言が現実的なものになってきたのである。伝統的な性別役割分担が労働市場に進出した既婚女子に一方的な重荷を課し、それに耐えられなくなった自立せる女性が一斉に離婚を申立て始め[33]、性別役割分担を当然視していた夫たち——伝統的秩序のもとでは何の責任もない〝善良な夫たち〟——を震えあがらせたのである。

だが、事態は離婚の増加にとどまらない。家事や育児の一方的負担を嫌う女子労働者は婚姻を結ぶことを躊躇し、拒否し、そのため婚姻率の低下、初婚年齢の上昇、婚姻に代わる同棲の選択、それらと相俟って出生率の低下を招来させているのである。尤も、それだからといって、一般の女子労働者たちは、かつて社会主義者たちが主張したような社会体制そのものの揚棄を要求してはいない。むしろ、出生率低下に伴う少子化問題に対して体制側の方が危機感を覚え、日本でも育児休業制度——それは「職業生活と家庭生活との両立」を謳うものであるが——が設けられ、とりわけ男性による育児休業取得の制度は、性別役割分担の体系に内在する矛盾を部分的ながらも体制側自身が承認したものともいえるのである。いずれにせよ、真に夫妻平等の婚姻=家族制度が形成されるためには、女子労働の発展を阻害する家父長制的な性別役割分担の体系を克服することが不可欠の要件であることをここに確認しておきたい。

(24) Engels: a. a. O., S. 75.
(25) Engels, F.: Die Lage der arbeitenden Klasse in England, Marx-Engels Werke, Bd. 2, S. 369.
(26) Engels: Der Ursprung der Familie usw., S. 76.
(27) 江守五夫「社会主義的婚姻思想の展開」(江守著『現代婚姻思想の展開』国書刊行会、一九七七年)二二一―二二七頁。なお、エンゲルスはこうのべている、「生産手段が共同所有に移行するとともに、個別家族は社会の経済的単位たることをやめる。私的家政は社会的産業 (gesellschaftliche Industrie) に変化する。子供の看護と養育は公務となる」と。Engels: Der Ursprung der Familie usw., S. 77.
(28) Harris: op. cit., p.79.
(29) Harris: op. cit., pp.83―84.
(30) 水野朝雄編『経済ソフト化時代の女性労働』(有斐閣、一九八四年)六頁。
(31) アメリカの配偶別女子雇傭者数の推移をみると、一九五〇年の数値を一〇〇とした場合、一九七九年の「未婚」が一九五・八であるのにたいして「有配偶」は二七八・七にも達している。江守五夫「家族崩壊現象の歴史的=社会的要因――主として女子労働との関連において」(利谷信義・江守五夫・稲本洋之助編『離婚の法社会学』東京大学出版会、一九八八年)三七頁。
(32) 原田純孝「フランスの離婚」(『離婚の法社会学』、前掲)二一三頁。
(33) 先進諸国の離婚申立人の夫妻別統計については、『離婚の法社会学』(前掲)三三六頁参照。

結　語

以上、本稿は、エンゲルスの『家族起源論』に拠りながら、私有財産制のもとで妻がおかれていた隷従的位置を、とくに妻の労働という観点から考察してきた。すなわち妻の労働は、家事であれ家族経営下の生産労働であれ、すべて夫の《私的労役》とみなされ、その収益は夫に帰属していた。近代市民社会においても、当初、この家父長制的伝統が維持されたが、それを揺り動かしたのは、機械制大工業以降の女子労働の展開にほかならなかった。女子労働の発展は、夫婦財産制の改革や参政権の獲得という成果を収め、さらにいまや性別役割分担体系をも動揺せしめている。実際、離婚の急増、不婚ないし同棲の増加など、先進資本主義国で生起している家族の混乱状況は、M・ハリスが指摘したように、現今の急激な女子労働の発展が惹き起こした性別役割分担への不満ないし抗議という動機をひめたものといえるであろう。そのような意味で、「女子労働の発展と家父長制の止揚」という、かつてエンゲルスが提起した問題は、現在なお大きな意義をもち続けているとみなされるのである。

第二章　原始共同体の社会規範と《家と屋敷地》

第一節　法共同体論からみた原始的社会規範

（一）　法共同体論

オランダの現代アダット法学の最高権威テル・ハール（B. Tel Haar）は、原始的社会規範の原理について次のように述べた。

「インドネシアのいかなる民族のもとであれ、もし人が社会的交渉の観察者たる地位に立つならば、極めて広汎な基盤にわたり、結合集団の中で営まれる共同生活が眼に映ずることであろう。われわれは、この集団が不可視界・外界・また特定の物質界にたいして対処する仕方を表現しようとすれば、それを法共同体と命名すべきであろう。けだし、拘束的感情をいだく多数の人々が、法的交渉の多くの関係や行為にたいして、まさに一つの統一体として関わりあっているからである。……共同体の存立は、〔彼らにとり〕一つの自然必然性・一つの超法的実在体として観られていて、およそいかなる者もこの集団を解体しうるという考えをいだいたり、また想い起こすことはないのである」[1]。

テル・ハールがこのように論じたように、原始社会の規範関係は、究極的にはすべて原始共同体を母胎として生成し、それを基盤に展開しているのである。まさにこのような視点に立って、彼は、ファン・フォーレンホーフェン（C. van Vollenhoven）に倣って「法共同体」（rechtsgemeenschap）なる術語を用い、『アダット法の諸原理と体系』（彼の著述名）を、この法共同体の社会的構造との関連で究明しようと試みたのである。[2]

そもそも、自ら土地その他の生産の基本的条件を占取し、かつ、その物質的基礎にもとづいて個々の成員の生活の再生産を保障している共同体は、まさにそのことの故に、共同体成員の全生活過程（成員相互の社会的関係）を究極的に統制しているのであって、このことは、私的所有が労働用具・装身具・武器と、せいぜい労働生産物にしか成立していない原始的な状況下では、最も明確な姿態をとって現われるのである。進化主義民族学の系譜をひき、歴史法学に多かれ少なかれ影響をうけて出発したドイツの民族法学[3]や、その方法を継承した右述のアダット法学において、原始社会の諸規範関係が原始共同体のいわば「内部的秩序」として捉えられたことは、そのような意味できわめて当を得たものといえるのである。[4]

（二）《対内モラル》と《対外モラル》

原始共同体は、ゲルマン共同体についてのドイツの法制史学者の表現をかりれば、なによりもまず「平和共同体」であり（sibba=pax）、「保護共同体」であり、また「法共同体」であった。[5] 労働の主要な客観的条件を占取する共同体は、その成員の生活と平和（彼ら相互の権利義務関係）を保障するが、[6] その生活と平和の保障は、共同体が占取する労働の客観的条件の排他的な専有によって現実的に可能となる。したがって共同体は、対内的に諸成員の生活と平和を保障しつつ、対外的には、この生活と平和への脅威と侵害に対する「攻守共同体」として現われ[7]、実際、「戦闘的=軍事的体制」として「戦士的」に組織されたのである[8]。

こうして原始的社会規範は、ウェーバーのかのいわゆる「対内モラル」と「対外モラル」の相補的二重構造という特徴をおびて現われる。興味ぶかいことに、ブリントン（D. G. Brinton）も、原始共同体のこの「二重のモラルの体系」（a dual system of morals）について示唆深い指摘を試みた。「原始文化においては、二重のモラルの体系が存する。すなわちその一つは、自分たち自身の氏族・部族・コミュニティの成員に適用せられる親切、愛情、援助と平和のモラルであり、他の一つは、世界の他のすべての者に対して行われる掠奪、憎悪、敵意と殺戮のモラルである。そしてこの後者は、前者と同様に神聖な義務とみなされている」[9]。ブリフォールト（R. Briffault）も、原始人にとって「部族的胞友」と「敵」（異邦人）とが矛盾排中的な関係に立つ旨のべている[10]。共同体の非成員は「猜疑」（suspicion）をもってみられ、「敵意」（hostility）をもって迎えられ[11]、言語においても「異邦人」はすなわち「敵」（ギリシャ語の xenos, ラテン語の hostis）である[12]。彼らが同胞愛的に「款待」（hospitality）をうけるがためには、血縁関係を擬制する何らかの行為が必要とされるのである[13]。

このように外部に対しては排他的、敵対的に封鎖される共同体は、対内的には逆に献身と犠牲の同胞愛で蔽われ、いわゆる「氏族的連帯性」（Sippensolidarität）の原理が貫徹する。この連帯性によって共同体成員が負うべき義務と享有する権利には、次のものがある。まず、共同体財産（土地、水面、収穫物、寺院その他の公共建造物）の管理維持の為の協同作業の義務とこれらの財産から利益を平等にうける権利[14]、他の共同体から受けた侵害に対する血讐の相互義務、またはその共同体より支払われた贖罪に対する分与の権利、他の共同体に対して成員仲間が犯した加害行為の為に贖罪債務を共同で負担する義務、その他の債務に関しても支払いの連帯責任、死亡成員の財産に対する相続権、成員仲間の女性を娶る為に他の共同体から支払われた花嫁代償の分前に与る権利、成員仲間の射止めた獲物の分前に与る権利、孤児・寡婦等の生活困窮者に対する氏族的後見——等々である。(15)

（二）　共同の法的確信

右述のような共同体的権利義務関係の在り方から、一つの重要な特徴が見出される。それは、氏族の一成員による他の氏族（の成員）への犯罪、氏族の一成員に対する他の氏族（の成員）による犯罪が、それぞれ彼の属する氏族による犯罪、他の氏族による犯罪とみなされ、また他氏族（の成員）に対する氏族の一成員の債権や債務が彼の氏族の全成員の債権債務である——という関係である。

このような氏族と氏族成員との間の権利義務の対応性から、ハートランド（E. S. Hartland）は、社会の「単位は個人ではなくて血族である」と考えた。(16) これにたいしてマリノウスキー（B. Malinowski）は、かような見方は単に他の氏族に対してのみ妥当し、氏族（ないし亜氏族）内部では徹底する「分裂」がみられ、個人は「徹底的な営利的精神」にもとづいて行動し、氏族の統一性は単なる「法的擬制」にすぎぬと反論した。(17)

だが、この両説はいずれも事実の一面のみを見たものであり、実は共同体の団体性はその複多的な成員の人格によって直接支えられており、共同体の単一性（Einheit）と諸成員の複多性（Vielheit）とは矛盾なく結合しているのである。権利義務関係における氏族とその成員の間の右のような相関関係も、ひとえに氏族共同体のこのような団体的性格から派生した現象なのである。

ところで、原始共同体の団体性がその成員によって直接支えられ、共同体の権利義務がそのまま直ちにその成員の権利義務をなしているというこの特殊な団体のもとでは、共同体を母胎として形成される原始的な社会規範は、決して成員から全く独立した公的意思として存在するものではなく、すべての成員の胸奥深く蔵せられた権利義務意識の聚合物——つまりいわば「共同の法的確信」——として存在しているのである。このことは、原始的な訴訟形式との関連で、後に改めて問題とされよう。

(四)　伝統的秩序とその変化

このように民衆の共同の法意識として存立する社会規範にとって、その正当性の根拠をなすものは、実に「古来慣行とされていること」、すなわち「伝統性」に他ならない。つまり祖先が行ってきたことだから、それが掟なのだと意識され、人々はこの伝統の聖化力によって神聖視された規範にいわば呪縛されるのである(——実際、伝統からの逸脱が悪呪術として制裁されもした)[18]。そしてこのように同じ伝統的な規範に呪縛されることによって、逆にまた共同体成員の意識と行動が鋳型にはめられ、自ずと均質化され、そしてそれによって氏族の牧歌的平和も確保されたのである。

しかし、このような伝統的な規範秩序のもとでも、原始的社会規範は変化を免れ得なかった。「人類が経験した最も深刻な革命の一つ」とも称された母系制から父系制への発展も、この伝統的秩序のもとで行われたのである。この発展は、エンゲルスが書いたような「簡単なる決議」では[19]、十分ではなかった。二大相続原理の葛藤はいろいろな形で永い期間を通して展開していったのである。

民族ないし部族によって異なるであろうこの歴史的変化の一つの事例を、われわれはカナダの母系インディアンの一部族たるハイダ族のもとで見出す。そこでは、息子に財産を継がせたい父は自分の姉妹をその子の乳母とした。

それによって、「その子は叔母の子と語られた」からである。[20] つまり息子は父方の叔母との乳母子関係の設定により父方氏族の成員権を取得したとみなされたのである。また母系制が典型的に支配していたメラネシアから各種の父子相続の端緒的慣行が見出される。その一つ、エッディストン島では、土地の占有権が伝統的な母系制に従って受継がれるが、その土地に植えられた果樹の所有権は息子に相続されることがあったという。[21] 原始社会では往々、土地とその上の樹木とが独立の財産として取り扱われ、樹木に対しては個人の私的財産権が比較的に大きく認められていたのである。その二つ、バンクス島の地帯では、世襲的土地占有権は母系氏族に属して、姉妹の息子たちによって共同相続されるが、個人が開墾によって得た土地の占有権は自分の息子たちに分割された。[22] 他人への譲渡をタブー視された「祖先伝来財産」と処分の任意な「個人獲得財産」の二元性の巧みな適用である。その三つ、トロブリアンド諸島では、息子を自分の氏族の聚落に留まらせ、自分の土地占有権をその息子に継がせたい時は、父は彼をして自分の姉妹の娘と結婚（交叉イトコ婚）させた。けだし、息子が犯す相続上の違法性は次の世代において治癒されるからである。[23]

　これらの脱法的な父子相続の行為は、何らかの形において母系制社会の伝統的な規範に巧みに依拠しているが、しかし、それが一般化するにしたがって母系相続の衰退は免れ得ず、遂には母系制が揚棄されて父系制が成立するに至るのである。それは確かに伝統の革新である。しかし、その革新は、「事実上の常習行為」が自らを「規範的」(normativ) なものとしていく過程、つまり新しい伝統形成なのである。

(五)　社会規範の呪術的=宗教的要素

　さて、原始的社会規範が、前述のように民衆の共同の法意識を直接反映するものである以上、原始人の意思と行動を規制するもろもろの内面的動機がその組成要因をなすことは言うまでもない。したがって、「〔原始〕共同体成員は、我々が法的な規定と理解するものと、儀礼的・道徳的・農業上・医術上のものとを結びつけた法典を、神の名において発布することに、何らの奇怪さも不合理さも感じない」というハートランドの説明は、(24)（法典の発布という紛わしい表現を度外視すれば）十分説得力をもっていると言えよう。

だが、このハートランドの説明にたいして、周知のごとくマリノウスキーは反論を提起し、「未開人は一組の責務規範（obligatory rule）を有する。すなわちそれは、いかなる神秘的性格をもおびておらず、『神の名において』発布されたものでもなく、いかなる超自然的制裁によっても強制されず、ただ純粋に社会的な拘束力を備えた責務規範である」と論じた。(25)マリノウスキーは、原始社会においても純粋に社会的な（宗教的でない！）拘束力によってささえられた個人間の責務と権利の体系が存在し、そのサンクションが相違している点でそれが宗教的規範とは独自の規範体系をなしていると考え、その規範体系を「原始法」とよんだのである。

とはいえ、この原始法の効力を担保するものとしてマリノウスキーが考えた純粋に社会的な「拘束的機構」は、政治的に組織された社会の力（公権力）を意味するものではなかった。むしろ、この政治的権力の担保という特質によって「法」の概念構成を試みたラドクリッフ＝ブラウン（A. R. Radcliffe-Brown）の考え方――すなわち「たとえ総ての単純社会が制裁によって支えられた慣習を有するにせよ、若干の単純社会は法を有していない」という主張(26)――を、マリノウスキーは拒否したのである。(27)

しかしながら、自然的なものと超自然的なものを峻別しない未開人の内面生活では、このマリノウスキーの「責務規範」も呪術的＝宗教的制裁によって担保されることは、否定され得ぬ事実である。(28)原始的社会規範は、今日われわれが分類するあらゆる社会的制裁を内包し、それ故、われわれが区別する凡ての社会規範の種類を未分化のまま包摂する巨大な連続体として存在しているのである。とりわけここで注目に値するのは呪術的=宗教的な要因の極めて大きな作用である。とくに一定の社会的に禁ぜられた行為によってその違反者が蒙るとされる超自然的な力への信仰は、社会規範の担保の上で顕著な効果を発揮した。このいわゆる「タブー」は、元来は共同体成員の第一人者にすぎない酋長に神聖性を賦与して、その社会統制力を強化したり[29]、あるいは個々の成員の土地その他の財物の占（所）有権を特殊な標識（Tabuzeichen）によって保護したり[30]、さらに特定の呪術的な象徴物の引渡や象徴的行為によってその占（所）有権移転を保障する役割を果したりした[31]。

このような呪術的=宗教的な作用は、その他、「宣誓」――すなわち自己の証言の真実性や誓約の厳守を神その他の聖なる霊的存在に誓い、その誓言の虚偽ないし不履行により宣誓者自身がその宣言せる呪詛を蒙るという条件付き自己呪詛――や、「神判」――すなわち訴訟当事者の犯罪の有無や権利義務の有無、また犯人の発見等を神その他の聖なる霊の啓示にまつという特異な訴訟手続――において見出される。

(六)　法発見のカリスマ性と民衆の意識

さて、このような神霊の啓示に依拠する神判は、往々「カリスマ的法発見」と称され、その神託行為に携わる審判長やそれを委託された預言者（呪術的祭司 Zauberpriester，シャーマン等）がカリスマ的権威をおびて現われると考えられた。たしかに、このような事実は存在したであろう。ただ、このいわゆる「カリスマ的法発見」が、「伝統的法発見」、とりわけ「ディンク共同体的（dinggenossenschaftlich）な法発見」とは全く独自の裁判形式だとみることは早計であろう。

実は、訴訟の始源的形態が専らかかる「カリスマ的法発見」ないしは「呪術祭司的な訴訟」（zauberpriestlicher

Prozess）であったり、またはそれと「世俗的訴訟」（weltlicher Prozess）との二者択一的なものであった訳ではない。[32] 実際、共同体の集会や、[33] 共同体代表者たる長老の会議、[34] ないし酋長会議が、[35] 紛争解決に当る場合が、原始社会でもきわめて多かったのであり、そしてこれらの世俗的訴訟で真実が発見されない時の窮余の「補助的挙証手段」（ein nur subsidiäres Beweismittel）として神判に訴えられる場合が屢々あったのである。[36] つまり神判の多くは単なる挙証手続であり、法発見そのものではないのである。しかも、その挙証手続たる神判は、実質的には非合理的であるにもかかわらず、事件の内容ごとに種類を異にする点（いわば Aktionensystem）や、その結果が物理的事象（水中での浮沈、火傷の有無軽重等）で判断される点で、伝統的に定められた厳格に形式的な手続きであった。[37] そしてこの挙証手続による事実認定をとおして、伝統的な社会規範が再確認されたのである。

なるほど審判長自身ないし預言者がエクスタッシに託宣する場合には、その行為そのものが法発見として現われるが、その場合でも、エクスタッシな状況での判告が内容的には共同体成員の一般的な世論にすぎないことが報告されているのである。[38] 共同体成員の意思は、いかなる場合にも法発見に直接間接関与するのであり、実際、一成員の判決提案が全共同体成員の賛同をまって初めて確定するというまさにディンク共同体的な法発見の事例も、[39] 原始社会にみられたのである。

（1）　Ter Haar, B.: Beginselen en stelsel van het adatrecht, 4de druk, Groningen en Djakarta 1950(1ste druk, 1939), blz. 15.

（2）　このことは同書の章の配列順序についての説明からも窺われる。「第一章では主として法共同体の構造について論ぜられるが、次の各章は孰れもこの第一章の後をうけ得よう。一つには土地法の章が続き得よう。けだしそこでは土地に対する共同体の権利が殊の他重視されるからだ。また同様に、親族法（婚姻法と相続法を含む）の章が第一章に続くこともできよう。けだし共同体の系譜的要因に関して既に（第一章で）のべられた事がこの親族法と関連するからだ。更に債権法の章を第一章の後にもってくることもできよう。債権法の中核的部分をなすものが実に共同体内部の相互的援助に他ならぬからだ。最後にまた不法行為法の章が第一章に続くこともできよう。不法行為法においても共同体が決定的意義を有しているからだ。しかし結局、本書で選ばれたのは次の順序である……」。Ter Haar: op. cit., blz. 5.

（3）ポストの共同体理論に関しては、江守五夫『法社会学方法論序説』（法律文化社、一九六二年）二四六頁以下。

（4）拙稿「法と道徳」（『現代文化人類学』四、一九六〇年）は、この視角から各法領域に亘って概観しているが、校正不完全の為、誤字が極めて多いことを断っておく。

（5）古ゲルマン族に関して、Mitteis, H.: Deutsche Rechtsgeschichte, 4te Aufl., München u. Berlin 1956(1ste Aufl., 1949), Ss. 10－11（世良晃志郎訳『ドイツ法制史概説』創文堂、一九五四年、一二頁）。

（6）Post, A. H.: Der Ursprung des Rechts, Oldenburg 1876, S. 43.

（7）Post, A. H.: Die Geschlechtsgenossenschaft der Urzeit und die Entstehung der Ehe, Oldenburg 1875, S. 3f. なお、大塚久雄『共同体の基礎理論』（岩波書店、一九五五年）四〇－四一頁。

（8）Marx, K.: Formen, die der kapitalistischen Produktion vorhergehen, Berlin 1952, S. 9.

（9）Brinton, D. G.: Races and Peoples, New York 1890, p. 59, cited in Briffault, R.: The Mothers, London & New York 1952(1st ed., 1927), vol. I, pp. 157－158.

（10）ブリフォールトは言う。「原始人にとっては、すべての人間は部族的胞友か異邦人かのいずれかである。そして後者は原始社会では〝敵〟に等しい。これら二つの相対立する関係の間には中間的な立場はない」。Briffault: Ibid., p. 635.

（11）この点の興味ある資料――、Hartland, E. S.: Primitive Law, London 1924, p. 117, Briffault: Ibid., pp. 158－159, 274.

（12）原田慶吉『ローマ法』上（有斐閣、一九四九年）五六－五七頁。

（13）Briffault: op. cit., pp. 635－636.

（14）Ter Haar: op. cit., blz. 15.

（15）Engels, F.: Der Ursprung der Familie, des Privateigentums und des Staats, Marx-Engels Werke,

Bd.21, Berlin 1973, Ss. 87−88, Post, A. H.: Grundriß der ethnologischen Jurisprudenz, Oldenburg u. Leipzig 1894−1895, Bd. I, S. 162, Bd. II, S. 225.

(16) Hartland: op. cit., p. 48.

(17) Malinowski, B.: Crime and Custom in Savage Society, London 1926, pp. 48, 114-116, 119（青山道夫訳『未開社会における犯罪と慣習』（ぺりかん社（＝新泉社）、一九六七年）四八頁、九八―九九頁、一〇二頁）。

(18) Hartland: op. cit., p. 78.

(19) Engels: a. a. O., S. 60.

(20) Briffault: op. cit., pp. 603−604.

(21) Rivers, W. H. R.: Social Organization, London 1926, p. 112.

(22) Lowie, R. H.: Primitive Society, London 1953(1st ed., 1921), p. 215.

(23) Malinowski, B.: The Sexual Life of Savages in North-Western Melanesia, London 1928, p. 80 et seq.

(24) Hartland: op. cit., p. 214.

(25) Malinowski: Crime and Custom in Savage Society, p. 51（青山訳、前掲書、五一頁）。

(26) Radcliffe-Brown, A. R.: Primitive Law, in Encyclopaedia of the Social Sciences, New York 1933, vol. IX, p. 202.

(27) Malinowski, B.: Introduction to H. I. Hogbin, Law and Order in Polynesia, London 1934, p. xxiii et seq.（青山訳、前掲書、一一八―一二〇頁）。

(28) 例えばホグビンが死者霊キプアによって罰せられる行為としてあげた五項目の中、「親族に対する責務の不履行」や「貧窮せる親族の無視」は、マリノウスキーの「責務規範」の義務不履行に当る。Hogbin: op. cit., p. 161.

(29) 酋長の不可触禁忌の典型的なニュージーランドの事例――、Hartland: op. cit., pp. 80−81.

(30) 「タブー標識」に関して――、Thurnwald, R.: Werden, Wandel und Gestaltung des Rechtes, Berlin u. Leipzig 1934, S. 41f.; Hartland: op. cit., pp. 81−82; Lowie: op. cit., pp. 198, 204; Murdock, G. P.: Our Primitive Contemporaries, New York 1934, pp. 61−62; Hogbin: op. cit., pp. 218, 264; Rivers : op. cit., p. 113; Wundt. W.: Die Gesellschaft, Leipzig 1917, Bd. I, S. 97; 穂積陳重『法律進化論』第三冊（岩波書店、

一九二七年）二七二頁以下参照。

（31）占（所）有移転の呪術的象徴物に関して――、Thurnwald, R.: Repräsentative Lebensbilder von Naturvölkern, Berlin u. Leipzig 1931, S. 79; do: Werden, Wandel und Gestaltung des Rechtes, S. 62f.; Wundt: a. a. O., S. 97; Post: Grundriß der ethnologischen Jurisprudenz, Bd. II, S. 704, Anm. 2; Lowie: op. cit., pp. 204, 213; Mitteis: a. a. O., S. 9（世良訳、前掲書、一六－一七頁）等、参照。

（32）ポストは原始的な訴訟をこの二元的な形式に求めた。Post: Grundriß der ethnologischen Jurisprudenz, Bd. II, S. 452f.

（33）Lowie: op. cit., p. 403.

（34）Ibid.: pp. 394－395.

（35）Ibid.: p. 402.

（36）Post: Grundriß der ethnologischen Jurisprudenz, Bd. II, S. 477.

（37）この点はウェーバーも認める。Weber, M.: Wirtschaft und Gesellschaft, Tübingen 1956, S. 403（小野木常編訳『法社会学』（日本評論社、一九五九年）九九－一〇〇頁）。

（38）Hogbin: op. cit., pp. 148－151.

（39）グリーンランドのエスキモー人について、Lowie: op. cit., pp. 400-401. この点でウェーバー説の再検討が要求されよう――、Vgl. Weber: a. a. O., S. 409（小野木編訳、前掲書、一一七－一一八頁）。

第二節　《家と屋敷地》の形成過程

──民族学的一試論──

一　問題の所在

《家と屋敷地》というテーマが研究課題として据えられるとき、その問題関心は社会科学の各分野によって相異なることであろう。いな、社会経済史という一つの分野でも、研究者の視角ないし研究対象によって考察さるべき問題は異なったものとなろう。本稿は、大塚久雄教授の問題関心を踏襲し、《家と屋敷地》が人類史上最初の私的所有地であったとの観点から、この《私的土地所有の端緒的成立》の過程を究明せんとするものである。とはいえ、この問題は、原始共同体に関する厖大な民族誌的資料を駆使して初めて解明されうるものであり、制約された時間内でなし得ぬことは論を俟たない。本稿では、問題点を限定し、《家と屋敷地》にたいする私的所有の形成過程で、呪術的=宗教的観念（さらに祖先崇拝の観念）が、重要な作用を演じたのではあるまいかとする試論を提示するものである。

《家と屋敷地》という術語は、社会経済史の領域では、家屋付きの宅地とその周囲の庭畑地──いわゆる《Hof und Wurt》──を指すものとして一般に用いられ、大塚教授はその意味のラテン語の《heredium》を術語として採用されており、本稿でもこの意味で《家と屋敷地》（以下では《家屋敷地》と略称する）の語を用いることとする。

さて、私的土地所有の形成に関しては、エンゲルスの『家族、私有財産および国家の起源』では、単に耕地（Ackerland）のみが考察の対象とされた。すなわち種族ないし氏族から割当てられた耕地は、割替制度のもとでは占有地にすぎなかったが、割替制度の衰退とともにその占有権が強化し、遂に世襲的な私的所有へと移行したというのであり[1]、そこには家屋敷地は視野の外におかれていた。しかし、既に一八六四年のクーランジュの『古代都市』において、この家屋敷地の意義が重視されていたのであり、フランスの社会主義者ラファルグは一八九五年の『財産進化論』において、「家族財産の起りは、当初は些細なもので、それは小舎とその周囲の小さな庭とに過ぎなかった」とのべているのである[2]。

たとえ耕地や森林等が依然として共同体所有のもとにおかれ、私的所有が僅かに家屋敷地にしか成立しなかったにしても、この「私的土地所有の端緒的成立」は、大塚教授が論ぜられたように、原始共同体の真只中に「私的所有の橋頭堡」を確保したことに他ならず、原始共同体の終焉といわゆる「農業共同体」の第一歩を画するものであった[3]。しかも、このことは同時に、エンゲルスの概念構成にしたがえば、氏族共同体の下部組織としての《共産主義的世帯》（kommunistische Haushaltung）の解体と、いまや新たに社会の経済単位となる《個別家族》（Einzelfamilie）の成立を意味したのである[4]。

尤も、この《個別家族》が原始的な《共産主義的世帯》に代わって登場したとしても、父系氏族がその共同体的規制を一切喪失するわけではない。新たに登場した個別家族はすぐれて家父長制的な家共同体として現われるが、それは父系出自の紐帯で相互に結ばれた父系氏族共同体（少なくとも父系出自集団）の統制の下にあった。このことをここで指摘しておくのは、家屋敷地にたいする私的所有の形成にとり大きな役割を演ずると考えられる祖先崇拝が、同じ父系出自で結ばれあった父系氏族共同体にとっては、その成員結束の観念的支柱をなしていたということを、予め認識しておくためである。

（1）　エンゲルスは述べている。「耕地は、当初は期限付きで、後には最終的に、個々の家族の利用にゆだねられる。完全な私的所有への移行は徐々に、対偶婚から一夫一婦制への移行と並行して行われる。個別家族が社会の経済的単位になり始める」。また言う、「商品と奴隷の富とならんで、また貨幣の富とならんで、いまや土地所有にたいする富も現われた。原初的には氏族ないし種族から個々人にあてがわれていた分割地にたいする個々人の占有権は、いまや強化され、この分割地が相続財産として彼に帰属するまでになった」と。Engels, F.: Der Ursprung der Familie, des Privateigentums und des Staats, Marx-Engels Werke, Bd. 21, S. 159, S. 162.
（2）　ポール・ラファルグ、荒畑寒村訳『財産進化論』（彰考書院、一九四五年）四一頁。
（3）　大塚久雄『共同体の基礎理論』（岩波書店、一九五五年）三一－三三頁。
（4）　江守五夫『家族の起源――エンゲルス『家族、私有財産および国家の起源』と現代民族学――』――本書一二四－一二六頁。

二　原始共同体と《家屋敷地》の萌芽

（一）　原始共同体的土地所有の構造

原始共同体が占取する土地は、共同体成員の生活を再生産する客観的条件として、すべて、共同体自身に帰属していた。たとえ放浪的な採集＝狩猟経済を営むホールドにあっても、一定範囲の地域はホールド共同体の《領域《テリトリー》》として、その共同体の排他的な支配のもとにおかれていた。定住生活の段階に入って、種族共同体がそれ自体もしくは氏族ごとに、村落を形成する場合には、種族の土地や、種族を構成する氏族の土地は、何らかの明示的な標識で境界が設けられていたり、そうでなくともその範囲が各共同体成員の共通の認識をなしており、共同体土地所有は一層明瞭な姿態を以て顕現していた。そしてトゥルンヴァルトものべたように、「氏族組織のうちに生存する社会は、共同の狩猟=漁撈領域、共同の畜群、共同の穀物栽培地を所有する。土地にたいする氏族の共同の請求権は、第三者の利用をことごとく排除する主権的な高権（Hoheitsrecht）として現われるのである[5]」。原始共同体の土地所有権は、かように主権国家の領土高権にも似て第三者の侵犯を一切排除する排他的な権利として存在したのである。

　この原始共同体の所有地にたいしては、個々の成員は単に占有者としてのみ現われる。マルクスは言う、「所有が共同体的所有としてのみ存在するところでは、個々の成員それ自身は、〔土地の〕個別的部分の世襲的ないし非世襲的な占有者にすぎない。というのは、所有の各部分は、いかなる成員にも個別的に属しているのではなくて、共同体の直接の成員として、したがって、共同体と分離せるものとしてではなく直接に共同体と統一せるものとして、成員に属しているからである。このような個々人は、したがって、占有者にすぎない。共同体的所有(gemeinschaftliches Eigentum) と私的占有 (Privatbesitz) のみが存在しているのである[6]」と。

　この共同体成員の私的占有の在り方は、共同体所有地の利用の方法によって異なった形式で現われる。まず第一に、共同体所有地の個別的部分にたいする私的占有が形成されない場合がある。たとえば森林、河川、荒蕪地においては、共同体の一定の統制のもとに狩猟、薪ないし木材の採取、漁撈、果実・球根等の天然の幸の採集などが成員に認められているが、そのかぎりでは、これらの村落共同地のいかなる地片にたいしても私的占有は生じていない。村落共同の耕地においては、耕作――ときには播種ないし植付け、収穫物の取入れや運搬も――が、共同体成員の協同作業として実施される場合があるが、このようないわゆる《土地共同耕作》（gemeinsame Ackerbebauung）の場合には、一般に、共同体成員の分割地は成立しない。いなさらに、種族ないし氏族の村落居住地においても、村落成員（種族ないし氏族の共同体成員）が幾つかの大家屋――たとえば《長屋》（long house）――

に共同居住する場合には、その数世帯の共同家屋（つまり《Mehrfamilienhaus》）がそれ自体、種族ないし氏族の共同体所有に帰属している故、その家屋が建てられている地所にたいして私的占有が生ずる余地はないのである。

しかし、次の場合には、共同体所有地の一定の地片にたいして、共同体成員の私的占有が成立する。まず、居住地において、共同体成員が世帯毎に家屋とその周囲に菜園を設定しているところでは、このほかならぬ《家屋敷地》にたいして、その世帯が居住するかぎり私的占有が形成され、通常、それは世襲的に占有されるのである。また、耕地においても、《定期的地割》（periodische Landverteilung）の制度が採用されているところでは、その期間、割当地は私的占有のもとにおかれる。割替制がなく、耕地が各世帯に分割されているときには、分割された耕地片への私的占有は一層強力なものとなる。さらに森林や荒蕪地でも、その未開拓地が共同体成員によって開墾されると、先占（occupatio）の法理によって[7]、この開墾地に私的占有が発生するのである。

（二）　私的土地占有の特質

共同体所有地にかような私的占有権が発生する場合、その私的占有権はいかなる性格を有するであろうか。実はそれは、土地自体に対する支配的権利ではなくて、栽培や居住等の目的のために認められた土地利用の権利にすぎなかった。それ故、たとえば未開拓の共同地を開墾して得た私的土地占有権も、その土地での栽培を確保し、その作物や果樹の実を我が物とする個人的な権利にほかならなかった。後述の「禁忌標識」の習俗も、まさに作物ないし果樹の実を窃盗から保護するものだったのであり、未開人にとっては作物や果樹の権利こそ問題なのであり、あえて言えば、その地盤たる土地まで彼らの関心が直接及んでいたわけではなかった。それ故、共同体成員がもし栽培を放棄し、たとえば果樹を枯れさせたりすれば、その当然の帰結として、土地にたいする私的占有権も消滅してしまうのである。

クノーは、北アメリカの平原インディアンのオマハ族に関して次のように記述している。

「われわれが本来的な所有権(先占権)を語りうるのは、ただ種族に関してのみであり、また若干の限定をふすれば、恐らくまた村落団体《ドルフシャフト》に関してのみであり、家共同体に関してではない。けだし家共同体は、一地片を先占し耕作したとしても、そのことによって当該の土地にたいする持続的な請求権を何ら獲得しなかったからである。ただ、家共同体がそれを耕しているかぎり、それにたいして占有権を主張し得たのみであり、もしそれを再び荒廃させれば、土地は村落団体に復帰したのである(8)」。

同様のことを、ニューギニアのパプア諸族の場合について述べている。

「いかなる者も自分の栽培地を荒廃させ、荒れるにまかせ、その結果、栽培地が再び灌木で蔽われるようになった場合には、彼はその栽培地にたいする請求権を失うのであり、その栽培地はいまや再び共同体の灌木地とみなされるのである(9)」。

従って、一見、土地にたいする私的占有権と思えるものも、その実、植物栽培という現実的土地利用を共同体から認められた権利でしかないのである。法学的に言えば、立木とその地盤たる土地をそれぞれ分離した財産とみる観念が、そこには支配しているのである。この観念は、ハートランドによると、果樹栽培の盛んなメラネシアでもみられたのであり、[10]彼はそれを報告したあと、次のように付言した。「果樹がその植えられた土地から区別されているところでは、家屋が同様に扱われても何ら驚くにあたらない」と。フィリッピンのイフガオ族でも椰子樹・コーヒー樹・檳榔樹が土地とは独自の財産とみられていると共に、住居も地所と切離された《動産》(movable property)であるとすら、バートンは論じている。[11]

思うに、土地にたいする私的占有権を、あくまで植物栽培やせいぜい住宅地としての現実的・直接的な利用に限定しようとするこのような志向は、土地にたいする個人的な権利を極力否認せんとする原始共同体的土地所有の社会的本質を示すものと言えよう。

（三）　共同体所有地の三区分形式

興味深いことに、農耕を主たる生業とする諸民族のもとでは、共同体の所有地は三つの異なった要素から成りたっている。それは、一つには共同体の中心地において聚落を形づくる諸成員の住居地であり、二つにはその周囲の耕地であり、三つには共同体の外延部分の森林、荒蕪地である。メラネシアのフィジー諸島の例はこうである――。

「各村落共同体がそれ自身の土地を有するが、その土地には三種類がある。聚落地たるヤヴ、耕地たるゲレ、そして森林たるヴェィカンである。森林地は、この村落の最初の開拓者の現実の、もしくは推定上の、すべての子孫に共同に属し、すべての子孫は建築その他の目的のために立木の伐採権を有している。聚落地はこれらの子孫たちに区分され、そして『家族ないし世帯』がそれぞれ家屋建築用地をもてる程度まで再分される。この聚落地と耕地との間には密接な関係があり、前者の所有権を設定することで後者の所有権も設定されるとされていた。耕地は、聚落地のように、つねに多数の世帯に区分されるとはかぎらない。区分される場合もあれば、そうでない場合もある。区分されない場合には最初の開拓者の子孫全員によって共同利用されるらしい[12]」。

些か曖昧な報告であるが、「聚落地」には各世帯が家屋を建てる区画地をそれぞれ占有し、その占有者は同時に「耕地」においても自らの耕地片を占有したり、もしくは耕地の共同利用権を有しており、そして「森林」には材木伐採の権利だけをもっているのである。この三種の土地占有ないし土地利用の形態は、家屋敷地にたいする私的所有がまだ成立していない点を除けば、ゲルマンのマルク共同体の土地所有形態――私的所有たる家屋敷地が聚合している聚落地《ドルフラオム》、耕区の一地片への個別的占有権が認められた耕地《フェルト》マルク、共同体成員に個別的占有権を認めない森林その他の共同地《アルメンデ》[13]――と著しく照応している。「聚落地と耕地との間の密接な関連性」という点でもそうであり、ゲルマン共同体では、「家屋敷地、耕地の持ち分ならびに共同地利用が、ひとまとまりの全体として、完全な農民的『フーフェ』(eine volle bäuerliche “Hufe”)を構成するのである[14]」。

このような共同体所有地の三区分形式については、原始共同体に関するクノーの研究の中で再三叙述されている。たとえばアメリカ・インディアンの南東地方文化領域に属する諸種族では、氏族(クノーの言う〝トーテム集団〟)を構成する幾つかの亜氏族(クノーの〝家族ジッペ〟)が、それぞれ大きな家屋に共同居住し、家屋共同体を形作っていた。種族には一つの大きな母村と多くの小さな分村があったが、母村は多数の家屋を包含し、分村は数戸の家屋から成りたっていた。ところで、多くの村落は、比較的小規模な内部耕地(Innenfeld)とより広大な外部耕地(Aussenfeld)――言い換えれば、近接耕地(Nahfeld)と遠隔耕地(Fernfeld)――を有していた。「内部耕地」ないし「近接耕地」は、村落の近くや、村落内部の家屋相互の間に散在していた。たとえばヴァジニア・インディアンでは家屋の傍に通常、開墾された四角の分割地があり、煙草、南瓜、マスク・メロンに似た果実が栽培され、それは菜園として役立っていたという。チョクト族でも、「各住宅はそのすぐ傍に小さな畑を有していた」が、この菜園分割地は杭《くい》などで垣囲いされていたのである。クノーはこれを「家族野菜園」(Familiengemüsegarten) ないしは「菜園」(Küchengarten) という術語で表現しようとした。

さて、「外部耕地」にたいしては、すべての亜氏族が持ち分を有していた。しかも注目すべきことだが、「もし三ないし四つの耕区 (Feldfläche) があるとすると、各〔亜〕氏族は、通常、その耕区のおのおのに持ち分をもっていた。……すべての家屋敷共同体 (Haus- oder Hofgemeinschaft) は、若干のこのような地条 (Ackerstreifen) に要求権を有していたのである」。まさしくゲルマン的「耕区《ゲヴァン》」制ないし「地条《シュトライフェン》」制に当るといえよう。

ところで、「外部耕地」には、このように亜氏族の持ち分を認めたもののほかに、「共有的外部耕地」(kommunales Aussenfeld) があった。それは、「亜氏族の数に応じて地条に区分されず、全村落団体の財産として村落団体により共同耕作され、その収穫物が共同で共同体貯蔵所に運び込まれるという耕区をいう」。

私は、この南東インディアンの共同体的土地所有のうちに、㈠家屋敷地に当るものとしての亜氏族の家屋とその周囲の「内部耕地」、㈡耕区毎に亜氏族に配分される「外部耕地」、㈢一切の持ち分を排除せる「共有的外部耕地」——という、前述してきた三区分形式を明瞭に看取するのである。[15]

(四)　家屋敷地にたいする私的所有の形成

以上の簡単な分析からも、原始共同体的土地所有は、その所有と利用の形態からみて三種に区分されることが判明したと思う。クノーの著述『一般経済史』はこの点に関する素材をきわめて豊富に収めており、それをここで詳細に紹介することは、紙面の制約上も、また本稿の主たる問題点から逸脱するという意味からも、断念せざるを得ない。

共同体所有の三区分形式のうち、家屋敷地――家屋とそれに付属の庭畑地――に関しては、右の分析においても、その特殊な存在が認められ得たことであろう。家屋敷地に包含されている庭畑地が、クノーによって《Gemüse-garten》とか《Küchengarten》とか称されたように、それは主要な穀物を生産する土地ではなくて、世帯共同体が日常的に消費する副食物――たとえば、ニューギニアのパプア諸族では、大豆、甘蔗、バナナ、煙草などのほか、サゴ樹、椰子樹、檳榔樹の果実[16]――を供給する土地であった。まさにそれ故、家屋に隣接し、また世帯共同体の私的占有のもとにおかれていたのである。

では、私的占有権――それがたとえ耕地にたいする占有権に比して著しく強力だったとしても――しか認められなかったこの家屋敷地に、いかにして私的所有が成立するようになったのだろうか。大塚教授も夙にこの問題にふれられている。「……私的所有の橋頭堡ともいうべき『ヘレディウム』の形成過程を、世界史上の文化諸民族の史実に即して具体的に跡づけることは、……恐ろしく困難な仕事であることが容易に推測されるであろう」と。ただ、大塚教授は、この問題の解明の一つの拠を、紀元前一五〇〇―一〇〇〇年頃にインドのパンジャーブ地方を占拠していたインド・アーリヤ族における「家」に求められた。『家』(ダマ)は住居のみでなく、仕事小屋、納屋・家畜の小屋や囲いなどの集合によって構成されており、しかもそれらが殆んどすべてクーランジュのいわゆる『神聖な囲牆《いしょう》』によって囲い込まれていたということは、とくに注意する必要があろう」と、述べられたのである。[17]

大塚教授は、右の事例で、「家」(ダマ)に仕事小屋、納屋、家畜小屋が含まれているにせよ、家屋敷地の中に一般に内包されていると考えられる庭畑地が付属していない点については、何ら断ってはおられない。ただ、「神聖な囲牆」で囲い込まれているということを強調されていることは、以下の私の分析にとって有力な示唆となろう。

（5） Thurnwald, R.: Die menschliche Gesellschaft, Bd. 5, Werden, Wandel und Gestaltung des Rechtes, Berlin und Leipzig 1934, S. 8.

（6） Marx, K.: Formen, die der kapitalistischen Produktion vorhergehen, Berlin 1952, Ss. 12–13.

（7） ポストは言う、「最古の所有権取得原因は、世界中どこでも、先占（Okkupation）である。……かつて何人の所有のもとにもたたなかった、ないしは何人の所有のもとにもたっていない、ないしは何人もそれに何らの権利を有していない物は、いかなる人によっても先占されうるという原則は、一般に妥当するところである」。Post, A. H.: Grundriß der ethnologischen Jurisprudenz, Bd. 2, Oldenburg und Leipzig 1895, Ss. 603–604.

（8） Cunow, H.: Allgmeine Wirtschaftsgeschichte, Bd.1, Die Wirtschaft der Natur- und Halbkulturvölker, Berlin 1926, S. 186. 本原典は肥前栄一教授より拝借した。深甚の謝意を表する。

（9） Cunow: ebenda, S. 323.

（10） 「私たちの法に従えば、果樹は、それが植えられている土地とは分離され得ないものである。言うならば、果樹は土地の一部である。しかし、そのことはメラネシアの法ではない。そこでは、果樹と土地とは分離したものとしてみなされている。土地とその上の立木は独立の財産物件である」。Hartland, E. S.: Primitive Law, London 1924, p. 91.

（11） 「イフガオ族では住居は動産である。人々は親族の手助けのもとに家屋を分解し、違った地点へ運び、日没までにそれを再建することができ、実際、屢々そうしている。家屋が建てられている地所は何の価値も有していない」。Barton, R. F.: Ifugao Law, Univ. of California Publications in American Archaeology and Ethnology, XV, No.1 (1919), p. 9, cited by Hartland: op. cit., p. 99.

（12） Hartland: op. cit., p. 101.

（13） Gierke, Otto von: Deutsches Privatrecht, Bd. 1, Leipzig 1895, Ss. 578–579. 江守五夫「共同体の法構造」（江守著『法社会学方法論序説』法律文化社、一九六二年）一八四頁参照。

（14） Gierke: ebenda, S. 580.

(15) Cunow: a. a. O., Ss. 199－213.
(16) Cunow: a. a. O., S. 315.
(17) 大塚、前掲三三－三四頁。

三　《家屋敷地》の私的所有と祖霊神

(一)　家屋敷地の神聖性と呪術的保護

家屋敷地が、原始共同体のもとでも、耕地や森林・荒蕪地等の共同地とならんで、一つの特殊な種類の土地をなしていたことが明らかにされたが、その家屋敷地は、共同体の各成員(世帯共同体)が常時生活している本拠であるが故に、この家屋敷地にたいする私的占有は、耕地や森林等とはくらぶべくもないほどに早期に、しかもより強力なものとして成長していたと言えよう。しかし、それが私的所有にまで発展していたという明確な事例は、遺憾ながら本稿ではあげられなかった。尤も、近時の豊富な民族誌的資料から、早晩必ずその事例を提示できるという期待を私はいだいている。

さて、家屋敷地の私的所有の形成について、大塚教授が示唆された「神聖な囲牆」は、民族学の上からは興味深い事象と言えよう。そもそも囲牆の神聖性とは、つまるところ、囲牆に囲い込まれた家屋敷地を神聖な空間とみる観念を示すと言えよう。そしてその神聖な空間は、その居住者以外の者がみだりに侵入することが禁忌される聖域であり、「神聖な囲牆」で家屋敷地を囲い込むのも、その本来の居住者にたいしてその家屋敷地の専有を保護する役割をはたすものだと考えられる。

このことを改めてここで述べるのは、未開民族の間には、私的占有物を超自然的存在によって保護しようとする呪術的習俗が見出されるのであり、右の「神聖な囲牆」もこの呪術的な占有保護の習俗に連なるものと考えられるからである。先にあげた禁忌標識もこの習俗に属する。

《禁忌標識》（Tabuzeichen）とは、窃盗から保護する作物・果樹等にある種の標識を付し、もしその物を盗めば窃盗者は何らかの超自然的制裁を蒙ることを示したものである。たとえば鱶《ふか》などの形を描いた椰子の葉を果樹などに吊しておくと、その果樹に触れた窃盗者は、海に入ったとき鱶に喰われて致命傷を負うと信ぜられているのである。つまり「条件付き呪詛」（conditional curse）によって、標識を付せられた物の占有権が保護されているのである。[18]

この禁忌標識が家屋敷地の「境界標石」に発展する興味ある事例を、クノーが報告している。ニュージーランドのマオリ族では、「家族の地所は互いに並んでいて、境界標石によって仕切られていた。この境界標石の位置を狂わすことは〝重大な結果〟を招来させる」と。[19] ここで〝重大な結果〟とは超自然的制裁を指していることは十分に推察される。家屋敷地にたいする各世帯（家族）の権利の実体については不明であるが、ここではすでに土地そのものの占有を保護するという点で「境界標石」の端緒的形態が成立していたとみなして間違いないだろう。

さて、《境界標石》（Grenzstein）は、クーランジュによれば、インド＝ヨーロッパ諸族に広く見出されたという。原田慶吉教授が古代オリエントの事例について説明されたところによれば、その目的は、「土地に関する権利を神々の保護のもとに置くこと」にあって、「〔その土地の権利に関して〕訴訟や異議を提起し、境界標石を取り去り、隠し、毀し、其の他土地の利用を妨げる凡ゆる行為は、いずれも神々の怒に触れ、諸々の災を受ける」と信じられていたのである。[20]

ちなみに、沖縄の「サン」という呪物（薄《すすき》の葉を束ねて先を結んで輪をつくったもの）も、禁忌標識と境界標の双方をかねたものと推察される。それを農作物や秣草の盗まれ易い田畑原野などに立てるとともに、新築工事中や留守中の家屋の四隅にも立てるという[21]。条件付きの呪詛観念が伴うものかいなかは報告されていないが、「サン」が神聖視され、かつそれが窃盗防止の役割を果たしていた以上、この観念が伴っていたと解するのが自然である[22]。

また日本の古語の「シメ」（標、注連）は種々の呪術的＝宗教的な観念や習俗を表わしていたが、富山県東砺波郡上平村の方言のように、原野で見つけた茸などに付す占有標として用いられる場合があると同時に、「特定の人間の領有する土地」に他人の「立入りを禁ずることを示すしるし」として使用された。それ故、右述の「サン」同様に禁忌標識と境界標の双方の意味をかね具えていたようである（『日本国語大辞典』）。「標野《しめの》」もこの境界標としてのシメで囲われた御料地であり、『万葉集』には額田王《ぬかたのおおきみ》が標野を詠んだ歌がある。

あかねさす紫野《むらさきの》行き標野《しめの》行き
野守《のもり》は見ずや君が袖振る　（巻一・二〇）

（二）家屋敷地と祖霊神

私的な財産（とりわけ家屋敷地）を保障するこのような呪術的＝宗教的な観念の一種として、私がとくに注目するのは、祖霊神の働きである。以下、この点について考察を進めてみよう。

まず、トレギアは、ニュージーランドのマオリ族における私的な土地占有について、次のように論じている。

「ニュージーランドのマオリ族は、もともと土地を種族的権利で統制していたが、種族的権利の内部では、その種族の自由戦士が若干の区画にたいして、めいめい特殊な権利を有していた。……彼は、土地が贈与や売買のできるような彼の財産ではないので、それを譲渡することはできないが、一定の地片にたいしては、種族の他の者以上に大きな権利をもっていたのである。彼は、自分の父や祖父の骨がそこに埋められているとか、父や祖父がかつてそこに永眠したとか、あるいは自分の臍緒《へそのお》がそこで切られたとか、また自分の血がその土地の上で流されたことがあるとか……ということによって、〔その土地の権利を〕主張したのである(23)」。

トレギアは、そのほかに二、三の占有権主張の事由をあげているが、ハートランドはこの文を引用したあと、「これらのきわめて多様な、私たちには奇妙に思える権原（title）は、主として、祖先崇拝（ancestor-worship）もしくは禁忌《タブー》、つまりポリネシア文化の基底をなす観念や慣習に、由来している」と論じているのである。ここでハートランドが《祖先崇拝》を土地の私的占有の主要な権原とみなしたことは、きわめて重要な指摘である。そもそも〝この土地に自分の祖先の骨が埋められている〟とか、〝この土地に自分の祖先が永眠した〟とか主張すること、つまりその土地に自分の祖霊が宿っていると主張することは、氏族仲間であれば、何人も承認せねばならぬ土地占有権の〝権原〟をなすものである。けだし、同じ父系氏族の成員は、現実の、あるいは伝説上の一人の始祖から父系的に辿られた者同士であり、氏族仲間の祖先の霊を尊重することは氏族仲間相互の責務をなすからである。

かように祖霊が宿る土地はその子孫が占有すべきであるとする観念が見出されるとすれば、そのことの必然的帰結として、子孫はその祖霊の宿る土地を放棄してはならぬとする禁忌も派生する。その禁忌の事例として、東アフリカのニャキュサ族の場合をみてみよう(24)。

農耕のかたわら牛を飼育している父系制種族のニャキュサ族では、通常、一村落は、互いに密着して建てられた一群の家屋と、その家屋群から少し離れた地点の数区画の耕地と、それに隣接して畜群が放牧される牧草地とから成っている。そして家屋には若干の地所が付属しており、バナナ樹、コーヒー樹、豆、落花生その他の作物が栽培されている。人類学者ウイルソンは、この庭畑地つきの家屋を《家屋敷地》（building site ないし homestead）と称した。この家屋敷地は、すべての既婚男子が私的に占有しているのであり、その息子が成人に達すると別の地域に独自の家屋を設けて移り住み、同齢者たちが一緒に共同の村落を形づくるのである（「年齢村落《エージ・ヴィレジ》」）。なお、耕地は区画ごとに異なる作物（黍、甘藷、玉蜀黍、豆など）が輪作式に植付けられており、各世帯はその区画毎に耕地片を占有するのである。その形式において、ゲルマン共同体の「耕区」（Gewann）ととりわけ「混在耕地制」（Gemengelage）に照応している。[25]

さて、このニャキュサ族の土地の観念について、ウイルソンはこう述べる。「耕地の評価のうちには感情も入っており、他の条件が同じなら、自分たち自身や、先祖や兄弟たちが以前に耕した菜園地を耕作するのを好むのである。……そして家屋敷地の場合にも宗教的な考慮が入ることがあり、私の一友人が語ってくれたことだが、彼の父が死んだとき、彼は父の家屋敷地へ移ろうとせず、その家屋敷地に新しい墓を設けただけで、それを無住のままにしておいた。ところで、一、二年後、彼の黍の収穫が訝かしいほど不作となった。そこで預言者にきくと、『貴方の父上の霊が、誰も〝自分の墓を掃除してくれない〟こと、つまりその地所が放棄されたままであることを、お怒りになっています』と告げた。私の友人は、このように言われても、自分の家屋敷地を好いていたので、実際に〔父の家屋敷地へ〕移り住もうとしなかった。ただ、父の霊に儀式的に犠牲を捧げることで妥協的に処理したのである。けれども、そのような事が起きたときは、人々は、多くの場合、将来の不幸を恐れて亡き父の家屋敷地に移り住むことであろう」[26]。

以上の僅かな事例からあえて推論することが許されるとすれば、祖霊の宿る土地についてはその子孫が優先的な占有権を有し、そしてその子孫はこの土地に居住して祖霊にたいして祭祀を行わねばならない、という規範観念が見いだされるだろう。この祖先崇拝の観念が、古代ギリシャやローマにおいて、先にもふれた「境界標石」の習俗ないし「境界神」の信仰と結合し、家屋敷地の私的所有を保護する役割を果たしていると考えるのである。

クーランジュが記述するところによれば、「ギリシャ人が『ヘルコス』、ラテン人が『ヘルクツム』と呼んだ神聖な囲牆は、可成り広大な地域を画し、そのなかには家〔屋〕と家畜の群と家族の耕す小さな菜園とがあった」が、このような家屋敷地を画す囲牆は垣根であれ、板塀ないし石塀であれ、あるいはまた溝か畝か簡単な土手であれ、すべて神聖視され、「神がそれを監視して厳重に庇護していた。従って人はこの神に『垣を守る《ヘルケイオス》』という形容詞を与えていた」。そしてこの家屋敷地の境界線上に、「境界標《テルミヌス》」とよばれる大きな石や木製の柱が立てられることもあった。いずれにせよ、「各家族の屋敷は、それを庇護する家の神々に見守られていた」のである[27]。

古代バビロニアの境界標石の銘文（註20参照）では、家屋敷地の所有権を保護する神々、そしてそれを侵す者に超自然的制裁を科す神々は、「運命を定め給う」と考えられていた多くの神々であったが、ギリシャやローマにあっては、クーランジュが述べているように、竈に象徴される「家の神々」、つまり祖霊神だったのである。ともあれ、クーランジュが力説したことだが、「最初に所有権を保障したものは、法律ではなくて宗教であった」のである[28]。

(18) Hartland: op. cit., pp. 81–82, Hogbin, H. I.: Law and Order in Polynesia, New York 1934. p. 218, p. 26, Rivers, W. H. R.: Social Organization, London 1926, p. 113, Thurnwald: a. a. O., S. 41.

（19）Cunow, H.: Die ökonomischen Grundlagen der Mutterherrschaft, Die Neue Zeit, Jg. XIV (1897–98), Nr. 7, S. 205.

（20）原田慶吉『楔形文字法の研究』（弘文堂、一九四九年）一一二頁。
紀元前八世紀のバビロニアの境界標石の事例として、「マルドゥク・アパル・イッディナ王の境界標石」を説明してみよう。この境界標石の表面にはバビロニアのマルドゥク・アパル・イッディナ王（前七二一〜七一一）と貴族ベール・アフッヘ・イルバが向い合っている姿が刻まれ、この二人の像の上部に「さまざまな神のシンボル」が彫られている。裏面には楔形文字で、王が褒賞としてこの貴族にかなり広大な耕地を贈与した旨と、その贈与に立会った証人と日付が刻まれたあと、次のごとき「条件付き呪詛」の銘文が続いている。「後世この世に生きる者で、それが王であれ、王子であれ、地方長官であれ、代官であれ、支配人であれ、あるいは市長であろうとも、この石刻文書を破ろうと思う者、何らかの方法で狡猾なことを企てる者、他の者をそそのかして送り込み……この文章を水中に投げ込んだり、その立っている所から他に移してしまったり、土の中に埋め隠してしまったり、火中に投じて焼いてしまったり、石でそれを打ちこわしたりする者……（などがいたら）、この者共に対して、アヌ、エンリルおよびエアの大神たちは、解消することができない呪い、盲目、耳聾、そして四肢の不随を贈り給い、かつこの者共に長患いの重荷を負わせますように！　運命を定め給う主マルドックとエルアよ、彼の重い罰として水腫病を負わせ給わって、筋肉は萎縮して彼の肉体は果てますように！　この文書の中に御名の挙げられた偉大な神々は彼の名、種と子孫を人々の口（の端）から抹消して、彼の未来を絶ってしまいますように！」。『古代オリエント・ギリシャ展』（東京国立博物館、一九七三年）の展示物解説書二三頁。

（21）柳田国男監修『民俗学辞典』（東京堂、一九五一年）二四二―二四三頁、上江洲均「サン」（『日本民俗事典』弘文堂、一九七二年）二九三頁。

（22）柳田、前掲（『民俗学辞典』）の「占有標」の項目の中（三二一頁）で、「おそらく占有標の起原は神との約束であり、それ故にこそ他人もこれを承認し、犯さなかったのであろうと思われる」と、記述されている。

（23）Tregear, E.: The Maoris of New Zealand, Journal of the Anthropological Institute, vol. XIX, London 1890, p. 106, cited by Hartland: op. cit., p. 94.

（24）Wilson, G.: The Land Rights of Individuals among the Nyakyusa, Northern Rhodesia 1938. pp. 16–

17.
(25) 大塚、前掲九五頁参照。
(26) Wilson: op. cit., p. 9.
(27) フュステル・ド・クーランジュ、田辺貞之助訳『古代都市』（白水社、一九五〇年）一三三頁、一三八頁。
(28) クーランジュ、田辺訳、前掲一三八頁。

四　日本の《家屋敷地》と祖霊神

家屋敷地と祖霊神との上述のごとき密接な結びつきは、私的土地所有の成立時点にのみ見出されるものではない。その後の歴史段階においても、父祖から承け継いだ家屋敷地は、その子孫以外の者に譲渡され得ない「父祖伝来財産」（ancestral property）とみなされ、父祖と子孫を繋ぐチャンネルとして父系出自集団の一拠点をなしていたと言えよう。このことは日本においても例外ではないと考えられるのであり、ここで若干の考察を試みておきたい。

まず、南西諸島では、一般に、家屋敷地に祖霊が宿っているという呪術的信仰が支配的であった。村武精一教授が沖縄本島の糸満町名城《なぐすく》における調査研究のなかで、「ヤシキはgwansu（先祖）そのものであり、新旧にかかわらずヤシキは呪的・霊的空間を構成している。ヤシキは、日常的空間と非日常的空間とを統括した場である」と述べているのも、(29) まさにこのことを強調されたことに他ならない。牛島巌教授も、与論島に関して、「家屋（ヤ）は、現家族成員がすむ場であるとともに、まさに家創始以来の祖霊が居住する先祖の家屋である」と論じ、家屋こそが他ならぬ祖霊信仰の場であることを次のように記述している。

「家屋（ヤー）を創設することをカブダディというが、カブダディした家屋はそこに先祖が祀られている限り、その存続が希求されている。家を空けることなく誰かが寝泊りしていることをイエヲヌクタミル（家を暖める）といい、そうすることが祖霊を喜ばすことになる。その反対に家を空けることをイエヲビジタミル（家を冷やす）といい、嫌うといったイデオロギーが見られる。つまり常に家屋には人が寝起きし、祖先の月々のミジヌパチヲシキル〔供物を供える〕ことが要求されているのである[30]」。

この家屋敷地と祖霊との密接な関係において、私たちは、前節でみたニャキュサ族の観念――すなわち祖霊の宿る家屋敷地には子孫が居住し、祖霊への祭祀を行うべきだとする観念――の再現をみるのである。ともあれ、南西諸島における家屋敷地は、祖霊への祭祀という契機を除外しては考えられぬ存在であった。それ故、比嘉政夫教授ものべられたように、そこには「位牌・屋敷地の超世代的な存続をめざす観念」が派生する。たとえ相続人が不存在でも、家屋敷地は簡単に処分され得ない。「位牌継承の義務をともなった屋敷地は父系血筋でつながる子孫が位牌（先祖）の継承者として現われるまで空屋敷になっている[31]」。

村武教授が報告しているところでは、「非住ヤシキを自分のヤシキの前にもつ人が、この非住ヤシキを買取りたいと言ったところ、その非住ヤシキの所有者から、非住ヤシキといえどもgwansu〔先祖〕があるという理由で断られている[32]」。

では、今日まで南西諸島にみられた家屋敷地と祖霊との呪術的な関係が、古代日本に存在したであろうか。吉田孝教授はその存在の蓋然性を指摘されている[33]。私はこの歴史学上の問題に発言する資格を有しないが、中田薫教授がつとに論じられたように、「父祖伝来財産」の規範観念が古代日本にも存在していたと考えている[34]。平安時代中期の作品『宇津保物語』には、この規範観念が明瞭に看取されたのである。

この物語には、橘千蔭の後妻が継子の忠こそを憎むあまり、夫の石帯を忠こそが盗んで売払ったかのように仕組んで彼を罪人に陥《おとしい》れる場面が描かれるが、その帯は「祖《おや》の御時よりつぎつぎ伝はれる名高き帯」であり、「累代に伝はれる帯」であったため、千蔭は、「五つぎ六つぎと伝はれる帯を、かく、わが世にしも失なひつること」と嘆く。この言葉には父祖伝来財産を子孫に遺すべきだという観念が明白に窺えるのである。

また、清原俊蔭が死に臨んで、彼の貴重な文書を、「霊よりて護らむ」とのべたが、確かに彼の霊はこの文書を収めた蔵を守り通したのである。すなわち河原人がこの蔵に近づくや、次々に「倒れて多くの人死に侍りぬ」という状況を呈したという。この蔵の扉の鎖の封じ目に施された俊蔭の「御名文字《みなもじ》」は、恰かも禁忌標識たるかのごとく、侵害者に超自然的制裁を科し、その財産が後裔のために保護されたのである。たとえ家屋敷地そのものを対象とするものではないが、祖先の霊が子孫に父祖伝来の財産を保護するとの観念だけは、日本の古代人も有していたと考えられるのである。

かように父祖伝来財産にたいする祖霊神の保護という呪術的観念があったとすれば南西諸島に伝承されていたような家屋敷地を守護する祖霊神の信仰も古代日本にあったと想定しても、あながち牽強付会とは言えないであろう。そもそも直江広治教授も述べられたように、「本来、屋敷は、母屋や付属小屋・作業場としての庭などのほかに菜園や屋敷森なども含んだ、かなり広いものと考えられていた」ようであり、しかも、その屋敷に祀られている屋敷神も「開拓先祖あるいは家代々の祖霊」であるところが日本各地にあり、直江教授は「屋敷神と祖霊との深い関係」について注意を喚起されているのである。(35)

(29) 村武精一「沖縄本島・名城の descent・家・ヤシキと村落空間」(『民族学研究』第三六巻二号、一九七一年) 一三九頁。
(30) 牛島巌「与論島社会の〈イハイ〉祭祀と家族」(和歌森太郎還暦記念論文集『古代・中世の社会と民俗文化』弘文堂、一九七六年) 七一七―七一八頁。
(31) 比嘉政夫「琉球民俗社会の構造と変容」(竹村卓二編『日本民俗社会の形成と発展――イエ・ムラ・ウジの源流を探る――』山川出版社、一九八六年) 八一頁。
(32) 村武、前掲一三九頁。
(33) 吉田孝「日本古代のウジとイエ」(竹村編、前掲書所収) 三〇八頁。
(34) 中田薫『法制史論集』第一巻 (岩波書店、一九二六年) 八一頁。江守五夫「古代女性史に関する問題――民族学的立場からの一考察――」(『家族史研究』第二集、大月書店、一九八〇年。後に、江守著『日本の婚姻――その歴史と民俗――』弘文堂、一九八六年に再録) 一五三頁。
(35) 直江広治「屋敷」、同「屋敷神」(『日本民俗事典』弘文堂、一九七二年) 七五〇―七五一頁。

五　結　語

本稿は、私的土地所有が初めて成立したとみなされる《家と屋敷地》の形成過程について民族学的見地から一つの仮説を提示したものである。すなわち先ず、原始共同体に遡及して家屋敷地の始原形態を探求し、禁忌標識が家屋敷地の個別的占有を保護する呪術的役割を果たしていたことを明らかにし、それが古代社会のいわゆる「神聖な囲牆」に引き継がれ、囲牆を侵す第三者に超自然的制裁を科し、そのことをとおして《家と屋敷地》が個別家族の私有財産たらしめられたと主張するのである。ちなみに、この《家と屋敷地》をいわば橋頭堡として私的土地所有が形成され、それとともに原始共同体は解体し始めるのである。

ところで、この試論において原始共同体の土地所有を考察した際、これまでゲルマン共同体的土地所有の本質的特徴とみなされてきた共同体所有地の三区分形式が図らずも原始共同体においても見出されたが、それは社会経済史学の一つの成果ではなかろうか。この点、専門家の意見を仰ぎたく思っている。

初出一覧

第一篇

序　章　序言と結語は書下し。第一～三節は、「法民族学の基本的課題」（山之内一郎追悼論文集『今日の法と法学』〔勁草書房、一九五九年〕）中より抜萃した。

第一章　「家族史研究と唯物史観」（東京大学社会科学研究所創立十五周年記念論文集『社会科学の基本問題』下巻〔一九六三年〕）。原題中の「唯物史観」が本書では「史的唯物論」に改められた。

第二章　「いわゆる《種の繁殖》の命題と史的唯物論」（『法律論叢』第四一巻一号〔一九六七年〕）。

第三章　「近親姦禁忌の発生に関するモルガン＝エンゲルス理論とその批判」（『法律論叢』第四一巻四～六号〔一九六八年〕）。

第二篇

第一章　書下し。ただし、その大筋は「史的唯物論からみた家族の起源」（青山道夫ほか編『講座家族』第一巻〔弘文堂、一九七三年〕）で発表済みである。

第二章　書下し。

第三章　書下し。

第四章　「原始血縁共同体の親族構造」（青山道夫ほか編『講座家族』第六巻〔弘文堂、一九七四年〕）。

第三篇

第一章　「婚姻と家族の原史に関するB・マリノウスキーとR・ブリフォールトとの論争」（青山道夫教授還暦記念『家族の法社会学』〔法律文化社、一九六五年〕）を全面的に書改め、かつ標題も改めた。

第二章　「近世自然法論と民族学――未開人・動物・《自然法》――」（『理想』五七七号〔理想社、一九八一年〕）の副題を「動物社会学的家族起源論」に改め、体裁を論文式の節別編制に改めた。

第三章　「英蘭両国のインドネシア支配とアダット法――植民地支配のイデオロギーとしての国家最高地主説の展開――」（仁井田陞博士追悼論文集第二巻『現代アジアの革命と法』〔勁草書房、一九六六年〕）の標題を改めるとともに、内容的にも大幅に書改めた。

第四篇
第一章　「女子労働の発展と家父長制の止揚—エンゲルスの『家族起源論』によせて—」（『法学セミナー増刊　これからの家族』日本評論社、一九八五年）を大幅に補筆した。
第二章
第一節　「未開社会における法的基準の発生・形態・機能」（川島武宜編『法社会学講座　九』岩波書店、一九七三年）の標題を改めた。
第二節　「《家と屋敷地》の形成過程」（『比較家族史研究』第四号、一九八九年）。

〈著者略歴〉

1929年，石川県金沢市に生まれる。1951年，東京大学法学部卒業。東京大学社会科学研究所助手，明治大学法学部教授，千葉大学人文学部教授（後，法経学部に配置換），東京大学社会科学研究所併任教授（83～87年），帝京大学文学部教授，東京家政大学文学部教授を歴任。

現在，千葉大学名誉教授，法学博士，文学博士。

〈著　書〉

『法社会学方法論序説』（法律文化社），『結婚の起源と歴史』（社会思想社），『母権と父権』（弘文堂），『日本村落社会の構造』（弘文堂），『愛の復権』（大月書店），『現代婚姻思想の展開』（国書刊行会），『日本の婚姻』（弘文堂），『家族の歴史民族学』（弘文堂），『物語にみる婚姻と女性』（日本エディタースクール出版部），『歴史のなかの女性』（彩流社），『婚姻の民俗』（吉川弘文館）。

〈編著・共著〉

『文献研究　日本の法社会学』（藤田勇と共編，日本評論社），『講座　家族（全八巻）』（青山道夫・竹田旦・有地亨・松原治郎と共編，弘文堂），『日本の婚姻－伝統と習俗』（単編，至文堂），『家族の法と歴史　青山道夫博士追悼論文集』（有地亨と共編，法律文化社），『韓国両班同族制の研究』（崔龍基と共編，第一書房），『離婚の法社会学－欧米と日本』（利谷信義・稲本洋之助と共編，東京大学出版会），『日本の家族と北方文化』（大林太良・鳥丙安・金啓孮と共著，第一書房），『家・屋敷地と霊・呪術』（長谷川善計・肥前栄一と共編，早稲田大学出版部），『満族の家族と社会』（愛新覚羅顕琦と共編，第一書房）。

〈翻　訳〉
E．ウエスターマーク『人類婚姻史』（社会思想社），B．マリノウスキー／R．ブリフォールト『婚姻－過去と現在－』（社会思想社），厳汝嫻編『中国少数民族の婚姻と家族（全三巻）』（監訳，訳者・百田弥栄子・曽士才・栗原悟，第一書房）。

家族《かぞく》の起源《きげん》〔増補版〕
── エンゲルス『家族，私有財産および国家の起源』と現代民族学 ──

1985年６月20日　初版発行
2004年４月10日　増補版発行

著　者　江《え》　守《もり》　五《いつ》　夫《お》
発行者　福　留　久　大
発行所　（財）九州大学出版会
〒812-0053　福岡市東区箱崎7-1-146
九州大学構内
電話　092-641-0515（直通）
振替　01710-6-3677
印刷・製本／㈲レーザーメイト・研究社印刷㈱

ISBN4-87378-821-8